J2EE Patterns

Die Reihe Programmer's Choice

Von Profis für Profis
Folgende Titel sind bereits erschienen:

Bjarne Stroustrup
Die C++-Programmiersprache
1072 Seiten, ISBN 3-8273-1660-X

Elmar Warken
Kylix – Delphi für Linux
1018 Seiten, ISBN 3-8273-1686-3

Don Box, Aaron Skonnard, John Lam
Essential XML
320 Seiten, ISBN 3-8273-1769-X

Elmar Warken
Delphi 6
1334 Seiten, ISBN 3-8273-1773-8

Bruno Schienmann
Kontinuierliches Anforderungsmanagement
392 Seiten, ISBN 3-8273-1787-8

Damian Conway
Objektorientiert Programmieren mit Perl
632 Seiten, ISBN 3-8273-1812-2

Ken Arnold, James Gosling, David Holmes
Die Programmiersprache Java
628 Seiten, ISBN 3-8273-1821-1

Kent Beck, Martin Fowler
Extreme Programming planen
152 Seiten, ISBN 3-8273-1832-7

Jens Hartwig
PostgreSQL – professionell und praxisnah
456 Seiten, ISBN 3-8273-1860-2

Erich Gamma, Richard Helm, Ralph Johnson, John Vlissides
Entwurfsmuster
480 Seiten, ISBN 3-8273-1862-9

Heinz-Gerd Raymans
MySQL im Einsatz
618 Seiten, ISBN 3-8273-1887-4

Dusan Petkovic, Markus Brüderl
Java in Datenbanksystemen
424 Seiten, ISBN 3-8273-1889-0

Joshua Bloch
Effektiv Java programmieren
250 Seiten, ISBN 3-8273-1933-1

Adam Bien

J2EE Patterns

Entwurfsmuster für die J2EE

An imprint of Pearson Education

München • Boston • San Francisco • Harlow, England
Don Mills, Ontario • Sydney • Mexico City
Madrid • Amsterdam

Bibliografische Information Der Deutschen Bibliothek
Die Deutsche Bibliothek verzeichnet diese Publikation in der Deutschen
Nationalbibliografie; detaillierte bibliografische Daten sind im Internet
über <http://dnb.ddb.de> abrufbar.

Die Informationen in diesem Produkt werden ohne Rücksicht auf einen
eventuellen Patentschutz veröffentlicht.
Warennamen werden ohne Gewährleistung der freien Verwendbarkeit benutzt.
Bei der Zusammenstellung von Abbildungen und Texten wurde mit größter
Sorgfalt vorgegangen.
Trotzdem können Fehler nicht vollständig ausgeschlossen werden.
Verlag, Herausgeber und Autoren können für fehlerhafte Angaben
und deren Folgen weder eine juristische Verantwortung noch
irgendeine Haftung übernehmen.
Für Verbesserungsvorschläge und Hinweise auf Fehler sind Verlag und
Herausgeber dankbar.

Alle Rechte vorbehalten, auch die der fotomechanischen Wiedergabe und der
Speicherung in elektronischen Medien.
Die gewerbliche Nutzung der in diesem Produkt gezeigten Modelle und Arbeiten
ist nicht zulässig.

Fast alle Hardware- und Softwarebezeichnungen, die in diesem Buch erwähnt werden,
sind gleichzeitig eingetragene Warenzeichen oder sollten als solche betrachtet werden.

Umwelthinweis:
Dieses Produkt wurde auf chlorfrei gebleichtem Papier gedruckt.

5 4 3 2 1

05   04   03

ISBN 3-8273-2124-7

© 2003 by Addison-Wesley Verlag,
ein Imprint der Pearson Education Deutschland GmbH,
Martin-Kollar-Straße 10–12, D-81829 München/Germany
Alle Rechte vorbehalten
Einbandgestaltung: Christine Rechl, München
Titelbild: Cotoneaster integerrimus, Felsenmispel © Karl Blossfeldt
Archiv, Ann und Jürgen Wilde, Zülpich VG Bild-Kunst Bonn, 2002
Lektorat: Martin Asbach, masbach@pearson.de
Korrektorat: Christine Depta, Freising
Herstellung: Monika Weiher, mweiher@pearson.de
Satz: reemers publishing services gmbh, Krefeld, www.reemers.de
Druck und Verarbeitung: Bercker Graphischer Betrieb, Kevelaer
Printed in Germany

Inhalt

	Vorwort	9
	Vorwort des Autors	11
1	**Die mehrschichtige Architektur des J2EE Systems**	15
2	**Die Client-Schicht (Client Tier)**	17
3	**Die Präsentationsschicht (Presentation Tier)**	19
3.1	Decorating Filter	19
3.1.1	Hintergrundinformation	19
3.1.2	Zweck	19
3.1.3	Problemstellung	19
3.1.4	Anforderungen	20
3.1.5	Lösung	20
3.1.6	Praxis	23
3.1.7	Konsequenzen	33
3.1.8	Verwandte GoF Patterns	34
3.2	Front Controller	34
3.2.1	Hintergrundinformation	34
3.2.2	Zweck	34
3.2.3	Problemstellung	34
3.2.4	Anforderungen	35
3.2.5	Lösung	35
3.2.6	Praxis	36
3.2.7	Konsequenzen	41
3.2.8	Verwandte GoF Pattern	41
3.3	View Helper	42
3.3.1	Hintergrundinformation	42
3.3.2	Zweck	42
3.3.3	Problemstellung	42
3.3.4	Anforderungen	42
3.3.5	Lösung	42
3.3.6	Praxis	45

3.3.7	Konsequenzen	50
3.3.8	Verwandte GoF Patterns	51
3.4	Composite View	51
3.4.1	Hintergrundinformation	51
3.4.2	Zweck	51
3.4.3	Problemstellung	51
3.4.4	Anforderungen	51
3.4.5	Lösung	52
3.4.6	Praxis	54
3.4.7	Konsequenzen	55
3.4.8	Verwandte GoF Patterns	56
3.5	Dispatcher View	56
3.5.1	Hintergrundinformation	56
3.5.2	Zweck	56
3.5.3	Problemstellung	56
3.5.4	Anforderungen	57
3.5.5	Lösung	57
3.5.6	Praxis	58
3.5.7	Konsequenzen	59
3.5.8	Verwandte GoF Patterns	59
3.6	Service To Worker	60
3.6.1	Hintergrundinformation	60
3.6.2	Zweck	60
3.6.3	Problemstellung	60
3.6.4	Anforderungen	60
3.6.5	Lösung	61
3.6.6	Praxis	61
3.6.7	Konsequenzen	62
3.6.8	Verwandte GoF Patterns	62
4	**Die Geschäftslogik-Schicht (Business Tier)**	**63**
4.1	Service Locator	63
4.1.1	Hintergrundinformation	63
4.1.2	Zweck	63
4.1.3	Problemstellung	64
4.1.4	Anforderungen	65
4.1.5	Lösung	65
4.1.6	Praxis	67
4.1.7	Performance	69
4.1.8	Konsequenzen	71
4.1.9	Verwandte GoF Patterns	72
4.2	Business Delegate	72
4.2.1	Hintergrundinformation	72
4.2.2	Zweck	72
4.2.3	Problemstellung	72
4.2.4	Anforderungen	73
4.2.5	Lösung	73
4.2.6	Praxis	74

4.2.7	Performance	79
4.2.8	Konsequenzen	84
4.2.9	Verwandte GoF Pattern	84
4.3	Value Object	85
4.3.1	Hintergrundinformation	85
4.3.2	Zweck	85
4.3.3	Problemstellung	85
4.3.4	Anforderungen	86
4.3.5	Lösung	86
4.3.6	Praxis	87
4.3.7	Performance	96
4.3.8	Konsequenzen	99
4.3.9	Verwandte GoF Patterns	99
4.4	Session Façade	99
4.4.1	Hintergrundinformation	99
4.4.2	Zweck	100
4.4.3	Problemstellung	100
4.4.4	Anforderungen	101
4.4.5	Lösung	101
4.4.6	Praxis	103
4.4.7	Performance	110
4.4.8	Konsequenzen	118
4.4.9	Verwandte GoF Patterns	119
4.5	Aggregate/Composite Entity	119
4.5.1	Hintergrundinformation	119
4.5.2	Zweck	120
4.5.3	Problemstellung	120
4.5.4	Anforderungen	121
4.5.5	Lösung	121
4.5.6	Praxis	124
4.5.7	Performance	137
4.5.8	Konsequenzen	141
4.5.9	Verwandte GoF Patterns	141
4.6	Value Object Assembler	142
4.6.1	Hintergrundinformation	142
4.6.2	Zweck	142
4.6.3	Problemstellung	142
4.6.4	Anforderungen	142
4.6.5	Lösung	143
4.6.6	Praxis	148
4.6.7	Performance	155
4.6.8	Konsequenzen	163
4.6.9	Verwandte GoF Patterns	165
4.7	Value List Handler	166
4.7.1	Hintergrundinformation	166
4.7.2	Zweck	167
4.7.3	Problemstellung	167
4.7.4	Anforderungen	167

4.7.5	Lösung	168
4.7.6	Praxis	170
4.7.7	Performance	174
4.7.8	Konsequenzen	178
4.7.9	Verwandte GoF Patterns	180

5 Die Integrationsschicht — 181

5.1	Data Access Object	181
5.1.1	Hintergrundinformation	181
5.1.2	Zweck	181
5.1.3	Problemstellung	181
5.1.4	Anforderungen	182
5.1.5	Lösung	182
5.1.6	Praxis	184
5.1.7	Performance	191
5.1.8	Konsequenzen	196
5.1.9	Verwandte GoF Patterns	197
5.2	Service Activator	197
5.2.1	Hintergrundinformation	197
5.2.2	Zweck	197
5.2.3	Problemstellung	197
5.2.4	Anforderungen	198
5.2.5	Lösung	198
5.2.6	Praxis	202
5.2.7	Performance	205
5.2.8	Konsequenzen	209
5.2.9	Verwandte GoF Patterns	210

6 Die Star-Finder.com Anwendung — 211

6.1	Kurzbeschreibung	211
6.2	Der Ladevorgang	212
6.3	Die Sternensuche	219
6.3.1	Die Architektur der Anwendung	220

Index — **241**

Vorwort

1998 wurde die J2EE Plattform von Sun Microsystems als sichere, stabile und effiziente Ausführungsumgebung von Unternehmensanwendungen, die in der Programmiersprache Java geschrieben sind, angekündigt und 1999 anhand einer Spezifikation, einer sog. Referenzimplementierung und eines Kompatibilitätsprogramms der Öffentlichkeit vorgestellt. Die Spezifikation zusammen mit den entsprechenden Java APIs und die Referenzimplementierung können von der Sun-Webseite frei bezogen werden (http://java.sun.com/j2ee).

Im Rahmen der Erfahrungen, die seitdem mit der J2EE Technologie in der Praxis gemacht wurden, sind die Empfehlungen hinsichtlich des Entwurfs einer Unternehmensanwendung von besonderem Interesse. Sun Microsystems hat dazu das sog. Blueprints-Programm aufgesetzt, welches eine Implementierung einer Unternehmensanwendung zur Demonstration des unterschiedlichen Einsatzes der in der J2EE Spezifikation enthaltenen Technologien beinhaltet. Weiterhin sind für den erfahrenen Entwickler und Software-Architekten die sog. *Core J2EE© Design Patterns* von Sun Professional Services in Anlehnung an die bekannten GoF Design Patterns veröffentlicht worden, die eine Anleitung beim Entwurf einer J2EE© Unternehmensanwendung hinsichtlich ihres Verhaltens bzgl. optimaler Flexibilität, Wartbarkeit und Performanz geben.

Das vorliegende Buch ist eine weiterführende Behandlung dieser J2EE© Design Patterns und bietet eine Beschreibung ihres Verhaltens in praxisrelevanten Umgebungen. Anhand der Unterteilung einer Unternehmensanwendung in die einzelnen Schichten – Präsentationsschicht, Geschäftslogikschicht und Integrationsschicht – werden die einzelnen J2EE© Patterns in konkreten Fallstudien beschrieben und die Konsequenzen – wie z.B. die Auswirkung der Verwendung eines bestimmten Patterns auf die Performanz und weitere Nebenbedingungen – beschrieben. Dabei wird immer der Bezug zu anderen Patterns oder auf die in der Praxis häufig anzutreffenden unterschiedlichen Anforderungen an einzelne Spezifikationsversionen der J2EE© Bestandteile (z.B. EJB1.1 im Vergleich zu EJB2.0) gegeben. Insbesondere J2EE Entwickler und J2EE Software-Architekten werden von der direkten Beschreibung aus Entwicklersicht von diesem Buch beim Entwurf und der Implementierung einer J2EE© Unternehmensanwendung profitieren.

Dr. Matthias Weidmann
Technical Expert
Java Course Development
Sun Educational Services
Sun Microsystems

Vorwort des Autors

Faulheit ist die Wurzel allen Fortschritts!

(Inhalt eines Knallbonbons, Silvester 2002)

Mit der J2EE-Spezifikation gelang der Programmiersprache Java der Durchbruch auf der Serverseite. Bis zu der Veröffentlichung der J2EE-Spezifikation, die so etwas wie ein Releasestand der serverseitigen Technologien darstellt, handelte es sich bei den Serveranwendungen größtenteils um Eigenentwicklungen, die nicht immer portabel waren. Obwohl die zugehörigen API bereits festgelegt wurden und es eine Referenzimplementierung von Anfang an gab, war der Umgang mit diesen Technologien meist noch unklar. In den letzten Jahren scheiterten viele Projekte aufgrund mangelnder Erfahrung der Entwickler und falschem Einsatz der J2EE-Technologie. Neben den nichtfunktionalen Anforderungen wie Erweiterbarkeit, Flexibilität und der Testbarkeit jeder Schicht, musste der Entwickler noch die Komplexität des Gesamtsystems überblicken. Die Entwicklung einer austauschbaren Präsentationsschicht spielte eine große Rolle, damit die Businesslogik, und somit auch die Integrationsschicht, wieder verwendet werden kann.

Die Entkoppelung der Schichten gewann zunehmend an Bedeutung, damit möglichst viele Entwicklerteams parallel an einer Anwendung arbeiten konnten. Nur durch die Entkoppelung der Schichten ist eine nahtlose Integration der Webdesigner überhaupt möglich.

Abhilfe sollten hier die Blueprints von Sun *http://java.sun.com/blueprints/* und eine Beispielanwendung namens Java Pet Store bringen. Aber erst die Kategorisierung der Lösungen ermöglichte dem Entwickler einen einfachen Zugriff auf die benötigten »best practices«.

Aus den Erfahrungen der drei Autoren Dan Malks, John Crupi, Deepak Alur entstand ein Entwurfsmuster-Katalog, der pragmatische Ansätze für den Aufbau von J2EE Anwendungen zeigte. Aus der zuerst nur online veröffentlichten Übersicht entstand das Buch »Core J2EE Patterns«.

Anders als bei den bereits vorhandenen Standardpatterns, die weitgehendst von der eingesetzten Programmiersprache unabhängig waren, handelt es sich hier um Idioms, also um programmiersprach- und sogar releaseabhängige Lösungen. Es wird aber bei jedem Beispiel auf verwandte »Gang-of-Four«-Patterns (GoF-Patterns) hingewiesen, d.h. auf Patterns aus dem Standardwerk von Gamma, Helm, Johnson und Vlissides (erschienen bei Addison-Wesley unter dem Titel »Entwurfsmuster«, ISBN 3-8273-1862-9).

Mein Buch erklärt die notwendige Theorie anhand von pragmatischen Beispielen. Um den »Wirkungsgrad« der Patterns zu testen, wurde für jedes Muster die Performance mit unterschiedlichen Konfigurationen getestet. Zu diesem Zweck wurde das JProbe Suite 3.0 (*www.sitraka.com*) verwendet. Anschließend wird eine Beispielanwendung (star-finder) demonstriert, die das Zusammenspiel der J2EE Patterns zeigt.

Alle Patterns basieren auf der J2EE 1.3 API, die auch die EJB 2.0-Spezifikation beinhaltet.

Bedanken möchte ich mich an dieser Stelle bei meinem Lektor Herrn Martin Asbach für die unkomplizierte und effektive Zusammenarbeit.

Bei meiner Frau Kinga Bien, die nach anfänglicher Kritik der grafischen Gestaltung meines Buches »Enterprise Java Frameworks«, alle in diesem Buch vorhandenen Grafiken erstellt hat. Auch die psychologische Unterstützung während der zahlreichen, nächtlichen Deployments war für mich sehr wichtig und hat einige Wutausbrüche, vielleicht sogar die vollständige Zerstörung meiner Workstation verhindert.

Bei meinem Bruder Michael für die spontane Übernahme des Projekts für die visuelle Anzeige der bereits gefundenen Sterne als Java Applet (sein erstes Java Projekt). Dieses Feature wird allerdings erst in den folgenden Versionen des StarFinders übernommen.

Bei Herrn Dr. Rainer Sawitzki, der mich bei der Auswertung meiner Ideen (vor allem bei der Suche nach freien Sternendatenbanken) und Korrekturen der Manuskripte unterstützt hat. Besonders seine fachlichen und didaktischen Fähigkeiten waren für mich sehr hilfreich.

Bei meinen Eltern für die Geduld und die Förderung meiner Computerinteressen in meiner Kindheit. Auch für das Marketing und den Vertrieb meines Buches »Enterprise Java Frameworks« (einige Verwandte wollten bereits an Java-Grundlagenschulungen teilnehmen ...) möchte ich mich bedanken.

Bei meinen Schwiegereltern für die Aufnahme in das Skiteam und die Durchführung eines komprimierten, aber sehr effektiven Skitrainings (somit blieb mehr Zeit für das Schreiben dieses Buches ...).

Neben dem Sourcecode finden Sie zu jedem Beispiel auch fertige EAR und WAR Archive, die sofort auf den BEA Web Logic Server 6.1 (*www.bea.com*) und J2EE 1.3 RI (*www.javasoft.com*) deployed werden können. Für die Installation notwendige Software finden Sie auch auf der CD zum Buch.

Für Fragen und Anregungen stehe ich jederzeit gerne zur Verfügung – schreiben Sie mir einfach eine eMail *thej2eebook@java-architect.com* oder besuchen Sie meine Homepage *www.java-architect.com*.

Die lauffähige StarFinder Anwendung kann auch unter *www.star-finder.com* live ausprobiert werden.

1 Die mehrschichtige Architektur des J2EE Systems

Dieses Buch beschreibt eine eher pragmatische Sicht auf den von Sun Java Center entwickelten J2EE Pattern Katalog. Ein J2EE Server lässt sich in einzelne, logische Schichten unterteilen, die auch »Tier« genannt werden. Diese Schichten sind wirklich nur logisch begründet und erfordern nicht eine physikalische Verteilung der Komponenten. Ferner sollten die einzelnen Schichten voneinander unabhängig und austauschbar sein. Die Unabhängigkeit der Schichten wird oft auch »loose coupling« genannt. Die Austauschbarkeit der Schichten kann sich aber oft als schwierig bzw. unmöglich erweisen, wenn das ganze System nicht optimal entworfen wurde.

Alle Patterns oder besser gesagt Idioms lassen sich im Wesentlichen nur in Verbindung mit einem J2EE Server anwenden. Diese Tatsache schreibt natürlich auch Java als Entwicklungsplattform vor. Obwohl alle hier beschriebenen Patterns J2EE-spezifisch sind, lassen sich die Ideen bzw. die Architektur auch mit anderen Systemen bzw. Programmiersprachen anwenden.

Aus diesem Grund lassen sich nur wenige GUI Anwendungen mit geringem Aufwand ins Web bringen, obwohl nur die Client- und die Präsentationsschicht ausgetauscht werden müssen.

2 Die Client-Schicht (Client Tier)

Diese logische Schicht wird häufig durch eine echte physikalische Schicht repräsentiert. Diese kann ein Gerät wie ein Handy, eine Workstation oder ein PDA sein. Auf dem Gerät muss sich natürlich auch ein Stück Software befinden, das die Interaktion mit unserem Gesamtsystem ermöglicht. Es kann sich dabei um swingbasierte Anwendungen, Browser, textbasierte Anwendungen oder XML Parser handeln.

3 Die Präsentationsschicht (Presentation Tier)

Die Präsentationsschicht kommuniziert direkt mit der Clientschicht. Diese Schicht stellt die Infrastruktur für die Clientschicht zur Verfügung. Es werden auch Standarddienste wie die (HTTP) Sessionverwaltung oder single sign-on bereitgestellt. Ferner übernimmt diese Schicht die Rolle des Vermittlers zwischen der Clientschicht und der Geschäftslogik des Systems. In einer Webanwendung besteht diese Schicht aus Servlets und den JavaServerPages (JSP) die lediglich die View-Rolle übernehmen. Servlets übernehmen hier die Koordinator-Rolle, was dem typischen Controller entspricht.

3.1 Decorating Filter

3.1.1 Hintergrundinformation

Eine Webanwendung verarbeitet ankommende Webanfragen. Diese Anfragen können eine beliebige Anzahl von Diensten beanspruchen, die unabhängig von der Präsentationslogik zugeschaltet bzw. konfiguriert werden müssen.

3.1.2 Zweck

Dynamische Umhüllung eines Servlets mit zusätzlicher Funktionalität, die dynamisch verwaltet werden kann. Die Unabhängigkeit der Dienste und des Servlets sollte bewahrt werden.

3.1.3 Problemstellung

Um die »Dienste« auf flexible Art und Weise verwalten zu können, sollten diese ohne die Neukompilierung der Anwendung entfernt und hinzugefügt werden. Um die Unabhängigkeit der Dienste vor der Anwendung zu gewährleisten, sollten diese für unsere Anwendung vollkommen transparent sein. Das setzt wiederum voraus, dass sie sich gegenseitig nicht kennen. Diese Tatsache wird auch »Loose Coupling« genannt. Es besteht also keine echte Referenz zwischen der Anwendung und den zusätzlichen Diensten.

Da es keine Referenz gibt, weiß die Anwendung natürlich nicht, dass die Antwort nur indirekt an den Client geschickt wird. Bisher war diese Anforderung gar nicht realisierbar, da man nur jeweils ein Servlet oder eine JSP statisch einer URL zuweisen konnte. Eine Zwischenlösung wäre das so genanntes »Servlet Chaining« also die Möglichkeit, eine Anfrage von mehreren Servlets beantworten zu lassen.

Die Servlet 2.3 Spezifikation brachte eine Neuerung und auch die Lösung unserer Probleme mit sich – die Filter.

3.1.4 Anforderungen

▶ Die Konfiguration der Dienste sollte außerhalb der Webanwendung erfolgen.

▶ Die Schachtelung der Dienste sollte möglich sein.

▶ Die einzelnen Dienste sollten wieder verwendbar und miteinander kompatibel sein.

▶ Die Unabhängigkeit der Dienste von der Anwendung muss gewährleistet werden.

3.1.5 Lösung

Der Decorating Filter basiert auf dem klassischen Decorator oder Wrapper Pattern. Der klassische Decorator ist eng an die zu dekorierende Instanz gekoppelt und somit auch von ihr abhängig. Bei der J2EE Lösung gibt es keine Referenz zwischen dem Decorator und dem beteiligten Dienst. Die Unabhängigkeit der Komponenten wird allein durch ihre gegenseitige Kompatibilität bestimmt.

Die Lösung für die Anforderungen liegt in der Verpackung der Instanzen `HttpServletRequest` und `HttpServletResponse` mit eigenen Implementierungen der Interfaces. Diese Verpackung ermöglicht die Bildung einer »Zwiebelschicht«, die bereits aus dem Package `java.io` bekannt ist.

```
ObjectInputStream objectStream= new ObjectInputStream(new FileInputStream(new File("./serialized_object.ser")));
```

▶ Die Erweiterung der Funktionalität der Klassen erfolgt hier ohne eine Unterklassenbildung. Die hohe Flexibilität wird hier mit Kompatibilität der Konstruktorparameter erzielt. Allerdings muss hier der Sourcecode neu kompiliert werden, wenn man noch weitere Streams hinzufügen möchte. Ähnlich könnte man sich ein Servlet vorstellen, das sein `Request` und `Response` zuerst verpackt und dann diese an eine »Business« Methode übergibt. Zuerst müssen aber die Wrapper implementiert werden:

```
import javax.servlet.http.*;

public class ResponseDebuggingWrapper implements HttpServletResponse{
```

```
    private HttpServletResponse response = null;

    public Wrapper(HttpServletResponse response){
          this.response = response;
    }

    public void addCookie(Cookie cookie) {
          System.out.println("Cookie added !" + cookie.toString())
          this.servletResponse.addCookie(cookie);
    }

    //die restlichen Methoden des Interfaces HttpServletResponse

}
```

Die Controller-Aufgabe könnte eine abstrakte Klasse übernehmen, die dem Template-Pattern entspricht. In der Methode service werden die Instanzen HttpServletRequest und HttpServletResponse je nach Bedarf umhüllt, um diese um eigene Funktionalität zu erweitern.

```
import javax.servlet.http.*;
import javax.servlet.*;

public class AbstractController extends HttpServlet{

   public final void service(HttpServletRequest req, HttpServletResponse res)
throws IOException, ServletException {
          this.manageRequest(req,new ResponseDebuggingWrapper(res));
   }
   public abstract void manageRequest(HttpServletRequest req, HttpServletResponse
res) throws ServletException;
}
```

Diese Vorgehensweise ist zwar auch mit älteren Webcontainern kompatibel, sie hat aber auch einen entscheidenden Nachteil: für die Bereitstellung neuer Wrapper muss der Controller neu kompiliert werden.

Bei dem javax.servlet.Filter handelt es sich um ein Interface mit folgenden Methoden:

```
void   destroy()
void   doFilter(ServletRequest request, ServletResponse response, FilterChain
chain)
void   init(FilterConfig filterConfig)
```

Der Lebenszyklus eines Filters ähnelt dem eines Servlets. Beide werden von einem WebContainer verwaltet.

Auch das Interface javax.servlet.FilterChain ist hier neu. Es ermöglicht die Übergabe der Kontrolle an das nächste Element in der »Kette«.

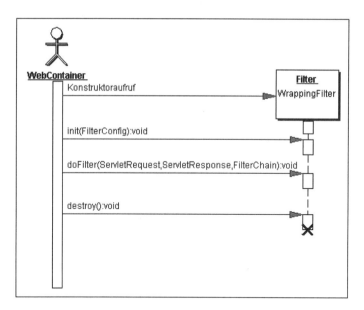

Abbildung 3.1: Der Lebenszyklus eines Filters

```
public interface FilterChain{
  void doFilter(ServletRequest request, ServletResponse response)
}
```

Das nächste Element ist entweder ein weiterer Filter oder aber das eigentliche Servlet. Eine Implementierung des Interfaces javax.servlet.Filter kann vor einem bereits installierten Servlet geschaltet werden. Dazu ist ein Eintrag in der Konfigurationsdatei web.xml des WebContainers notwendig.

```
<web-app>
    <display-name>Decorating Filter</display-name>
    <description>Decorating Filter example</description>
<!-- Filtereinstellungen -->

<filter>
      <filter-name>DebuggingFilter</filter-name>
      <filter-class>com.abien.internet.filter.DebuggingFilter</filter-class>
</filter>

<filter>
      <filter-name>XSLTFilter</filter-name>
      <filter-class>com.abien.internet.filter.XSLTFilter</filter-class>
</filter>

<!-- filter mapping -->
<filter-mapping>
        <filter-name>DebuggingFilter</filter-name>
        <servlet-name>FileServer</servlet-name>
</filter-mapping>
```

```xml
<filter-mapping>
        <filter-name>XSLTFilter</filter-name>
        <servlet-name>FileServer</servlet-name>
</filter-mapping>

 <!-- FileServlet -->
 <servlet>
   <servlet-name>FileServer</servlet-name>
   <servlet-class>com.abien.internet.servlet.FileServer</servlet-class>
 </servlet>

 <!-- Define the Manager Servlet Mapping -->
 <servlet-mapping>
   <servlet-name>FileServer</servlet-name>
   <url-pattern>*.file</url-pattern>
 </servlet-mapping>

</web-app>
```

Der erste Teil deklariert den Filter:

```xml
<filter>
       <filter-name>Filtername</filter-name>
       <filter-class>com.abien.FilterKlasse</filter-class>
</filter>
```

Durch den `<filter-mapping>` Tag kann man einem Servlet vorher deklarierte Filter zuordnen.

```xml
<filter-mapping>
       <filter-name>Filtername</filter-name>
       <servlet-name>Servletname</servlet-name>
</filter-mapping>
```

Mit dieser Vorgehensweise lässt sich ein Servlet auch in mehreren Stufen umwickeln. Die Reihenfolge entspricht der Anordnung in der Konfigurationsdatei. Auch die Anforderung neue Schichten dynamisch zu verwalten ist somit erfüllt. Um die Funktionalität eines bestehenden Servlets zu erweitern, reicht es, einen neuen Filter vorzuschalten. Dieser könnte die Vor- und Nachbereitung der Daten übernehmen. Auch das »Loose Coupling« ist somit realisiert, da ein Servlet nichts von der Existenz eines Filters wissen muss.

3.1.6 Praxis

In der Praxis werden oft Filter benötigt, die allgemeine Aufgaben erledigen können. So ist bei der Entwicklung das Tracing eines Servlets essentiell. Es müssen dazu die Parameter, Kodierung und `HttpServletResponse`-Inhalte gelesen werden. Bisher wurde der Sourcecode eines Servlets zu diesem Zweck verändert. Diese Aufgabe kann aber leicht ein Filter übernehmen, da er Zugriff sowohl auf die »Eingabe-« als auch die »Ausgabeparameter« eines Servlets hat.

```
package com.abien.internet.filter;

import javax.servlet.*;
import java.util.*;
import java.io.*;

public class DebuggingFilter implements Filter {
  public void init(FilterConfig config){
        System.out.println("DebuggingFilter.init invoked ");
  }
  public synchronized void doFilter(ServletRequest request,ServletResponse response,FilterChain chain) throws IOException {
    System.out.println("---------------Request-------------------");
    System.out.println("Available ServletInputStream: " + request.getInputStream().available());
    System.out.println("Content length: " + request.getContentLength());
    for(Enumeration e= request.getParameterNames();e.hasMoreElements();){
       String key = (String)e.nextElement();
       String value = request.getParameter(key);
       System.out.println("DebuggingFilter: request key: " + key + " value " + value);
    }
       long start = System.currentTimeMillis();
       try{
         chain.doFilter(request,response);
         System.out.println("chain.doFilter successfully invoked!");
       }catch(Exception e){
          System.out.println("Following exception occured: " + e.toString());
       }
       System.out.println("Processing.Durance: " + (System.currentTimeMillis()-start));
   }
   public void destroy(){
       System.out.println("Destroying DebuggingFilter");
   }

}
```

Mit dem com.abien.internet.filter.DebuggingFilter lässt sich jedes Servlet transparent »umhüllen«. Seine Funktionalität wird somit um die Debugausgaben erweitert oder besser gesagt »dekoriert«.

Ein Filter wird von dem WebContainer vor dem Aufruf der Methode service() aufgerufen. Der Filter gibt selbständig die Kontrolle an das Servlet weiter, er kann jedoch nach dem Aufruf noch mal reagieren.

```
//...
//Geschäftslogik
chain.doFilter(request,response); // Servlet - oder Filteraufruf
//Geschäftslogik
../
```

Betrachten wir ein einfaches Servlet, das nur die Inhalte einer Datei liefert:

```java
public class FileServer extends HttpServlet {
    private String fileName = null;

    public void doGet(HttpServletRequest request, HttpServletResponse response)
throws ServletException {
           this.manageRequest(request,response);
    }
public void manageRequest(HttpServletRequest request, HttpServletResponse
response) throws ServletException {
         try {
this.fileName = request.getParameter("file");
File file = new File(this.fileName);
if(!file.exists())
 throw new ServletException("File: " +fileName+" does not exist!");
if(!file.canRead())
 throw new ServletException("File: " +fileName+" could not be read!");
this.serveFile(response,file);
         } catch (Exception e) {
             System.out.println(e.toString());
             throw new ServletException("FileServer.manageRequest() " +
e.toString());
         }
    }
    private synchronized void serveFile(HttpServletResponse response,File file)
throws ServletException{
       /* input init*/
       try{
         FileInputStream    fileInput = new FileInputStream(file);
         BufferedInputStream inputBuffer = new BufferedInputStream(fileInput);
       /* output init */
         ServletOutputStream servletStream = response.getOutputStream();
         BufferedOutputStream outputBuffer = new
BufferedOutputStream(servletStream);
       /*Byte array output*/
         ByteArrayOutputStream arrayStream = new ByteArrayOutputStream();
           byte buffer[] = new byte[1024];
           int bytesRead = 0;
           while ((bytesRead = inputBuffer.read(buffer)) != -1) {
               arrayStream.write(buffer, 0, bytesRead);
           }
           byte retVal[] = arrayStream.toByteArray();
           response.setContentLength(retVal.length);
           outputBuffer.write(retVal);
           outputBuffer.flush();
       }catch(Exception e){
            throw new ServletException("FileServer.serveFile Exception occured: " +
e.toString());
       }
    }
}
```

Das Servlet com.abien.internet.FileServer erwartet einen GET Parameter. Der Parameter (»file«) sollte immer vorhanden sein, sonst lässt sich das Objekt java.io.File nicht mehr erzeugen. Diese Vorbedingung könnte man in dem FileServer kodieren. Einfacher und bequemer ist es jedoch, diese Funktionalität in einen Filter auszulagern. Dann lässt sich nämlich diese wieder verwenden und bei Bedarf (z.B. Produktionsübergabe) wieder deaktivieren. Der Filter muss lediglich im Klassenpfad des Servlets liegen und in der Konfigurationsdatei web.xml eingetragen werden.

```xml
<filter>
    <filter-name>DebuggingFilter</filter-name>
    <filter-class>com.abien.internet.filter.DebuggingFilter</filter-class>
</filter>
<filter-mapping>
    <filter-name>DebuggingFilter</filter-name>
    <servlet-name>FileServer</servlet-name>
</filter-mapping>
```

Beim Aufruf des FileServers übergibt der WebContainer zunächst die Kontrolle an den com.abien.internet.DebuggingFilter. Dieser gibt die GET-Parameter und zusätzliche Informationen über die HttpServletResponse- und HttpServletRequest-Instanzen aus. Danach wird die Kontrolle wieder an das »gewrappte« Servlet übergeben. Ferner wird die Zeit gemessen, die ein Servlet (hier der FileServer) für die Bearbeitung eines Requests benötigt.

Abbildung 3.2: Ausgabe des Filters

Auch die bereits angesprochene Umhüllung von HttpServletRequest und HttpServletResponse ist nun in einem Filter elegant möglich, ohne das Servlet verändern zu müssen.

Der com.abien.internet.DebuggingFilter ist jedoch nicht in der Lage das Ergebnis des Servlets, also das HttpServletResponse, zu bearbeiten. Um die Ausgabe eines Servlets nachträglich manipulieren zu können, muss auch die Instanz javax.servlet. http.HttpServletResponse vollständig umhüllt werden. Diese Umhüllung könnte mit Hilfe einer Hilfsklasse, die auch das Interface javax.servlet. http.HttpServlet-Response implementiert, erfolgen. In unserem Beispiel übernimmt diese Aufgabe die Klasse com.abien.internet.servlet.CustomServletOutputStream.

```java
public class CustomHttpServletResponse implements HttpServletResponse{

      private ServletResponse servletResponse    = null;
      private ByteArrayOutputStream arrayStream  = null;
      private PrintWriter           writer       = null;
      private CustomServletOutputStream outputStream = null;

      public CustomHttpServletResponse(ServletResponse servletResponse,CustomServletOutputStream outputStream) throws RemoteException {
            this.servletResponse = servletResponse;
            this.outputStream    = outputStream;
            this.arrayStream     = new ByteArrayOutputStream();
            this.writer = new PrintWriter(arrayStream);
      }
      public ServletResponse getServletResponse(){
            return this.servletResponse;
      }
      public byte[] getContent(){ return this.arrayStream.toByteArray();}
   /* Servlet Response*/
      public void flushBuffer() throws IOException {}
      public int getBufferSize() { return this.servletResponse.getBufferSize(); }
      public String getCharacterEncoding() { return this.servletResponse.getCharacterEncoding(); }
      public Locale getLocale() { return this.servletResponse.getLocale(); }
      public ServletOutputStream getOutputStream() throws IOException { return this.outputStream; }
      public PrintWriter getWriter() throws IOException { return this.writer; }
      // restlichen Methoden des HttpServletResponse

}
```

Der Wrapper erwartet im Konstruktor eine Instanz der Klasse javax.servlet.ServletResponse und eine Instanz der Klasse CustomServletOutputStream. Aufrufe, die von dem Wrapper nicht abgearbeitet werden können, werden an die Instanz javax.servlet.ServletResponse delegiert. Der zweite Parameter repräsentiert die Implementierung des Interfaces javax.servlet.ServletOutputStream.

Die Klasse CustomServletOutputStream entspricht dem Adapter-Pattern. Sie erwartet im Konstruktor den java.io.DataOutputStream und delegiert alle Aufrufe an diese Instanz. In vielen Methodenaufrufen muss konvertiert werden, da sich die Signaturen des javax.servlet.ServletOutputStream und des java.io.DataOutputStream voneinander unterscheiden.

```
public class CustomServletOutputStream extends ServletOutputStream {
  private DataOutputStream stream = null;
  public CustomServletOutputStream(DataOutputStream stream){
    this.stream = stream;
  }
  public void print(boolean b) throws IOException {this.stream.writeBoolean(b);}
  public void print(char c)throws IOException{ this.stream.writeChar(c);}
  public void print(double d)throws IOException{this.stream.writeDouble(d);}
  public void print(float f)throws IOException{this.stream.writeFloat(f);}
  //restlichen Methoden des ServletOutputStream
}
```

Die beiden Wrapper halten das »Ergebnis« des Servlets fest und ermöglichen dem Filter eine nachträgliche Bearbeitung des Responses. Somit kann sowohl das HttpServletRequest als auch das HttpServletResponse bearbeitet werden. Um die Arbeit mit den Filtern zu vereinfachen, wurde eine abstrakte Klasse WrappingFilter deklariert. Diese Klasse umhüllt automatisch das HttpServletResponse und ServletOutputStream und ruft dann ihre eigene abstrakte Methoden beforeWrapping und afterWrapping auf. Diese Methoden werden von den Unterklassen implementiert. Der WrappingFilter entspricht also dem Template-Pattern.

```
public abstract class WrappingFilter implements Filter{

    private CustomHttpServletResponse customResponse = null;
    private CustomServletOutputStream customOutput   = null;
    private FilterConfig         config           = null;

    public void init(FilterConfig config){
     this.config = config;
     System.out.println(this.getClass().getName()+".init invoked");
    }

    public FilterConfig getServletConfig(){ return this.config;}
    public final void doFilter(ServletRequest request, ServletResponse response,FilterChain chain) throws IOException{
        try {
         beforeWrapping(request,response);
         ByteArrayOutputStream servletContent = new ByteArrayOutputStream();
         this.customOutput = new CustomServletOutputStream(new DataOutputStream(servletContent));
         this.customResponse = new CustomHttpServletResponse(response,this.customOutput);
          chain.doFilter(request,this.customResponse);
          afterWrapping(servletContent.toByteArray(),response);
         System.out.println("WrappingFilter.doFilter after afterWrapping ");
        }catch (Exception e) {
          throw new IOException("WrappingFilter.doFilter " + e.toString());
         }
     }
    public abstract void beforeWrapping(ServletRequest request,ServletResponse response)throws IOException;
```

```
public abstract void afterWrapping(byte content[],ServletResponse response)throws
IOException;
}
```

Die Methode beforeWrapping gibt dem »konkreten« Filter die Gelegenheit, auf die »Eingabeparameter« des FilterChains zu reagieren. Hinter dem Interface FilterChain kann sich sowohl ein Servlet als auch ein Filter verbergen. Die Methode afterWrapping wird aufgerufen, wenn die Instanz des Interfaces javax.servlet.FilterChain den Request erfolgreich abgearbeitet hat. In dem Bytearray steht die »Antwort« eines Servlets oder Filters. Diese kann natürlich auch manipuliert werden. Somit ist uns eine vollständige »Umhüllung« gelungen.

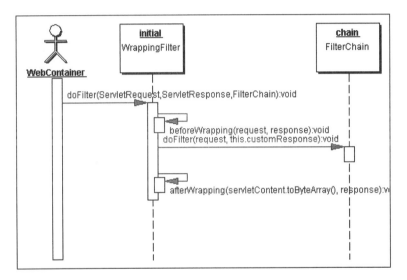

Abbildung 3.3: Die Umhüllung der Instanz HttpServletResponse

Betrachten wir eine konkrete Anwendung des Filters. Da der FileServer in der Lage ist, beliebige Dateien zu liefern, könnte man diese auch mittels einer Unterklasse des WrappingFilters verändern. Der FileServer könnte beispielsweise eine XML-Datei laden, die dann mittels einer XSL Transformation verändert werden kann. Diese Aufgabe übernimmt hier der XSLTFilter aus dem com.abien.internet.filter Package.

```
public class XSLTFilter extends WrappingFilter{
    public  final static String XSL            = "xsl";
    private TransformerFactory factory         = null;
    private Transformer        transformer     = null;
    public void init(FilterConfig config) {
        System.out.println("XSLTFilter.init invoked ");
        factory = TransformerFactory.newInstance();
    }
```

```
    public void beforeWrapping(ServletRequest request,ServletResponse response)
throws IOException{
    try {
        String xslUrl = request.getParameter(XSL);
        URLConnection connection = new URL(xslUrl).openConnection();
        InputStream xslStream = connection.getInputStream();
        this.transformer = factory.newTransformer(new StreamSource(xslStream));
                                                }catch (Exception e) {
        throw new IOException("XSLTFilter.doFilter " + e.toString());
        }
    }
     public void afterWrapping(byte[] content, ServletResponse response) throws
IOException{
       try {
         System.out.println("XSLFilter.doFilter the size of the generated content
"+content.length);
      ByteArrayInputStream contentInput = new ByteArrayInputStream(content);
      ByteArrayOutputStream transformationOutput = new ByteArrayOutputStream();
             this.transform(contentInput,transformationOutput);
             response.setContentLength(transformationOutput.size());
response.getOutputStream().write(transformationOutput.toByteArray());
             response.flushBuffer();
        }catch (Exception e) {
        throw new IOException("XSLTFilter.doFilter " + e.toString());
        }
    }
  public void transform(InputStream input, OutputStream sOutput) throws
ServletException {
try {
  transformer.transform(new StreamSource(input), new StreamResult(sOutput));
catch (Exception e) {
  throw new ServletException("Exception occured during transformation: " + e);
}
    }
}
```

Dabei wird in der Methode beforeWrapping eine XSL-Datei gelesen und eine Transformer Instanz erzeugt. In der Methode afterWrapping wird der Inhalt aus dem Bytearray gelesen und dann auch tranformiert. Das Ergebnis wird in die Instanz der Klasse ServletOutputStream des WebContainers geschrieben. Diese Instanz erhalten wir aus dem ursprünglichen ServletResponse des WebContainers. Erst jetzt wird das Ergebnis an den Browser geschickt. Bis jetzt haben wir nur in unseren CustomServletOutputStream geschrieben. Die Inhalte wurden in dem Wrapper gepuffert, um sie nicht sofort zum Browser zurückzuschicken. Diese Vorgehensweise ist hier notwendig um Fehler zu vermeiden. Es können nur einmal pro Request Daten an den Browser geschickt werden. In unserem Fall sollten es die bereits transformierten Daten sein und nicht das Ergebnis des FileServers.

Der `XSLTFilter` benötigt für seine Transformation auch einen Eingabeparameter. Es handelt sich dabei wiederum um einen GET-Parameter (»XSL«). Hier kann wieder unser `DebuggingFilter` eingesetzt werden, um die Werte des Servlets und des Filters zu überprüfen. Es werden sowohl der `XSLTFilter` als auch der `FileServer` gewrapped.

```
Auswählen Catalina
Apache Tomcat/4.0-b5
XSLFilter.doFilter Transformer created!
WrappingFilter.doFilter preparing wrapping
-----------------------Request-----------------------
Available ServletInputStream: 0
Content length: -1
Available: 0
Content Type:null
Protocol: HTTP/1.0
-----------------------Response-----------------------
Character encoding: ISO-8859-1
Buffer size: 1024
Country: DE
DisplayCountry: Deutschland
DisplayLanguage: Deutsch
-----------------------FilterChain-----------------------
FilterChain class: org.apache.catalina.core.ApplicationFilterChain
DebuggingFilter: request key: xsl value http://localhost:8080/decorating_filter_
xsl/style.xsl
DebuggingFilter: request key: file value E:\j2ee_patterns\content.xml
FileServer
chain.doFilter successfully invoked!
Processing.Durance: 31
WrappingFilter chain.doFilter invoked !
XSLFilter.doFilter the size of the generated content 145
XSLFilter.doFilter Content tranformed !
WrappingFilter.doFilter after afterWrapping :->
```

Abbildung 3.4: Ausgabe des DebuggingFilters

Der `FileServer` wurde mit folgender URL aufgerufen:: *http://localhost:8080/decorating_filter_xsl/.file?file=E:\j2ee_patterns\content.xml&xsl=http://localhost:8080/decorating_filter_xsl/style.xsl*.

Auch die Generierung einer PDF-Datei könnte ein Filter übernehmen. Diese Aufgabe übernimmt hier der `FOPFilter`, der die Apache FOP Technologie verwendet. Der `FOP-Filter` nutzt auch die Funktionalität des WrappingFilters um den gelieferten Inhalt nachträglich zu bearbeiten.

```
public class FOPFilter extends WrappingFilter{
  private final static String PARSER_KEY = "org.xml.sax.parser";
  private String readerClassName = null;
  private XMLReader xmlReader = null;
 public void init(FilterConfig config) {
  try{
  this.readerClassName = config.getInitParameter(PARSER_KEY);
  this.xmlReader = (XMLReader) Class.forName(readerClassName).newInstance();
  }catch(Exception e){  }
    }
  public void beforeWrapping(ServletRequest request,ServletResponse response){  }
```

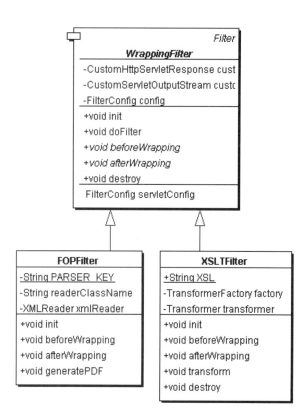

Abbildung 3.5: Der FOPFilter

```
    public void afterWrapping(byte[] content,ServletResponse response)throws
IOException{
    generatePDF(new InputSource(new ByteArrayInputStream(content)),response);
    }
public void generatePDF(InputSource foFile, ServletResponse response) throws
IOException {
        try {
 ByteArrayOutputStream out = new ByteArrayOutputStream();
  Driver driver = new Driver(foFile, out);
  driver.run();
  byte[] content = out.toByteArray();
  response.setContentType("application/pdf");
  response.setContentLength(content.length);
  response.getOutputStream().write(content);
  response.flushBuffer();
 }catch (Throwable e) {
        throw new IOException("Exception occured during processing: " + e);
        }
    }
}
```

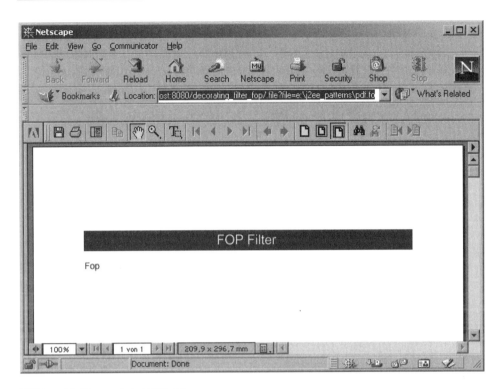

Abbildung 3.6: Die generierte PDF-Datei

Der Inhalt wird dabei von unserem FileServer gelesen. Der FOPFilter liest die pdf.fo Datei und versucht diesen ASCII-Strom in eine PDF Ausgabe zu transformieren. Für den Benutzer ist die Existenz des FOPFilters vollkommen transparent. Die Transparenz und die dynamische Erweiterung der Funktionalität eines Servlets sprechen für das Decorating Filter Pattern.

3.1.7 Konsequenzen

Vorteile

▶ Hohe Wiederverwendbarkeit der Filter

▶ Hohe Unabhängigkeit der Filter von den Servlets

▶ Die Konfiguration der Anwendung findet in dem Deployment Descriptor statt.

▶ Eine Schachtelung der Filter ist möglich. Es lassen sich somit mehrere »Zwiebelschichten« bilden.

Nachteile

▶ Der Konfigurationsaufwand der Anwendung ist wesentlich höher als der eines gewöhnlichen Servlets.

▶ Obwohl die Filter technisch voneinander unabhängig sind, muss die Kompatibilität der einzelnen Schichten gewährleistet werden.

▶ Durch die Pufferung der Daten in den einzelnen Schichten kann es zu Performance- oder Speicherproblemen kommen.

▶ Die Performance der Gesamtanwendung ist im Allgemeinen schlechter.

3.1.8 Verwandte GoF Patterns

▶ Wrapper

▶ Decorator

▶ Adapter

3.2 Front Controller

3.2.1 Hintergrundinformation

Eine Webanwendung verarbeitet ankommende Webanfragen. Diese Anfragen können eine beliebige Anzahl von Diensten beanspruchen. Die Auswahl der Geschäftslogik und der dazugehörigen Views werden durch einen Kontrollmechanismus gesteuert.

3.2.2 Zweck

Allgemeine Dienste wie Authorisierung, Authentifizierung oder Auditing sollen in einer Komponente zusammengefasst werden.

3.2.3 Problemstellung

Ab bestimmter Projektgröße ist man an einer zentralen »Kontrolle« einer Webanwendung interessiert. Es muss dabei die Wahl eines Controllers, Verarbeitung der Ein- und Ausgabeparameter, Fehlerbehandlung, Sicherheit und die Wahl der zuständigen View stattfinden. Mit der Einführung von JSPs hat man sich jedoch oft für die dezentrale Variante entschieden. Diese brachte allerdings entscheidende Nachteile mit sich. Die Geschäftslogik wurde auch verteilt, was die Wiederverwendbarkeit der Komponenten beeinträchtigte. Alle Links mussten einzeln verwaltet werden, das URLRewriting somit erheblich erschwert. Nachträgliche Anforderungen wie Authentifizierung, Auditing oder Auswertungen der Zugriffe ließen sich nur schwer realisieren.

3.2.4 Anforderungen

1. Allgemeine Geschäftslogik soll nicht mehr verteilt, sondern an einer Stelle gepflegt werden können.
2. Die Unabhängigkeit der Geschäftslogik von den einzelnen Views soll gewährleistet werden.
3. Zusätzliche Dienste wie Caching, Logging, Authentifizierung sollen für die Anwendung transparent »zugeschaltet« werden können.
4. Die Verwaltung der Links soll außerhalb der Views erfolgen.

3.2.5 Lösung

Der Controller (ein Servlet oder in Ausnahmefällen eine JSP) übernimmt hier die zentrale Steuerungsrolle. Da Requests zuerst von dem Controller verarbeitet werden, kann man hier »requestunabhängige« Geschäftslogik platzieren. Diese Geschäftslogik wird den Views (normalerweise JSPs) entnommen. Somit erhöht sich auch die Wiederverwendbarkeit dieser Logik. Die Trennung zwischen der Logik und der View kann auch mit diesem Prinzip konsequenter durchgesetzt werden. Die Wahl der View wird allerdings meistens einem Dispatcher überlassen. Der Dispatcher kennt sich wiederum mit der Wahl der View und mit der Navigationslogik aus. Natürlich kann diese Einheit auch vom Controller gewrapped werden. Der Front Controller hält dann einen Dispatcher und benutzt seine Geschäftslogik.

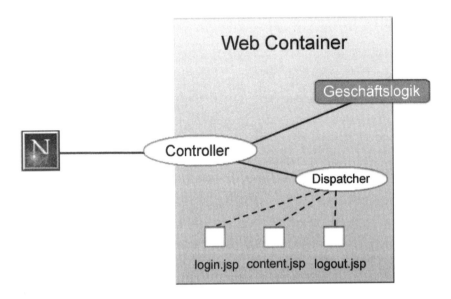

Abbildung 3.7: Der Front Controller

Große Portale bestehen typischerweise aus mehreren Controllern, die logische Subsysteme abbilden. Ein Controller entspricht also auch einer Façade, da hier der Client vor der Komplexität des Systems abgeschirmt wird. Die Subsysteme entsprechen oft der Gruppierung der zugehörigen Geschäftslogik. So könnte man sich vorstellen, dass in einem Online-Shop-System unterschiedliche Controller für die Internetbestellung und die Artikelverwaltung zuständig sind. Der Front Controller ist eine wieder verwendbare Komponente, die nicht für jede Webanwendung neu kompiliert werden muss. Es besteht praktisch überhaupt keine Koppelung zwischen dem Servlet (Controller), der JSPs (Views) und der Geschäftslogik (Java Klassen oder EJB).

3.2.6 Praxis

Bevor man versucht, dieses Pattern selber zu implementieren, kann man hier bereits viel von einem »Marktführer« auf diesem Gebiet lernen. Es handelt sich dabei um ein Open-Source Projekt namens Struts. Dieses Framework ist frei, auch für die kommerzielle Nutzung. Mehr Informationen findet man unter der folgenden Adresse: *http://jakarta.apache.org/struts/index.html*. Die Präsentationsschicht der Beispielanwendung StarFinder wurde auch mit Struts erstellt. Für die Installation wird auch ein Webcontainer benötigt. Auch dieser kann von der Seite: *http://jakarta.apache.org/tomcat/index.html* heruntergeladen werden. Beides finden Sie natürlich auch auf der CD-ROM zum Buch. Beim Tomcat handelt es sich um einen J2EE-kompatiblen WebContainer, der die Servlets 2.X und JSP 1.x APIs implementiert. Auch Tomcat ist für die kommerzielle Nutzung frei. Die Installation des Frameworks beschränkt sich auf das Kopieren von 6 »WAR«-Archiven in das `webapps` Verzeichnis des Tomcats. Nach dem Neustart des Webcontainers ist Struts sofort verfügbar.

Beim Struts handelt sich um ein Framework, das dem klassischen, aus Smalltalk bekannten, MVC Pattern entspricht. Es wurde von Craig R. McClanahan entwickelt und steht den Enwicklern seit Januar 2001 zur Verfügung. In diesem Framework übernehmen das Servlet die Controller- und die JSPs die View-Rolle.

Bei dem MVC Pattern werden die Anfragen von einem Controller entgegengenommen. Der Controller kennt einen Handler, zu dem die Requests delegiert werden. Die Handler kennen wiederum ein Modell, das die Anfragen bearbeiten kann. Das Modell entspricht der Geschäftslogik der Anwendung. Die Handler stellen lediglich eine einheitliche Schnittstelle für den Controller zur Verfügung und rufen die Geschäftslogik (Modell) auf. Der Handler entspricht deswegen dem klassischen Adapter-Pattern und sorgt für die Entkoppelung der Businesslogik von dem Framework.

Das Struts Framework beinhaltet alle Elemente des MVC-Frameworks. Die Rolle des Controllers übernimmt hier das ActionServlet. Dieses nimmt alle `HttpServletRequests` entgegen und sucht den zuständigen Handler, der in der Lage ist, diese zu bearbeiten. Das ActionServlet ist wieder verwendbar und muss nicht für neue Webanwendungen verändert oder kompiliert werden.

Die einzelnen Komponenten einer typischen Struts-Anwendung schauen wir uns mal am Beispiel einer einfachen Anwendung an. Bei dieser Anwendung handelt es sich um eine Fachhändlersuche. Das Mapping der Handler-Klassen zu den Pfaden findet in einer Datei struts-config.xml statt, die in dem Verzeichnis WEB-INF, neben der Datei web.xml, liegt:

```xml
<?xml version-"1.0" encoding="ISO 8059 1" ?>
<struts-config>
  <!-- ========== Form Bean Definitions ========= -->
 <form-beans>
  <form-bean      name="searchForm"
type="com.abien.j2ee.web.frontcontroller.SearchForm"/>
 </form-beans>
  <!-- ===== Action Mapping Definitions ========== -->
 <action-mappings>
 <action path="/chooseZip" type="com.abien.j2ee.web.frontcontroller.SearchAction"
name="searchForm" scope="request">
    <forward name="searchResults" path="/result.jsp"/>
    <forward name="nothingFound"  path="/nullresult.jsp"/>
    <forward name="error"         path="/error.jsp"/>
   </action>
   </action-mappings>
</struts-config>
```

In dem oberen Konfigurationsbeispiel wird der Handler com.abien.j2ee. web.frontcontroller.SearchAction aufgerufen, falls die Webanwendung »chooseZip.do« referenziert wird. Das ActionServlet reagiert lediglich auf die ».do«-Erweiterung. Dies kann in der Konfigurationsdatei des WAR-Archivs eingestellt werden. Es handelt sich dabei um ein Mapping des ActionServlet zu einer bestimmten URL:

```xml
<!-- Standard Action Servlet Configuration (with debugging) -->
  <servlet>
    <servlet-name>action</servlet-name>
    <servlet-class>org.apache.struts.action.ActionServlet</servlet-class>
//other settings
  </servlet>
  <!-- Standard Action Servlet Mapping -->
  <servlet-mapping>
    <servlet-name>action</servlet-name>
    <url-pattern>*.do</url-pattern>
  </servlet-mapping>
```

Der Name »chooseZip« wird für die Auswahl des Handlers benötigt. Typischerweise wird der »Pfad« der Anwendung in dem Tag <form action="pfad"> angegeben:

```html
<body bgcolor="white">
<html:errors/>
<center>
<font face="arial"><b>Search for Java Shop near you:</b></font>
 <html:form action="chooseZip.do" target="main" focus="submit">
```

```
    <html:select property="zip">
      <html:options collection="zips" property="value" labelProperty="label"/>
    </html:select>
    <html:submit value="Search" />
  </center>
  </html:form>
</body>
```

Es könnte sich hier aber genauso um einen einfachen Link, wie z. B. <a href ="/choose.zip">Link</a>, handeln.

Nachdem diese Anfrage von dem Controller entgegengenommen wurde, wird ein Handler, hier die Komponente SearchAction, aktiviert. Die Methode perform des Handlers wird aufgerufen und die Parameter ActionMapping, ActionForm, HttpServletRequest, HttpServletResponse übergeben. Der Entwickler hat hier die Möglichkeit, die »echte« Geschäftslogik der Anwendung aufzurufen. Es kann sich dabei um Datenbankabfragen, Enterprise JavaBeans aufrufen, oder Methodenaufrufen einfacher Java-Klassen handeln. Dabei müssen die Daten aus der ActionForm oder aus dem HttpServletRequest extrahiert und an die eigentliche Geschäftslogik übergeben werden.

```
public class SearchAction extends Action{
    private DealerDatabase dealerDatabase = null;
            public ActionForward perform(ActionMapping mapping,ActionForm
  form,HttpServletRequest request,  HttpServletResponse response) {
            dealerDatabase = DealerDatabase.getInstance();
            String zip = null;
            if(form instanceof SearchForm){
                SearchForm searchForm = (SearchForm)form;
                zip = searchForm.getZip();
                Dealer dealer = dealerDatabase.getDealerForZip(zip);
                request.setAttribute("viewData", dealer);
            }
        return mapping.findForward("searchResults");
       }
 }
```

Die Klasse com.abien.j2ee.web.frontcontroller.SearchForm ist für die Übergabe der Daten zwischen der JSP (View) und dem Handler verantwortlich. Die Daten der JSP werden hier gelesen und können auf ihre Gültigkeit überprüft werden.

```
public final class SearchForm extends ActionForm {
  private String zip = null;
  public String getZip(){return this.zip;}
  public void setZip(String zip){ this.zip = zip; }
  public void reset(ActionMapping mapping, HttpServletRequest request){
      this.zip = null;
  }
  public ActionErrors validate(ActionMapping mapping, HttpServletRequest request)
  {
```

```
            ActionErrors errors = new ActionErrors();
            if ((this.zip == null) || (this.zip.length() < 1))
                errors.add("zip", new ActionError("error.zip.required"));
            return errors;
        }
    }
```

Die Geschäftslogik der Anwendung befindet sich hier in einer unabhängigen Klasse. Diese implementiert die Suche nach Fachgeschäften. Bei dieser Klasse handelt es sich lediglich um eine Dummy-Implementierung, die mit einem echten Datenbankzugriff oder einer EJB ausgetauscht werden kann. Um die Austauschbarkeit der einzelnen Schichten zu ermöglichen, empfiehlt es sich, die Geschäftslogik in eigenständige, wieder verwendbare Komponenten auszulagern. Natürlich ist es auch möglich, diese Geschäftslogik gleich in die konkrete Implementierung der Klasse Action einzubinden, allerdings müssen dann auch die Handler bei jeder Änderung der Logik angepasst werden. Auch die Geschäftslogik müsste somit z.B. bei neuen Strutsreleases geändert werden. In unserer Anwendung befindet sich die Suchlogik in der Klasse com.abien.j2ee.web.frontcontroller.database.DealerDatabase.

```
    public class DealerDatabase{
        private Hashtable database = null;
        private  static DealerDatabase instance = null;
        private DealerDatabase(){
          this.init();
        }
        private void init(){
    //populate the database
        }

        public final static DealerDatabase getInstance(){
            if(instance == null)
                instance = new DealerDatabase();
            return instance;
        }
        public Dealer getDealerForZip(String zip){
    Dealer dealer = (Dealer)this.database.get(new Integer(Integer.parseInt(zip)));
            return dealer;
        }

    }
```

Nachdem einzelne Fachhändler gefunden wurden, müssen diese auch dargestellt werden. Diese Aufgabe wird hier von einer JSP (result.jsp) erledigt, die hier der View aus dem MVC Paradigma entspricht. Das Ergebnis wird in eine einfache JavaBean verpackt, die dann mit Hilfe des HttpServletRequest zu der JSP transportiert wird:

```
            if(form instanceof SearchForm){
                SearchForm searchForm = (SearchForm)form;
                zip = searchForm.getZip();
```

```
            Dealer dealer = dealerDatabase.getDealerForZip(zip);
            request.setAttribute("viewData", dealer);
       }
```

Die JSP kann diese Daten mit dem Tag <jsp:useBean> referenzieren. Auf die einzelnen Attribute wird allerdings mit dem Tag <jsp:getProperty name="viewData" property="XXX"> zugegriffen:

```
<%@ page language="java" %>
<%@ taglib uri="/WEB-INF/struts-bean.tld" prefix="bean" %>
<%@ taglib uri="/WEB-INF/struts-html.tld" prefix="html" %>
<html:html>
<jsp:useBean id="viewData" scope="request"
class="com.abien.j2ee.web.frontcontroller.Dealer"/>
<!-"..."->
<tr>
<td><jsp:getProperty name="viewData" property="shopName"/></td>
<td><jsp:getProperty name="viewData" property="ownerName"/></td>
<td><jsp:getProperty name="viewData" property="zip"/></td>
<td><jsp:getProperty name="viewData" property="city"/></td>
<td><jsp:getProperty name="viewData" property="street"/></td>
<td><jsp:getProperty name="viewData" property="phoneNumber"/></td>
<td><jsp:getProperty name="viewData" property="email"/></td>
<td><jsp:getProperty name="viewData" property="website"/></td>
</tr>
<!-- .. ->
```

Für den Datentransport zwischen dem Handler und der Ergebnisseite ist hier die Klasse Dealer aus dem Package com.abien.j2ee.web.frontcontroller verantwortlich.

```
public class Dealer implements Serializable{
    private String zip      = null;
    private String street   = null;
//...
    public Dealer(){}
     public Dealer(String shopName,String ownerName,String zip,String city,String street,String phoneNumber,String email,String website ) {
         this.init(shopName,ownerName,zip,city,street,phoneNumber,email,website);
    }
    protected void init(String shopName,String ownerName,String zip,String city,String street,String phoneNumber,String email,String website ){
        this.zip = zip;
        this.street = street;
      //...
    }
    public String getZip(){ return this.zip; }
    public String getStreet(){ return this.street; }
    public void setZip(String zip){ this.zip = zip;}
    public void setStreet(String street){this.street = street;}
```

Diese Klasse wird hier von unserer DealerDatabase erzeugt und an die JSP übergeben. Eigentlich übernimmt die Dealer-Klasse hier die Aufgaben eines Value Objects, das für den Transport der Daten von der Datenhaltungsschicht bis zur Präsentationsschicht zuständig ist, und des View Helpers. Der View Helper erleichtert einer JSP das Lesen der Daten, da es als eine JavaBean-Komponente implementiert werden kann. Diese kann besonders einfach mit einigen Standardtags von einer JSP ausgelesen werden. Auch diese Klasse ist serialisierbar und sorgt für den Transport der Daten zwischen der Geschäfts- und der Präsentationslogik.

3.2.7 Konsequenzen

Vorteile

- Die »allgemeine« Geschäftslogik verschiebt sich aus den Views in den Controller. Man erhöht somit die Wiederverwendbarkeit der Views und des Controllers.
- Die Views sind von dem Controller vollkommen unabhängig.
- Der Controller ist wieder verwendbar und kann ohne Änderungen in verschiedenen Projekten eingesetzt werden.
- Die Verknüpfungen werden außerhalb der Views verwaltet. URLRewriting wird somit besser unterstützt.
- Die Sicherheit der Anwendung kann erhöht werden, da nach außen hin nur eine URL sichtbar ist. Die interne Struktur ist für den Anwender unbekannt. Ferner lässt sich die gesamte Anwendung auf bestimmte URL-Muster mappen. Die Tatsache, dass hier Servlets oder JSP verwendet werden, ist für den Benutzer unbekannt.
- Durch die Pflege der Links außerhalb der Views lässt sich die Wartbarkeit der Anwendung insgesamt erhöhen. Die Views müssen nicht mehr angepasst werden, wenn sich die Verknüpfungen ändern.

Nachteile

- Die Performance der Anwendung ist etwas schlechter, da die Clientrequests nicht direkt bearbeitet werden können.
- Beim Ausfall des Controllers ist die Gesamtanwendung nicht verfügbar.
- Für kleinere Anwendungen ist der Programmieraufwand etwas höher.

3.2.8 Verwandte GoF Pattern

- Façade
- Mediator
- Observer

3.3 View Helper

3.3.1 Hintergrundinformation

Eine Webanwendung generiert dynamische Seiten. Die Inhalte stammen aus der Geschäftslogikschicht.

3.3.2 Zweck

Minimierung der Geschäftslogik in den Views und die Definition einer Schnittstelle zwischen dem Controller und den Views.

3.3.3 Problemstellung

Bei der Entwicklung von Webanwendungen wird oft die Geschäfts- mit der Präsentationslogik vermischt. Diese Vorgehensweise erschwert die Wiederverwendung der Geschäftslogik – diese muss zuerst aus der View »extrahiert« werden. Auch der Webdesigner kann sich nicht voll auf das Design der Seiten konzentrieren. Die Views (meistens JSPs) beinhalten oft Logikelemente (z.B. Scriplets), die auch gepflegt werden müssen. Durch die Vermischung der beiden Schichten sinkt auch die Produktivität im Projekt, da das Entwickler- und Designerteam nicht parallel arbeiten können.

3.3.4 Anforderungen

1. Die Beschaffung der Inhalte soll außerhalb der View stattfinden.
2. Eine klare Trennung zwischen den Zuständigkeiten des Webdesigners und des Entwicklers soll definiert werden.
3. Die Bearbeitung der Views mit gängigen WYSIWIG Editoren sollte möglich sein.
4. Die Geschäftslogik sollte von der Präsentationslogik unabhängig sein.

3.3.5 Lösung

Die Lösung basiert auf der Idee, dass sich die Properties einfacher JavaBean-Komponenten besonders einfach von einer JSP auslesen lassen. Mit der folgenden Direktive lässt sich die Methode `getUserName` der JavaBean-Instanz `result` aufgerufen:

```
:<jsp:getProperty name="result" property="userName"/>
```

Das Ergebnis des Aufrufs wird in ein String konvertiert und in die Seite eingebettet. Die JavaBean-Komponente kann hier die Rolle des Value Objects übernehmen oder auch die der Façade zu der Businessschicht.

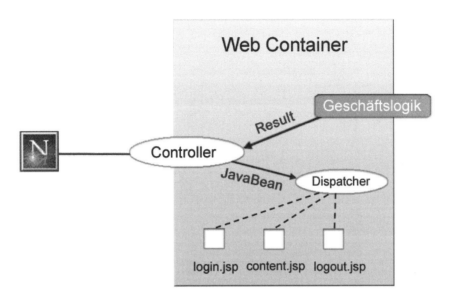

Abbildung 3.8: Der View Helper

Grundsätzlich gibt es auch noch die Möglichkeit, die Custom Tag Libs Technologie (ab der Version JSP 1.1) zu verwenden. Häufig werden CustomTags zur Darstellung von Listen oder Collections verwendet. Mit der JavaBean-Technologie lässt sich das nur schwer bewältigen. Alle »getter« bräuchten dann einen Parameter, z.B. getXXX(int index), um auf den benötigten Datensatz zugreifen zu können. Ferner müsste man diese mit Hilfe von Scriplets auslesen, die zwischen HTML-Tags verborgen sind:

```
<%
for(int i=0;i<result.size();i++){
%>
<tr><td> <%=result.getName(i)%></td></tr>
<%
}
%>
```

Eine CTL (Custom Tag Lib) Lösung könnte man eleganter gestalten. Hier ein Beispiel aus dem Struts-Framework, das uns das Lesen einer Hashtable ermöglicht.

```
<logic:iterate id="result" name="hashtable">
<tr><td><bean:write name="element" property="value"/></td></tr>
</logic:iterate>
```

Dieser Ansatz kapselt die Leselogik komplett in dem Tag. Die Formatierung erfolgt in der JSP. Die Geschäftslogik bleibt also von der Präsentationsschicht getrennt. Mit diesem Ansatz können beliebige, vorher in der Session abgelegte, Collections ausgelesen werden.

```java
/* Iterate Tag aus dem Struts Framework*/
public class IterateTag extends BodyTagSupport {
//...

    public void setId(String id) {
        this.id = id;
    }
    public int doStartTag() throws JspException {
//...

    // Store the first value and evaluate, or skip the body if none
        if (iterator.hasNext()) {
           Object element = iterator.next();
            if (element == null)
                pageContext.removeAttribute(id);
            else
                pageContext.setAttribute(id, element);
            lengthCount++;
            started = true;
        if (indexId != null)
          pageContext.setAttribute(indexId, new Integer(getIndex()));
           return (EVAL_BODY_TAG);
        } else
           return (SKIP_BODY);
    }
```

Die einzelnen Elemente werden wieder in der Session gespeichert und stehen dem nächsten Tag zur Verfügung. Dieser liest lediglich den Inhalt des Elements und konvertiert diesen in einen String.

```
<bean:write name="element" property="value"/>
```

Der Inhalt wird dann in das `HttpServletResponse` zurückgeschrieben.

```java
public class WriteTag extends TagSupport {
public int doStartTag() throws JspException {

        // Look up the requested bean (if necessary)
        Object bean = null;
        if (ignore) {
            if (RequestUtils.lookup(pageContext, name, scope) == null)
                return (SKIP_BODY);  // Nothing to output
        }

        // Look up the requested property value
        Object value =
            RequestUtils.lookup(pageContext, name, property, scope);
        if (value == null)
            return (SKIP_BODY);  // Nothing to output
```

```
        // Print this property value to our output writer, suitably filtered
        String output = value.toString();
        if (filter)
            ResponseUtils.write(pageContext, ResponseUtils.filter(output));
        else
            ResponseUtils.write(pageContext, output);
        // Continue processing this page
        return (SKIP_BODY);
    }
}
```

Die Klasse `ResponseUtils` übernimmt hier diese Aufgabe. Dabei wird intern der `JspWriter` verwendet.

```
public static void write(PageContext pageContext, String text)
        throws JspException {

    JspWriter writer = pageContext.getOut();
    try {
        writer.print(text);
    } catch (IOException e) {
        RequestUtils.saveException(pageContext, e);
        throw new JspException
            (messages.getMessage("write.io", e.toString()));
    }
}
```

3.3.6 Praxis

Die JavaBean-Komponenten können hier die Rolle des »Inhaltslieferanten« auf zwei unterschiedliche Art und Weisen übernehmen. Entweder handelt es sich um »dumme« ValueObjects oder um intelligente Komponenten, die ihre Aufrufe an die Geschäftslogikschicht delegieren. Der Ansatz der »dummen Datentransporter« bringt allerdings gewisse Vorteile mit sich:

▶ Die Anwendungslogik bleibt von der Präsentationslogik komplett unabhängig.

▶ Die Wiederverwendbarkeit der Anwendungslogik ist hoch, da hier die JavaBean-Technologie nicht berücksichtigt werden muss.

▶ Die JavaBeans (View Helper) bleiben auch von der Anwendungslogik unabhängig.

▶ Die JavaBeans sind allerdings stark von den JSPs abhängig, somit lassen sie sich kaum wieder verwenden. Da sie überhaupt keine Geschäftslogik beinhalten, wird hier auch keine Zeit für die Implementierung der Geschäftslogik für »Wegwerfkomponenten« verschwendet.

▶ Da die View Helper keine Anwendungslogik »halten«, kann einfacher ein Instanzenpool verwendet werden, was die Performance deutlich verbessert. Es müssen nicht für jede Seite neue JavaBeans erzeugt werden. Es reicht die Wiederverwendung von bereits benutzten JavaBeans.

In unterem Beispiel übernehmen die JavaBeans nur die Transportaufgaben. Die Zuständigkeit der JavaBeans beschränkt sich auf die Kapselung des Zugriffs auf ihre Attribute. Der Front Controller kennt die Geschäftslogikschicht. Falls der Inhalt des Requestparameters »mode« dem String »userdisplay« entspricht, wird die Methode findUser() der Instanz UserMgr aufgerufen. Diese gibt eine Instanz der Klasse com.abien.internet.bo.User und entspricht hier dem Value Object-Pattern. Ähnlich wie die JavaBean-Komponenten ist sie für den Transport der Daten zuständig. Allerdings nicht innerhalb der Präsentationsschicht, sondern zwischen dem EJBContainer und dem WebContainer. Der UserMgr entspicht einer Façade zu der Anwendungslogik (also einem BusinessDelegate). Die Implementierung dieser Façade könnte auch eine SessionBean übernehmen. Es könnte sich hier also um potenzielle »remote«-Aufrufe handeln. Um die Anzahl der Aufrufe gering zu halten, wurde hier die »künstliche« Klasse com.abien.internet.bo.User eingeführt, die in der Lage ist alle Daten auf einmal zwischen den Containern zu transportieren. Aus der objektorientierten Sicht ist dieser Ansatz nicht sehr schön, da der User nur aus Daten besteht. Ferner ist er »immutable« – also nicht veränderbar. Nach der Erzeugung kann es nur ausgelesen werden.

```java
public class FrontController extends HttpServlet {
    private UserMgr manager = null;
    public void init(ServletConfig config) throws ServletException{
        super.init(config);
        this.manager = new UserMgr();
    }

    public void doGet(HttpServletRequest request,HttpServletResponse response)
    throws IOException,ServletException{
        if(request.getParameter("mode") != null &&
request.getParameter("mode").equalsIgnoreCase("userdisplay")){
            User user = this.manager.findUser();
            UserInfo info = new UserInfo();
            info.setCity(user.getCity());
            info.setUserName(user.getName());
            info.setLastName(user.getLastName());
            info.setZip(""+user.getZip());
            info.setHouseNumber(""+user.getHouseNumber());
            info.setStreet(user.getStreet());
            request.setAttribute("result",info);
this.getServletContext().getRequestDispatcher("/
userinfo.jsp").forward(request,response);
        }

        response.getWriter().println("Unknown command");
    }
}
```

Die JSP Seite kann somit ohne Scriplets aufgebaut werden. Im Header befindet sich der <jsp:useBean ...> Tag. Dieser deklariert die com.abien.internet.viewhelper.UserInfo Bean. Die Instanz ist unter dem Namen »result« verfügbar. Es wird zuerst nach einer bestehenden Instanz »result« in der HttpSession gesucht. Falls keine Instanz vorhanden ist, wird eine neue Instanz mit Hilfe des Defaultkonstruktors der Bean erzeugt. Die neu erzeugte Bean befindet sich im undefinierten Zustand. Meistens sind die Werte ihrer Attribute leer, somit können diese nicht angezeigt werden.

```
<jsp:useBean id="result" scope="request"
class="com.abien.internet.viewhelper.UserInfo"/>
<HTML>
  <HEAD>
    <TITLE>UserDisplay</TITLE>
  </HEAD>
  <BODY bgcolor="white">
  <font size=4 face="arial">
<ul>
<li>    User name:<jsp:getProperty name="result" property="userName"/>
<li>    User lastName: is  <jsp:getProperty name="result" property="lastName"/>
<li>    Zip:  <jsp:getProperty name="result" property="zip"/>
<li>    City: <jsp:getProperty name="result" property="city"/>
<li>    Housenumber:  <jsp:getProperty name="result" property="houseNumber"/>
<li>    Street:  <jsp:getProperty name="result" property="street"/>
</ul>
</font>
  </BODY>
</HTML>
```

Der WebDesigner kann dann bequem auf die einzelnen Properties der JavaBean zugreifen. Dazu wird der Tag <jsp:getProperty name="result" property="..."/> verwendet. Diese JSP-Tags wurden standardisiert und werden von einer Vielzahl von WYSIWYG-Tools unterstützt.

Die JavaBean besteht lediglich aus Properties, die von dem Front Controller gesetzt wurden. Die Klasse UserInfo implementiert das Interface java.io.Serializable. Diese Maßnahme ist zwingend erforderlich in Clusterumgebungen, da hier oft der Inhalt der HttpSession auf alle Knoten der logischen Instanz des Applikationservers verteilt werden muss. Meistens werden die Inhalte dabei in einer zentralen Datenbank abgelegt. Die Objekte werden dabei oft serialisiert.

```
public class UserInfo implements Serializable {
    private String userName = "";
    private String lastName = "";
    private String street    = "";
    private String houseNumber = "";
    private String zip       = "";
    private String city      = "";
    public UserInfo() { }
```

```
    public String getUserName () {
        return this.userName;
    }
    public void setUserName (String userName) {
        this.userName = userName;
    }

    public String getLastName(){ return this.lastName; }
    public void setLastName(String lastName){ this.lastName =    lastName;
    }
    public String getCity() { return this.city; }
    public void setCity (String city) {
        this.city = city;
    }
    public void setZip(String zip){
        this.zip = zip;
    }
    public String getZip(){ return this.zip;}
    public void setHouseNumber(String houseNumber){ this.houseNumber = houseNumber;}
    public String getHouseNumber(){return this.houseNumber;}
    public void setStreet(String street){
        this.street = street;
    }
    public String getStreet(){ return this.street; }
}
```

Die JavaBean-Komponente wird in unserem Beispiel vom Front Controller oder seinen Helferklassen erzeugt und befüllt. Dabei wird das Value Object in der Anwendungslogikschicht gelesen und sein Inhalt in die JavaBean »hineinkopiert«.

Eine andere Variation des View Helpers wäre die Verschiebung der Konvertierungslogik von dem Front Controller in die JavaBean selber. Die JavaBean spielt dabei nicht die Rolle des »Datenträgers«, sondern eher die Rolle des klassischen Adapters. Alle Rückgabewerte des ValueObject com.abien.internet.bo.User müssen hier in String-Objekte konvertiert werden, da auf einer JSP nur Strings dargestellt werden können.

```
public class SmartUserInfo implements Serializable {

    private UserMgr userMgr = null;
    private User    user    = null;

    public SmartUserInfo() {
        this.userMgr = new UserMgr();
        this.user    = this.userMgr.findUser();
    }

    public String getUserName() { return this.user.getName(); }
    public String getLastName(){ return this.user.getLastName(); }
    public String getCity() { return this.user.getCity(); }
```

```
        public String getZip(){ return "" +this.user.getZip();}
        public String getHouseNumber(){return "" +this.user.getHouseNumber();}
        public String getStreet(){ return this.user.getStreet(); }
}
```

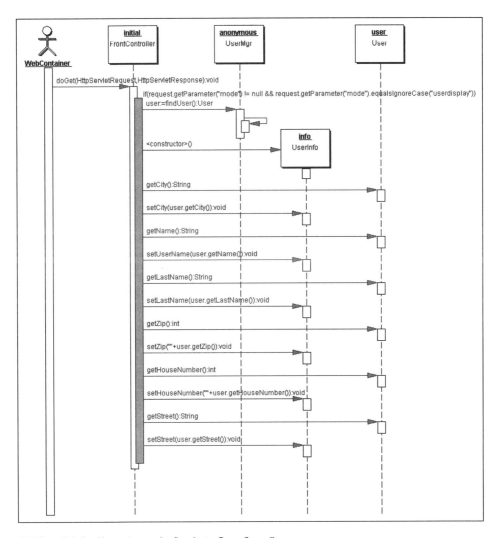

Abbildung 3.9: Die Konvertierung des Results im Front Controller

Bei der Benutzung der intelligenteren Variante überwiegen die Nachteile:

▶ Die Erzeugung des Business Delegates (hier der UserMgr) kann ziemlich »teuer« sein. Der Anwendungsentwickler kann aber die BD nicht cachen, da der Lebenszyklus allein von den JSPs bestimmt wird.

▶ Die JavaBeans haben einen extrem kurzen Lebenszyklus (normalerweise ist der Scope auf Request gesetzt ...). Die Erzeugung einer einfachen JavaBean ist viel effizienter als die Erzeugung des BusinessDelegates.

▶ Bei Änderung der Geschäftslogik müssen auch alle View Helper (JavaBeans) neu kompiliert werden.

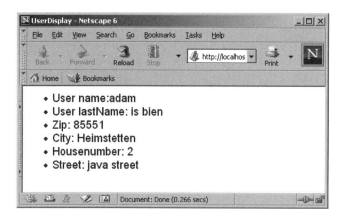

Abbildung 3.10: Die Darstellung der JSP im Browser

3.3.7 Konsequenzen

Vorteile

▶ Die Views lassen sich besser pflegen, da sie lediglich die »Leselogik« implementieren. Der Einsatz von »Scriplets« wurde minimiert.

▶ Die Views sind komplett von dem Controller entkoppelt.

▶ Value Objects aus der Geschäftslogikschicht (Rückgabewerte der EJBs) können auch die View Helper Rolle übernehmen.

Nachteile

▶ Die View Helper sind nicht wieder verwendbar und von der jeweiligen View abhängig.

▶ Die intensive Nutzung der HttpSession kann, vor allem in einer Clusterumgebung, zu Performanceproblemen führen.

3.3.8 Verwandte GoF Patterns

▶ Mediator

▶ Adapter

3.4 Composite View

3.4.1 Hintergrundinformation

Immer mehr Internetseiten werden modular aufgebaut. Besonders wichtig ist diese Vorgehensweise in großen Portalen, wo die Anwendungslogik der Bausteine wieder verwendet werden muss. Die Module erhöhen auch die Wartbarkeit der Portale, was sich positiv auf die Aktualität der Seiten auswirkt. Die meisten »personalisierbaren« Portale verwenden die Architektur dieses Patterns, um die einzelnen »Views« austauschbar implementieren zu können.

3.4.2 Zweck

Aufbau von modularen Einzelviews, aus denen komplexe Seiten aufgebaut werden können.

3.4.3 Problemstellung

Obwohl die meisten Seiten aus einzelnen Modulen bestehen, werden diese häufig monolithisch in einer einzigen HTML-Einheit realisiert. HTML-Frames werden oft bewusst nicht verwendet, weil viele Suchmaschinen Probleme mit der Indizierung dieser Seiten haben. Die hardcodierten Seiten haben aber das Problem, dass ihre Unterviews von der Gesamtview abhängig sind. Ferner lassen sich diese kaum wieder verwenden. Der Aufbau eines personalisierbaren Portals ist mit dieser Technologie nicht möglich. Ferner lassen sich lediglich statische Inhalte darstellen.

3.4.4 Anforderungen

1. Die einzelnen Unterviews sollten von der Gesamtview (logisch) nicht abhängen.
2. Die einzelnen Unterviews sollten voneinander unabhängig sein.
3. Die Sessioninformationen sollten auch beim URLRewriting an die Unterviews weitergegeben werden.
4. Der Aufbau einer Webanwendung nach der Corporate Identity sollte unterstützt werden.

3.4.5 Lösung

Für eine statische Seite ist die Lösung schon fertig. Es handelt sich dabei um die Verwendung von Frames. Hier ein Beispiel:

```
<frameset frameborder = no border="0" framespacing=0 rows="*,600,*">
<frame frameborder = no border="0" framespacing = 0 src="top.htm" name="top"
scrolling = no noresize>
<frameset frameborder=no border="0" framespacing=0 cols="*,800,*">
<frame frameborder = no border="0" framespacing = 0 src="left.htm" name="left"
scrolling = no noresize>
<frame frameborder = no border="0" framespacing = 0 src="main.htm" name="main"
scrolling = auto noresize>
<frame frameborder = no border="0" framespacing = 0 src="right.htm" name="right"
scrolling = no noresize>
</frameset>
<frame frameborder = no border="0" framespacing = 0 src="bottom.htm" name="bottom"
scrolling = no noresize>
</frameset>
```

Diese Lösung funktioniert grundsätzlich auch mit JSPs oder Servlets. Das Problem liegt in der Weitergabe von Sessioninformationen. Unterstützt ein Browser keine Cookies oder hat der Benutzer deren Verwendung deaktiviert, schaltet der WebContainer auf URLRewriting um. Jede URL wird um eine vom WebContainer generierte SessionID erweitert. Der Entwickler muss jede einzelne URL der Methode response.encodeURL übergeben, um diese zusätzlichen Sessioninformationen »anzuhängen«.

Diese Zusatzinformation wird, ähnlich wie bei Cookies, zwischen dem WebContainer und dem Browser geschickt. Es handelt sich dabei um die Sessionid – einen eindeutigen Schlüssel, der einem Benutzer zugeordnet ist. Die Methode HttpServletResponse.encodeURL("./subview.jsp") muss von dem Entwickler aufgerufen werden, kurz vor dem Forward zu der Unterview. Da unser Frameset statisch ist, hilft hier lediglich die Verpackung in einer JSP.

```
<frame frameborder = no border="0" framespacing = 0
src="<%=response.encodeURL("top.htm")%>" name="top" scrolling = no noresize>
```

Falls die Benutzung von Frames nicht erwünscht ist, kann man natürlich auch eine Composite View aufbauen, die z.B. aus einzelnen Tabellen besteht. Die einzelnen Unterviews können in die »Table Data«-Tags (<td>) eingebunden werden. Natürlich können wiederum untergeordnete Composite Views an Stelle von Unterviews auf transparente Art und Weise verwendet werden.

Das Composite View basiert auf dem Standard GoF Composite. Wie der Name Composite View schon sagt, handelt sich dabei nicht um eine allgemeine Lösung für rekursive Strukturen. Vielmehr ist das eine Hilfe beim Entwurf von komplexen Oberflächen, die aus einzelnen Views bestehen können.

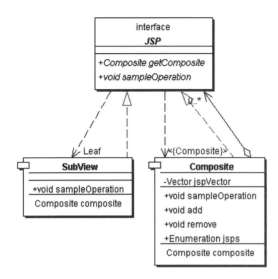

Abbildung 3.11: Das [GoF] Composite-Pattern

Natürlich ist das Pattern Composite View nicht so elegant, wie das GoF Composite. Es handelt sich hier lediglich um Views, also JSPs oder in Ausnahmefällen um Servlets. Diese können leider kein Interface implementieren. Das Interface JSP kann man hier allgemein als eine URL-Ressource sehen.

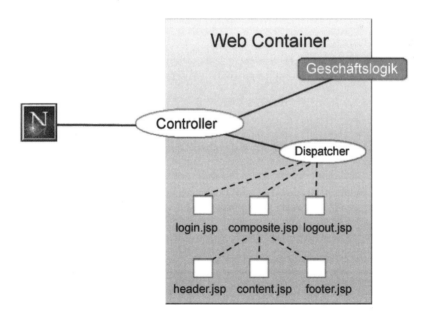

Abbildung 3.12: Das Pattern Composite View

3.4.6 Praxis

In der Praxis ist dieses Pattern ziemlich einfach zu implementieren. Es handelt sich lediglich um eine JSP oder ein Servlet, die in der Lage sind, andere Unterseiten nachzuladen. Die Formatierung wird von einer Einstiegsseite vorgegeben. Diese kann entweder als eine JSP oder ein Servlet implementiert werden. In unserem Beispiel übernimmt diese Aufgabe eine JSP (composite.jsp):

```
<html>
  <head>
    <title>Composite View</title>
  </head>
  <body bgcolor="white">
   <%@include file="./logo.htm"%>

      <table height="85%" width="100%" cellspacing="0" border="1">
      <tr>
      <td valign="top"><jsp:include page="header.jsp" flush="true"/></td>
      </tr>
      <tr>
       <td valign="middle"><jsp:include page="./userinfo.jsp" flush="false"/></td>
      </tr>
      <tr>
       <td valign="bottom"><jsp:include page="footer.jsp" flush="true"/></td>
      </tr>
      </table>
    </body>
</html>
```

Grundsätzlich lassen sich die »Unterviews« dynamisch oder statisch einbinden. Statische Bindung findet während der Kompilierung des Composites statt. Mit Hilfe der Direktive <%@include file="./logo.htm"%> lassen sich die Inhalte fest in die Seite einbetten. Der Inhalt der Datei logo.htm wird also gelesen und fest in die composite.jsp eingebunden. Zur Laufzeit wird logo.htm nicht mehr benötigt.

Der Tag <jsp:include page=»header.jsp« flush=»true«/> ermöglicht eine dynamische Einbindung einer Ressource. Die Datei header.jsp wird beispielsweise nicht fest in die composite.jsp eingebunden, sondern bei jedem Request nachgeladen. Nur auf diese Art lassen sich JSPs sinnvoll einbinden. Allerdings ist die Performance dieser Strategie etwas schlechter, da ein Request mehrere Requests auslösen kann.

Wie erwartet, merkt der Browser nicht, dass es sich hier um eine dynamische Ausgabe handelt. Er sieht lediglich folgenden HTML-Code:

```
<html>
  <head>
    <title>Composite View</title>
  </head>
  <body bgcolor="white">
```

```
        <img src="./images/logo.gif">
         <table height="85%" width="100%"  cellspacing="0" border="1">
         <tr>
         <td valign="top"><font face="arial" size="+1">Hallo: </font>null</td>
         </tr>
         <tr>
          <td valign="middle">
      <font size=4 face="arial">
<ul>
<li>     User name:earl
<li>     User lastName: duke
<li>     Zip:  85551
<li>     City:  javacity
<li>     Housenumber:  2
<li>     Street:  java street
</ul>
</font>
</td>
          </tr>
          <tr>
      <td valign="bottom"><font face="arial">The Footer</font>Current Time:Sun Sep 02 13:18:20 CEST 2001</td>
         </tr>
         </table>
        </body>
 </html>
```

3.4.7 Konsequenzen

Vorteile

▶ Die Wartbarkeit der Seite wird erhöht, da Sie aus unabhängigen Einzelviews besteht. Diese lassen sich voneinander unabhängig bearbeiten. Die »Komposition« der Einzelviews ergibt eine Gesamtview.

▶ Die Gesamtview kann wie eine Einzelview verwendet werden. Der Controller kann sowohl auf eine Einzelview als auch auf ein Composite »forwarden«.

▶ Eine Composite View lässt sich wesentlich einfacher personalisieren, als eine komplexe Einzelview.

Nachteile

▶ Die Performance der Composite View ist etwas schlechter, als die einer Einzelview. Ein Request resultiert in mehreren »Unterrequests«.

▶ Aus HTML-technischen Gründen sind die Einzelviews nicht vollkommen voneinander unabhängig. Es muss immer auf die Kompatibilität der Tags geachtet werden (die Subviews dürfen nicht eine komplette Seite aufbauen, somit sind <body>, <html>, <head> in den Subviews nicht erlaubt).

3.4.8 Verwandte GoF Patterns

▶ Composite

3.5 Dispatcher View

3.5.1 Hintergrundinformation

Der Front Controller überwacht bereits den Zugriff auf eine Webanwendung. Alle Requests werden zuerst von dem Front Controller abgearbeitet. Zusätzlich ist ein Mechanismus erforderlich, der für die Navigation bzw. den internen Ablauf der Webanwendung zuständig ist.

3.5.2 Zweck

Die Wahl der zuständigen Views soll außerhalb des Controllers stattfinden.

3.5.3 Problemstellung

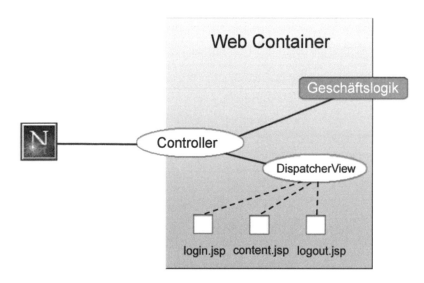

Abbildung 3.13: Die Dispatcher View mit abhängigen Komponenten

Obwohl die Patterns Front Controller und View Helper die Zentralisierung der Geschäftslogik und Trennung der Anwendungs- von der Präsentationsschicht übernehmen, reicht diese Maßnahme in großen Webapplikationen nicht aus. Es müssen noch die Navigation, die Zustandsübergänge und die Fehlerbehandlung bzw. die Darstellung einer Page im Fehlerfall implementiert werden. Diese Aufgabe kann natürlich auch der Front Controller übernehmen, allerdings entscheidet man sich oft für eine eigenständige, wieder verwendbare Komponente, die mit verschiedenen Front Controllern arbeiten kann.

3.5.4 Anforderungen

1. Die Authentifizierung und Autorisierung wurde bereits vom Front Controller oder WebContainer überprüft.

2. Alle Requests (also auch Links) sollen von dem Front Controller zuerst beantwortet werden. Somit können die zentralisierten Dienste in Anspruch genommen werden.

3. Es findet keine Umsetzung der Requestparameter statt. Aus den bereits übergebenen Informationen kann direkt die nächste Seite abgeleitet werden.

4. Die Zustandsübergänge sind relativ einfach.

3.5.5 Lösung

Bei diesem Pattern handelt es sich um eine Kombination des Front Controllers und View Helpers zu einer Komponente, die für die Auswahl der nächsten Views zuständig ist. In den meisten Architekturen ist dieses Pattern ein fester Bestandteil des Front Controllers.

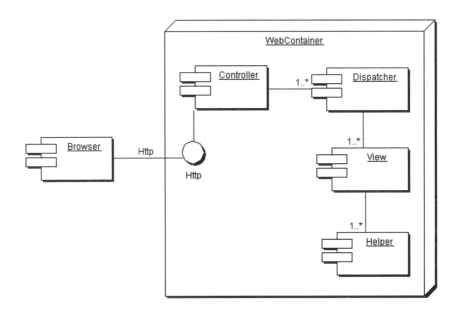

Abbildung 3.14: Die einzelnen Komponenten des Dispatcher Views

3.5.6 Praxis

Eine reine Implementierung des Dispatcher Views könnte folgendermaßen aussehen:

```
public void doGet(HttpServletRequest request,HttpServletResponse response) throws
IOException,ServletException{
      invokeBusinessLogic(request);
      String forwardTo = request.getParameter("mode");
      if( forwardTo != null ){
this.getServletContext().getRequestDispatcher(forwardTo).forward
(request,response);
      }
        response.getWriter().println("Unknown command");
   }
```

Der Front Controller liest die Requestparameter und übergibt diese an die Businesslogik. Falls der Benutzer die angeforderte Seite aufrufen darf, wird die Seite mit Hilfe des RequestDispatchers dargestellt. Die Seite instanziert selber die View Helper (JavaBean). Diese »kennen« die Businessschicht (BusinessDelegates) und rufen diese auf. Die Inhalte werden also von den ValueHelpers geliefert. In der Praxis versucht man allerdings, die Hardkodierung der Links in der URL zu vermeiden. Die folgende URL ist auf die Existenz der Seite content.jsp angewiesen.

http://localhost:8080/dispatcherview/dispatcherview.clt?site=/content.jsp.

Der Webdesigner müsste die Einzelviews direkt verlinken. Bei der Änderung eines Viewnamens, müssten alle Links, die auf diese View zeigen, auch verändert werden. In großen Portalen könnte das eine Menge Zeit in Anspruch nehmen.

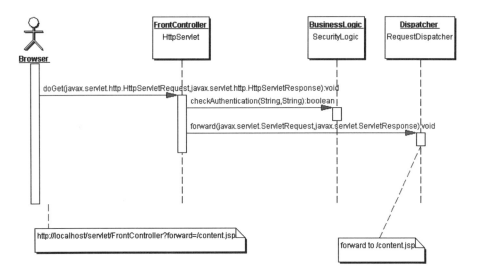

Abbildung 3.15: Der Dispatcher in »Action«

Die Komponente Dispatcher View ist lediglich für das Weiterleiten der Anfrage an die Views zuständig:

```
public void doGet(HttpServletRequest request,HttpServletResponse response) throws
IOException,ServletException{
      invokeBusinessLogic(request);
      String forwardTo = request.getParameter("site");
      if( forwardTo != null ){
         this.getServletContext().getRequestDispatcher(forwardTo).forward
         (request,response);
      }
       response.getWriter().println("Unknown command");
}
```

Je komplexer der Dispatcher View wird, desto mehr entspricht dieses Pattern dem Service To Worker-Ansatz.

3.5.7 Konsequenzen

Vorteile

▶ Allgemeine Dienste können bereits von dem Front Controller aufgerufen werden.

▶ Da es sich bei dem Dispatcher View um eine eigenständige Komponente handelt, kann diese mit wachsenden Anforderungen an die Anwendung ausgetauscht werden.

Nachteile

▶ Die »nächste« View wird in der URL mitgegeben. Bei der Änderung der Namen dieser View müssen auch alle Links aktualisiert werden.

▶ Die interne Struktur der Anwendung wird nach »außen« sichtbar.

3.5.8 Verwandte GoF Patterns

▶ Command

▶ Façade

3.6 Service To Worker

3.6.1 Hintergrundinformation

Der Front Controller überwacht bereits den Zugriff auf eine Webanwendung. Alle Requests werden zuerst von dem Front Controller abgearbeitet. Es ist ferner ein Mechanismus erforderlich, der für die Navigation bzw. den internen Ablauf der Webanwendung zuständig ist. Im Unterschied zu dem Dispatcher View übernimmt Service To Worker (kurz S2W) mehr Aufgaben.

Abbildung 3.16: Der S2W und das Pattern Dispatcher View

3.6.2 Zweck

Die »intelligente« Wahl der zuständigen Views.

3.6.3 Problemstellung

Oft reicht das Pattern Dispatcher View nicht aus, besonders wenn es sich bei der Umsetzung der Commands nicht nur um einfaches Mapping handelt. Oft werden abhängig von den Ergebnissen der Geschäftslogik auch unterschiedliche Views aufgerufen. Ferner muss noch der Benutzer sowohl über die Anwendungs- als auch die Systemfehler benachrichtigt werden. Eine einzige »ErrorPage« reicht zu diesem Zweck nicht aus. Ein intelligentes Dispatcher View entspricht praktisch dem Service To Worker Pattern.

3.6.4 Anforderungen

▷ Die Authentifizierung und Autorisierung wurde bereits vom Front Controller oder WebContainer durchgeführt.

▷ Alle Requests (also auch Links) sollen von dem Front Controller zuerst abgearbeitet werden. Somit können die zentralisierten Dienste in Anspruch genommen werden.

▷ Es muss eine Umsetzung der »Linkinformationen« im Container stattfinden. Diese Aufgabe kann aber an die Geschäftslogikschicht delegiert werden.

▷ Die Zustandsübergänge sind komplex. Es können auch Zustandsübergänge stattfinden, die von den Ergebnissen des »Businessaufrufs« abhängig sind.

▷ Die unterschiedlichen Requests können sich eine View teilen. Die Wiederverwendbarkeit der Views soll hier höher sein, als bei dem »einfachen« Dispatcher View Pattern.

3.6.5 Lösung

Die Lösung besteht auch hier aus der Kombination des Front Controllers und der Dispatcher Views mit den View Helpern. Allerdings haben die Front Controller- und die Dispatcher-Komponente wesentlich mehr Geschäftslogik als in dem »reinen« Dispatcher View Pattern.

```
public void init(ServletConfig config){
    this.reader       =
MappingReaderFactory.getInstance(ServletUtil.convertToHashtable(config));
    this.dispatcherView = DispatcherView.getInstance(reader);
}
public void doGet(HttpServletRequest request,HttpServletResponse response) throws
IOException,ServletException{
    invokeBusinessLogic(request);
    String command = request.getParameter("command");
    String forwardTo = this.dispatcherView.findSiteForCommand(command);
    if( forwardTo != null ){
        this.getServletContext().getRequestDispatcher(forwardTo).forward
        (request,response);
    }
      response.getWriter().println("Unknown command");
}
```

Anders als das Dispatcher View wird hier nicht der Name der Folgeseite übertragen. Vielmehr handelt es sich um ein »Kommando«, das noch interpretiert werden muss. Der Webentwickler weiß also nicht, welche Seite schließlich dargestellt wird. Die gesendete URL könnte folgendermaßen aussehen:

http://localhost:8080/dispatcherview/dispatcherview.clt?command=content

Dieses Kommando wird dem Dispatcher übergeben. Eine einfache Weiterleitung reicht hier nicht mehr aus. Es muss noch zuerst nach der zuständigen Seite gesucht werden. Oft wird auch nach der Geschäftslogik (dem BusinessDelegate) gesucht. Diese sollte in der Lage sein, die Anfrage zu bearbeiten.

3.6.6 Praxis

Für die Ablage der Mappinginformationen eignen sich hervorragend XML Dateien. Diese lassen sich leicht anpassen, ferner lässt sich die Struktur mit Hilfe der DTD oder Schemata festlegen. Ein Beispiel:

```
<entry>
    <command>content</command>
    <controller>com.abien.internet.servicetoworker.controller.ContentController
</controller>
    <view>content.jsp</view>
    <on-error>content_error.jsp</on-error>
</entry>
```

Beim Hochfahren des Servers (oder Aufruf der Methode – `init` des Servlets) könnte diese Datei eingelesen werden. Die Kommandos könnten als keys in einer Hashtable abgelegt werden. Als Werte könnte man hier hervorragend einen Holder verwenden, der in der Lage ist, die View, den Controller und die Errorpage zusammenzufassen. Zur Laufzeit wäre nur ein `get`-Aufruf in der Hashtable notwendig, um den Namen der benötigten Seite zu erhalten.

```
public String findSiteForCommand(String command){
    return ((CommandHolder)this.map.get(command)).getSite();
}
```

Alle Controller müssen natürlich auch von einer gemeinsamen Basisklasse erben, damit die Vorgabe des Konstruktors möglich ist. Die Controller müssen ja per Reflection instanziert werden. In dem S2W-Pattern werden oft die View Helper in Form von Value Beans benutzt. Die Befüllung der JavaBeans findet hier oft bereits in dem Front Controller statt. Die Beans werden mit dem `request.setAttribute` Aufruf in dem Request gespeichert und an die Views übergeben. Die Geschäftslogik verschiebt sich also in Richtung Front Controller bzw. Dispatcher View. Die ValueBeans entsprechen dem ValueObject Pattern.

3.6.7 Konsequenzen

Vorteile

▶ Die Verlinkung der JSPs kann außerhalb der Anwendung (z.B. einer XML Datei) gepflegt werden.

▶ Die Entscheidung, welche JSP aufgerufen wird, muss nicht bereits bei der Programmierung der JSPs erfolgen.

▶ In dem URL steht keinerlei Information über die zuständige View. Es werden lediglich »Commands« vom Client zu dem Controller gesendet.

Nachteile

▶ Die Komplexität der Anwendung steigt. In größeren Applikationen kann der Aufwand für die Pflege der Konfiguration (XML Datei) bedeutend ansteigen.

▶ Die Performance der Anwendung kann etwas schlechter ausfallen. Es müssen die Commands, bevor die zuständige View aufgerufen wird, umgesetzt werden. Je komplexer die Geschäftslogik für die Umsetzung der Commands, desto schlechter die Performance.

3.6.8 Verwandte GoF Patterns

▶ Command

▶ Façade

4 Die Geschäftslogik-Schicht (Business Tier)

Diese Schicht ist in der Lage, die funktionalen Anforderungen der Anwendung zu erfüllen. Die Geschäftslogik wird den Clients, also der Präsentations- und somit auch der Client-Schicht zur Verfügung gestellt. In einer J2EE Umgebung wird diese Schicht durch den EJBContainer repräsentiert. Je nach dem eingesetztem Applikationsserver kann der EJBContainer auf der gleichen Maschine wie der Webcontainer laufen. In dem Fall ist die Kommunikation zwischen den Schichten effizient, da hier nicht über das Netzwerk kommuniziert werden muss. Allerdings lässt sich durch die Verteilung des EJBContainers die Skalierbarkeit und Ausfallsicherheit des Servers erhöhen, da ein Webcontainer viele EJBContainer »kennen« kann, die in der Lage sind, seine Anfragen zu beantworten. Auch das Starten von mehreren EJBContainern auf einer Maschine kann die Skalierbarkeit erhöhen, da dadurch die Serverleistung besser ausgenutzt werden kann. Die meisten Applikationsserver sind nicht in der Lage, den Prozessor zu 90-100% auszulasten. In dem Fall wären mehrere Instanzen eines Applikationsservers sinnvoll.

4.1 Service Locator

4.1.1 Hintergrundinformation

Die Suche und Erzeugung von EJB ist zeitintensiv und fehleranfällig. Die Clients müssen sich mit Namensdiensten (JNDI), der Verteilung der Komponenten (RMI-IIOP) und mit dem Caching der Factories (Home Interfaces) befassen.

4.1.2 Zweck

Kapselung der Technologie und Performancesteigerung der Gesamtanwendung.

4.1.3 Problemstellung

Bei der Benutzung der J2EE Technologie müssen die Clients entweder nach bestehenden Diensten suchen oder neue Dienste erzeugen. In den meisten Fällen überwiegt jedoch das Suchen, da der Client die Funktionalität der Geschäftslogik-Schicht benutzen möchte. Gesucht werden meistens die Factories, die in der Lage sind, die benötigten Dienste für den Client zu erzeugen. Diese »Indirektion« erlaubt dem Container eine effiziente Verwaltung dieser Ressourcen, da er immer bei einer Anfrage zuerst benachrichtigt wird und damit Optimierungsstrategien implementieren kann.

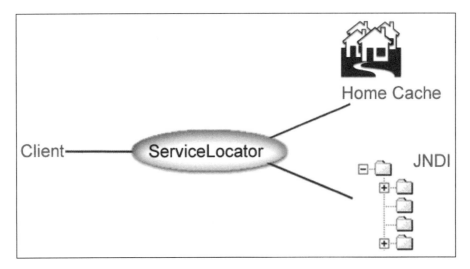

Abbildung 4.1: Die Benutzung des Service Locators

Bevor die Suche stattfinden kann, muss zuerst der Namensdienst initialisiert und die Verbindung mit dem Server hergestellt werden. Für die Clients ist aber dieser Vorgang nicht immer transparent. Ferner benötigt der Client noch applikationsserverspezifische Informationen für die Erzeugung der NamingContextFactory, also der Factory, die in der Lage ist, die Implementierungen für das SPI (Service Provider Interface) zu liefern.

```
Properties props = new Properties();
props.put("java.naming.factory.initial","org.jnp.interfaces.
NamingContextFactory");
props.put("java.naming.provider.url","jnp://localhost:1099");
props.put("java.naming.factory.url.pkgs","org.jboss.naming:org.jnp.interfaces");
InitialContext jndiContext = new InitialContext(props);
Object ref = jndiContext.lookup("TestBean");
TestHome home = (TestHome)
PortableRemoteObject.narrow(ref, TestHome.class);
Test test = home.create();
```

Die meisten JNDI Implementierungen basieren auf der CORBA-Technologie. Aus diesem Grund muss auch noch der Name des Servers »jnp://**localhost:1099**« interpretiert werden. Je nach Konfiguration kann es mehrere Sekunden dauern, da der Name vom DNS Server aufgelöst werden muss. Da eine Instanz der Klasse `javax.naming.InitialContext` auch mehrmals für die Suche verwendet werden kann, lässt sich diese wieder verwenden.

4.1.4 Anforderungen

▶ Die Instanzierung InitialContext ist langsam. Eine bereits bestehende Instanz sollte gecached und bei Bedarf wieder verwendet werden.

▶ Die Suche nach Ressourcen, d.h. Home-Instanzen, DataSources oder JMSFactories ist langsam, bereits gefundene Ressourcen können im Service Locator gecached werden.

▶ Die Verwaltung der HomeHandles könnte auch von dem Service Locator übernommen werden. Somit könnte man auch nach einem Neustart des Clients eine Referenz auf die benötigte EJB ohne die JNDI-Suche erhalten.

▶ Die Benutzung der JNDI-Technologie sollte für den Client transparent sein. Somit bleibt sowohl der Hersteller als auch der Namensdienst austauschbar.

4.1.5 Lösung

Der Service Locator kapselt vollständig die Zugriffe auf die JNDI API. Die Clients sind somit von der JNDI-Technologie unabhängig. Lediglich die Initialisierungsparameter für den `javax.naming.InitialContext` müssen noch übergeben werden. Der Service Locator wird meist als Singleton implementiert, damit auch tatsächlich nur eine Instanz des `InitialContext` pro JVM existiert.

Die Implementierung des Service Locators als Singleton ist trotzdem unbedenklich, da hier nur lesend auf die bereits zwischengespeicherten Instanzen zugegriffen wird. Der einzige Nachteil ist die, pro Clusterknoten, redundante Datenhaltung. Eine benötigte Instanz muss in beiden Knoten zur Verfügung stehen, da man nicht weiß, in welchen Knoten die Clientanfrage landen wird. Die Performance kann hier aber noch verbessert werden, indem man die Sessionaffinität des Servers aktiviert. Dabei überwacht der Dispatcher die Clientanfragen und routed alle Anfragen eines Clients zu einem Clusterknoten. Somit wird der Cache nur auf einem Knoten aufgebaut, was die Performance der Anwendung steigern kann. Der Dispatcher ist ferner auch in der Lage, im Fehlerfall auf den zweiten Knoten zu wechseln. Somit kann die Ausfallsicherheit des Applikationsservers aufrechterhalten und gleichzeitig die Performance verbessert werden.

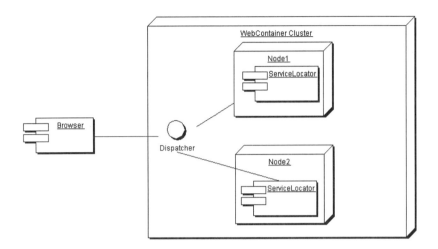

Abbildung 4.2: Der Service Locator in einer Clusterumgebung

Nur auf diese Art und Weise lässt sich das Caching des InitialContext und auch der bereits gefundenen Instanzen der Klasse javax.ejb.EJBHome implementieren. Der Service Locator agiert als eine EJBHome-Factory. Ferner werden die gefundenen Objekte auch noch automatisch auf die benötigte Klasse »genarrowed«. Um die Schnittstelle einfach zu halten, wird die Klasse aus den Instanz javax.ejb.EJBMetaData gelesen.

```
Object ref = context.lookup( name );
EJBMetaData meta = ( ( EJBHome ) ref ).getEJBMetaData();
home = (EJBHome)PortableRemoteObject.narrow(ref,meta.getHomeInterfaceClass()));
```

Leider kann man nicht die bereits »genarrowte« Instanz endgültig auf den benötigten Typ casten, da der Service Locator allgemein bleiben muss. Es wird also jeweils eine Instanz vom Typ javax.ejb.EJBHome zurückgegeben. Jeder Client ist für das Casting seiner EJBHome Instanzen verantwortlich.

```
public class ServiceLocatorClient {
  public static void main(String args[]) throws Exception{
    Hashtable hash = new Hashtable();
    hash.put("java.naming.factory.initial","org.jnp.interfaces.NamingContextFactory");

    hash.put("java.naming.provider.url","jnp://localhost:1099");
    hash.put("java.naming.factory.url.pkgs","org.jboss.naming:org.jnp.interfaces");
    HomeFinder finder    = ServiceLocator.getInstance(hash);
    EJBHome         home = finder.getHome("UserManager");
    UserManagerHome userHome = (UserManagerHome)home;
    UserManager     manager = userHome.create();
    User user = manager.findUser("adam","duke");
    System.out.println("User found: " + user.getLastName());
    manager.remove();
  }
}
```

4.1.6 Praxis

Der Service Locator implementiert hier zwei Interfaces. Das Interface HomeFinder legt die Schnittstelle fest, welche die Suche sowohl nach Local als auch nach Remote-Home Instanzen ermöglicht.

```
public interface HomeFinder {
    public EJBHome getHome(String name) throws Exception;
    public EJBHome getHome(String name,boolean cached) throws Exception;
    public EJBLocalHome getLocalHome(String name) throws Exception;
    public EJBLocalHome getLocalHome(String name,boolean cache) throws Exception;
}
```

Leider müssen hier zusätzliche Methoden implementiert werden, da die beiden Home-Interfaces kein gemeinsames »Basisinterface« implementieren. Die kleinste gemeinsame Einheit ist das java.lang.Object, was wiederum zu allgemein ist.

Der Service Locator ist hier auch in der Lage die bereits gefundenen Ressourcen zu cachen. Diese werden in einem HashMap zwischengespeichert. Ob eine Resource aus dem Speicher oder vom Server angefordert werden soll, kann mit einem zusätzlichen boolean Parameter signalisiert werden. Diese Tatsache ist für die Erzeugung von Stateful Session Beans wichtig, da diese in der Lage sind, sich den Zustand des Clients zu merken. Ein globaler Cache würde aber die Stateful Session Beans vielen unterschiedlichen Clients zur Verfügung stellen. Die Tatsache, ob es sich hier um eine Stateless oder Stateful Bean handelt, kann mit dem Aufruf isStatelessSession() und isSession() festgestellt werden.

```
package com.abien.j2ee.ejb.servicelocator;
import javax.naming.*;
import javax.rmi.*;
import javax.ejb.*;
import java.util.*;
import java.io.*;

public class ServiceLocator implements HomeFinder,QueueFinder{
    private static ServiceLocator instance = null;
    private Context context      = null;
    private Hashtable properties = null;
    private HashMap    homeCache   = null;
    private HashMap    handleCache = null;

    /** Creates new ServiceLocator */
    private ServiceLocator(Hashtable properties) throws Exception{
        this.properties = properties;
        this.init();
    }

    public static ServiceLocator getInstance(Hashtable properties) throws Exception{
        if(instance==null)
            instance = new ServiceLocator(properties);
        return instance;
```

```
    }
    private void init() throws Exception{
        this.context     = new InitialContext(this.properties);
        this.homeCache   = new HashMap();
        this.handleCache = new HashMap();
    }

    public EJBHome getHome(String name,boolean cached) throws Exception{
        Object temp = null;
        if(cached)
        temp = this.homeCache.get(name);
        EJBHome home = null;

        if(temp !=null && temp instanceof EJBHome){
            return (EJBHome)temp;
        }else{
          Object ref = context.lookup( name );
          EJBMetaData meta = ( ( EJBHome ) ref ).getEJBMetaData();
    if(!meta.isSession() || meta.isStatelessSession())
      home = (EJBHome)PortableRemoteObject.narrow(ref,meta.getHomeInterfaceClass() );
            this.homeCache.put(name,home);
        }
        return home;
}
    public EJBHome getHome(String name) throws Exception{
        return getHome(name,true);
     }
public QueueConnectionFactory getQueueConnectionFactory(String name) throws
Exception {
        return (QueueConnectionFactory) this.context.lookup(name);
    }
    public TopicConnectionFactory getTopicConnectionFactory(String name) throws
Exception {
        return (TopicConnectionFactory)this.context.lookup(name);
    }
}
```

Das »narrowing« wird hier auch gleich von dem Service Locator übernommen. Dabei wird hier auf den Typ des Home-Interfaces genarrowed. Dieser lässt sich mit dem Aufruf getEJBMetaData() bestimmen. Auf diese Art und Weise lässt sich auch die Arbeit mit dem PortableRemoteObject automatisieren.

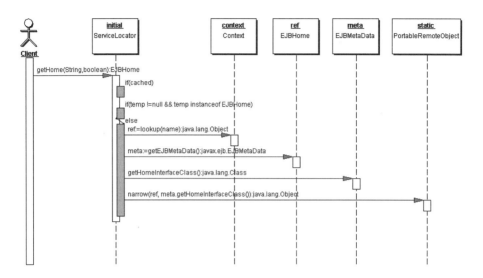

Abbildung 4.3: Der Service Locator als Façade zu JNDI

4.1.7 Performance

Die Performance des Patterns wurde mit folgendem Testclient gemessen:

```
public static void main(String args[]){
    Hashtable hash = new Hashtable();

hash.put("java.naming.factory.initial","org.jnp.interfaces.NamingContextFactory");
    hash.put("java.naming.provider.url","jnp://localhost:1099");

hash.put("java.naming.factory.url.pkgs","org.jboss.naming:org.jnp.interfaces");

        if(parameter.equalsIgnoreCase("ServiceLocator")){

            for(int i=0;i<loops;i++){
                HomeFinder finder = ServiceLocator.getInstance(hash);
                EJBHome      home = finder.getHome("UserManager");
                UserManagerHome userHome = (UserManagerHome)home;
                UserManager     manager = userHome.create();
                User user = manager.findUser("adam","duke");
                manager.remove();
            }
        }else{
            for(int i=0;i<loops;i++){
                Context context = new InitialContext(hash);
                Object  ref     = context.lookup("UserManager");
                UserManagerHome userHome =
(UserManagerHome)PortableRemoteObject.narrow(ref,UserManagerHome.class);
                UserManager     manager = userHome.create();
```

```
                User user = manager.findUser("adam","duke");
                manager.remove();
            }

    }
```

Es wurde jeweils 20 Mal die UserManager-EJB gesucht und anschließend die bestehende Referenz mit der Methode remove() des Remote-Interfaces zerstört. Die erste Untersuchung wurde auf »konventionelle« Art und Weise durchgeführt. Es musste also jedes Mal der InitialContext erzeugt und nach dem Home-Interface gesucht werden. Danach musste noch die gefundene Referenz genarrowed werden.

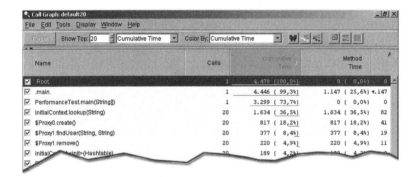

Abbildung 4.4: Die Suche nach Home-Instanzen auf konventionelle Art

Im zweiten Durchlauf wurde nach der Instanz-EJBHome mit Hilfe des Service Locators gesucht. Der Client ruft lediglich die Methode getHome des Service Locators auf. Der JNDI Zugriff wurde komplett in den Service Locator ausgelagert.

Die Benutzung des Service Locator-Idioms bringt nicht nur die Kapselung der Technologie, sondern auch noch eine deutliche Performancesteigerung des Gesamtsystems. Obwohl in unserem Performancetest der Server (*www.Jboss.org* Jboss 2.4) und der Client (*www.sitraka.com* JProbe 3.0 Serverside Edition) auf gleichem Rechner liefen, konnte man bereits eine deutliche Performancesteigerung erkennen.

	Service Locator	Konventionell
Zeit in ms (20 Durchläufe)	3.661	4.478

Der Performanceunterschied wird noch deutlicher, wenn der Client und der Server auf zwei physikalisch getrennten Rechnern liegen. Dann muss nämlich noch der Name bzw. die IP-Adresse des Servers aufgelöst werden. Ferner hängt noch die Performance der Suche von der Geschwindigkeit des Netzwerks ab. In einem meiner Projekte dauerte die Ausführung des folgenden Codes fast 5 Sekunden:

```
Context ctx = new InitialContext(props);
Object ref = ctx.lookup(name);
```

Allein durch die Verschiebung der Initialisierung von der Methode `service` in die Methode `init` des Servlets konnte ich eine deutliche Performancesteigerung erzielen.

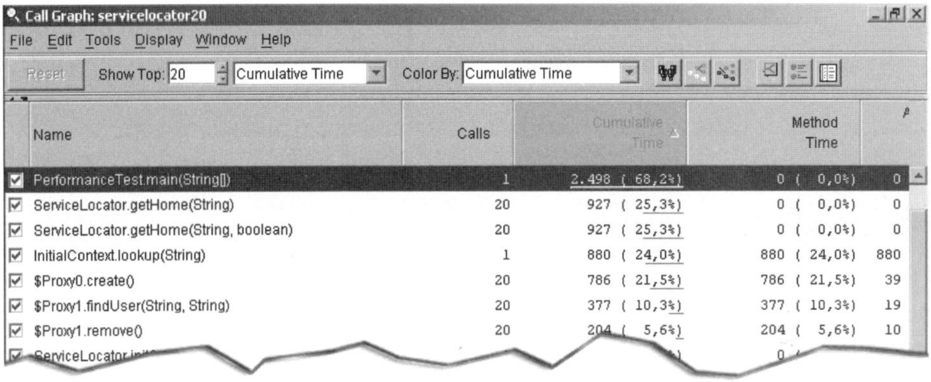
Call Graph: servicelocator20
File Edit Tools Display Window Help
Reset Show Top: 20 Cumulative Time Color By: Cumulative Time
Name Calls Cumulative Time Method Time
PerformanceTest.main(String[]) 1 2.498 (68,2%) 0 (0,0%) 0
ServiceLocator.getHome(String) 20 927 (25,3%) 0 (0,0%) 0
ServiceLocator.getHome(String, boolean) 20 927 (25,3%) 0 (0,0%) 0
InitialContext.lookup(String) 1 880 (24,0%) 880 (24,0%) 880
$Proxy0.create() 20 786 (21,5%) 786 (21,5%) 39
$Proxy1.findUser(String, String) 20 377 (10,3%) 377 (10,3%) 19
$Proxy1.remove() 20 204 (5,6%) 204 (5,6%) 10

Abbildung 4.5: Die Suche nach Home-Instanzen mit Service Locator

4.1.8 Konsequenzen

Vorteile

- Bessere Performance durch Caching des `InitialContext` und der benötigten Ressourcen
- Kapselung der Komplexität eines Remote-Zugriffs vor dem Client
- Zentrale Verwaltung von Ressourcen

Nachteile

- Eine Singleton-Implementierung kann zu Problemen mit der Garbage-Collection führen.
- Beim Einsatz eines Clusters existieren mehrere Instanzen innerhalb einer logischen Instanz des Applikationsservers.
- Der Client muss auf die benötigte Instanz weiterhin casten. Es können Laufzeitfehler beim Casten auftreten.
- Der Client muss immer noch wissen, wie der benötigte Service heißt.

4.1.9 Verwandte GoF Patterns

▶ Factory

▶ Adapter

▶ Singleton

▶ Façade

4.2 Business Delegate

4.2.1 Hintergrundinformation

Die Benutzung der RemoteServices (EJBs) eines J2EE-Servers erfordert eine Auseinandersetzung des Clients mit den Remote Procedure Call-Technologien. Ein typischer Client ist aber nicht an der Technologie, sondern vielmehr an der Geschäftslogik des Applikationsservers interessiert.

4.2.2 Zweck

▶ Kapselung der Technologie und Performancesteigerung der Gesamtanwendung

▶ Vereinfachung der Schnittstelle zu der Geschäftslogik

4.2.3 Problemstellung

Die Geschäftslogik einer Anwendung sollte, falls ein Applikationsserver benutzt wird, in dem EJBContainer liegen. Die Präsentationsschicht greift dann auf den EJBContainer zu. Es kann sich dabei um Servlets oder JSPs aus dem WebContainer, eigenständige Swing-Anwendungen oder sogar Fat-Clients handeln. Die Präsentationsschicht benötigt lediglich einen Service oder eine Schnittstelle, die in der Lage ist, die Anfragen zu bearbeiten. Meistens handelt es sich aber um remote-Zugriffe. Für die Präsentationsschicht ist aber ein remote-Methodenaufruf wesentlich komplexer als ein lokaler. Ferner muss der EJB-Client auch noch Exceptions abfangen, auf die er nicht reagieren kann (`HostNotFoundException`, `StubNotFoundException` usw.).

Ein weiterer Nachteil wäre die Abhängigkeit der Präsentationsschicht oder des Clients von den eingesetzten Technologien. Die Clients benötigen ja die Geschäftslogik und nicht die EJBs, um die funktionale Anforderungen des Kunden zu erfüllen ...

4.2.4 Anforderungen

- Einfacher Zugriff der Clients auf die Geschäftslogik
- Kapselung der Zugriffslogik in dem Business Delegate
- Serialisierung der ankommenden Methodenaufrufe (singlethreaded Zugriff)
- Minimierung der Koppelung zwischen den Clients und der eingesetzten APIs (z.B. EJB-Technologie)
- Implementierung eines Cachingmechanismus in der Präsentationsschicht
- Erhöhung der Wartbarkeit und Testbarkeit der Anwendung

4.2.5 Lösung

Die Schnittstelle zwischen der Präsentationsschicht und der Anwendungslogik wird durch den Business Delegate definiert. Der Business Delegate sollte die Zugriffslogik und die Besonderheiten eines Remotezugriffs kapseln. Der Business Delegate wird von der Präsentationsschicht instanziert und benutzt. Die benötigten Services werden typischerweise mit Hilfe des Service Locators beschafft.

Der Client sieht lediglich eine Schnittstelle, die vom Business Delegate implementiert wird. Die Implementierung dieser Schnittstelle ist natürlich austauschbar, sodass der Client von der Implementierung völlig unabhängig ist. Der Business Delegate kapselt einerseits den Zugriff auf die Anwendungslogik, andererseits implementiert er diese Schnittstelle. Der Business Delegate übernimmt hier die Rolle des Adapters. Er implementiert eine für den Client kompatible Schnittstelle und verbirgt eine für den Client »unbequeme« Technologie. Neben der Konvertierung der Übergabeparameter und der Rückgabewerte müssen auch noch alle Exceptions umgesetzt werden. Dabei sollten alle `RemoteExceptions` abgefangen, die geschachtelten Exceptions extrahiert, interpretiert und in Form einer Anwendungsexception an den Client weitergeworfen werden.

```
   public DealerVO findDealer(String key) throws ProblemWithBoTierException {
      DealerVO dealer = null
   try{
     dealer = this.dealer.findByPrimaryKey(key);
   }catch(RemoteException e){
       throw new ProblemWithBoTierException(this,e);
   }
    return dealer;
   }
```

Die Suche nach der Geschäftslogik findet aber meistens nicht in dem Business Delegate statt, sondern wird an den Service Locator delegiert. So lässt sich der Zugriff auf die benötigten Home-Instanzen optimieren.

Auch die Serialisierung der Methodenaufrufe übernimmt oft das Business Delegate. Diese Aufgabe ist besonders wichtig bei Verwendung der Stateful Session Beans als Façade zum EJBContainer. Die EJB 1.1-Spezifikation erlaubt keinen gleichzeitigen Zugriff mehrerer Threads auf eine Stateful Session Bean Instanz. In diesem Fall serialisiert das Business Delegate die Aufrufe der Threads.

4.2.6 Praxis

Der Client nutzt nur die Signatur eines Interfaces. Dieses Interface kann meistens direkt aus den »User Cases« abgeleitet werden. Es sind also die funktionalen Anforderungen des Kunden an unser System.

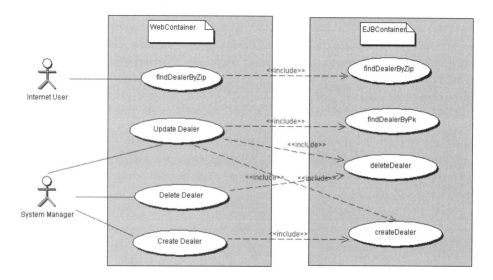

Abbildung 4.6: Die Abbildung der UseCases vom Business Delegate

```
public interface BusinessDelegateIF {
  public void createDealer(String key,String shopName,String ownerName,String
  zip,String city,String street,String phoneNumber,String email,String website);
  public void deleteDealer(String key);
  public void updateDealer(DealerVO dealer);
  //...additional methods
}
```

Dieses Interface kann z.B. von unserem Business Delegate implementiert werden. Diese Vorgehensweise garantiert die lose Koppelung des Clients zum Business Delegate. Das Business Delegate ist natürlich sowohl von dem Interface (es muss implementiert werden) als auch von der »gehaltenen« Komponente abhängig. Die »gehaltenen« Komponenten werden typischerweise durch eine Session Bean repräsentiert. Ob es sich dabei um eine Stateful oder Stateless Session Bean handelt, hängt von der angepeilten Cachingstrategie ab. Bekannterweise können sich die Stateful Session Beans den Clientzustand »merken«. Man spricht auch vom sog. »Konversationsgedächtnis«. Mit dieser Variante lassen sich sehr gut »private« Caches implementieren (ein Warenkorb in einem Onlineshop). In dieser Variante muss das Business Delegate darauf achten, dass nur ein singlethreaded Zugriff auf die Stateful Session Bean Instanz möglich ist.

Stateless Session Beans besitzen aber auch einen Zustand. Da die SessionBeans auch in großen Mengen gepooled werden können, ist das Caching von Daten hier eher ineffizient. Vielmehr können hier eher »technische« Attribute wie Datenbankverbindungen usw. gespeichert werden. Sowohl die EJB 1.1- als auch die EJB 2.0-Spezifikation verbieten den multithreaded Zugriff auf eine Stateless Session Bean. Auch hier kann diese Anforderung von dem Business Delegate implementiert werden.

In unserem Beispiel handelt es sich um ein Backendteil einer Händlerdatenbank. Diese Anwendung ermöglicht die Suche nach Händlern (z.B. Motorradshops) zu einer bestimmten Postleitzahl. Auch die Pflege des Datenbestandes ist möglich.

```
package com.abien.j2ee.ejb.businessdelegate;
import com.abien.j2ee.ejb.businessdelegate.ejb.*;
import com.abien.j2ee.ejb.servicelocator.*;
import com.abien.j2ee.ejb.valueobject.*;
import java.rmi.*;
import java.util.*;
public class BusinessDelegate implements BusinessDelegateIF{
    private DealerMgr dealerMgr     = null;
    private final static String ALL_DEALERS = "ALL_DEALERS";
    private ServiceLocator locator = null;
    private HashMap        cache    = null;
    private boolean        cacheOn = false;
    /** Creates new BusinessDelegate */
    public BusinessDelegate() {
        this.init();
    }
    public BusinessDelegate(boolean cacheOn) {
        this.cacheOn = cacheOn;
        this.init();
    }
    public boolean isCacheOn(){ return this.cacheOn; }
    public void setCacheOn(boolean cacheOn){ this.cacheOn = cacheOn;}
    private synchronized void init(){
        try{
            Hashtable jndiSettings = new Hashtable();
            jndiSettings.put("java.naming.factory.initial","org.jnp.interfaces.NamingContextFactory");
            jndiSettings.put("java.naming.provider.url","jnp://localhost:1099");
```

```java
            jndiSettings.put("java.naming.factory.url.pkgs","org.jboss.naming:
            org.jnp.interfaces");
            this.locator = ServiceLocator.getInstance(jndiSettings);
            this.cache  = new HashMap();
            this.dealerMgr = ((DealerMgrHome)
this.locator.getHome("DealerMgr",true)).create();
        }catch( Exception e ){
            System.out.println("Exception in BusinessDelegate " + e);
        }
    }

    public synchronized void deleteDealer(String key) {
        try{
            this.dealerMgr.deleteDealer(key);
        }catch( Exception e ){
            System.out.println("Exception in BusinessDelegate " + e);
        }
    }

    public synchronized DealerVO[] getAllDealers() {
        DealerVO retVal[] = null;
        try{
            if(this.cacheOn){
                retVal = (DealerVO[]) this.cache.get(ALL_DEALERS);
                if(retVal == null ){
                    retVal = this.dealerMgr.getAllDealers();
                    this.cache.put(ALL_DEALERS,retVal);
                }
            }else{
                retVal = this.dealerMgr.getAllDealers();
            }
        }catch( Exception e ){
            System.out.println("Exception in BusinessDelegate " + e);
        }
        return retVal;
    }

    public synchronized void updateDealer(DealerVO dealer) {
        try{
            this.dealerMgr.updateDealer(dealer);
        }catch( Exception e ){
            System.out.println("Exception in BusinessDelegate " + e);
        }
    }

 public synchronized void createDealer(String key, String shopName, String
ownerName, String zip, String city,String street, String phoneNumber, String
email, String website) {
        try{
            DealerVO vo = new
DealerVO(key,shopName,ownerName,zip,city,street,phoneNumber,email,website );
```

```
                this.dealerMgr.createDealer(vo);
        }catch( Exception e ){
            System.out.println("Exception in BusinessDelegate " + e);
        }
    }

    public synchronized DealerVO[] getAllDealersForZip(String zip) {
        String zipPrefix =  zip +"%";
        DealerVO retVal[] = null;
        try{
            if(this.cacheOn){
                retVal = (DealerVO[]) this.cache.get(zipPrefix);
                if(retVal == null ){
                    retVal = this.dealerMgr.getAllDealersForZip(zipPrefix);
                    this.cache.put(zipPrefix,retVal);
                }
            }else{
                retVal = this.dealerMgr.getAllDealersForZip(zipPrefix);
            }
        }catch( Exception e ){
            System.out.println("Exception in BusinessDelegate " + e);
        }
        return retVal;
    }
}
```

Die Klasse com.abien.j2ee.businessdelegate.BusinessDelegate ermöglicht dem Client den Zugriff auf den EJBContainer. Dabei wird bereits im Konstruktor nach der »Façade Bean« gesucht. Diese Funktionalität holt sich das BD von der Instanz des Service Locator, welche für die Suche und das Caching bereits gefundener »Home«-Instanzen sorgt. In unserem Fall handelt es sich um die EJB com.abien.j2ee.businessdelegate.ejb. DealerMgrBean. Für unseren BD sind natürlich nur das Remote- und das Home-Interface sichtbar. Interessanterweise ist für den BD die Entity Bean (Dealer) nicht sichtbar.

Es wird nur indirekt, mit Hilfe der Stateful Session Bean DealerMgrBean, auf die Entität zugegriffen. Diese Vorgehensweise ist üblich, da man nur so mehr Kontrolle über die Transaktionen und Caching der Entity Bean hat. Auch die Bean com.abien.j2ee. businessdelegate.ejb.DealerMgrBean holt sich die benötigte Referenz auf die Entity Bean mit Hilfe des Service Locators. Es handelt sich dabei aber um eine »passivierbare« Variante dieses Patterns. Trotzdem sollte diese Referenz im Deployment Descriptor dieser Bean »auftauchen«.

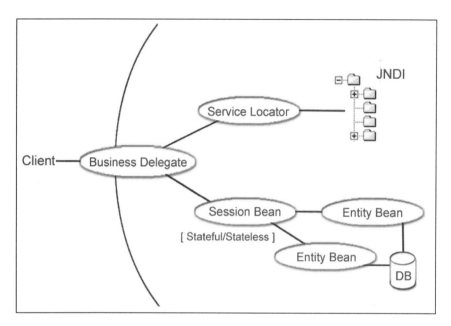

Abbildung 4.7: Das Business Delegate Pattern in typischer Konfiguration

```
<enterprise-beans>
    <session>
     <description>no description</description>
     <display-name>DealerMgr</display-name>
     <ejb-name>DealerMgr</ejb-name>
     <home>com.abien.j2ee.ejb.businessdelegate.ejb.DealerMgrHome</home>
     <remote>com.abien.j2ee.ejb.businessdelegate.ejb.DealerMgr</remote>
     <ejb-class>com.abien.j2ee.ejb.businessdelegate.ejb.DealerMgrBean</ejb-class>
     <session-type>Stateful</session-type>
     <transaction-type>Container</transaction-type>
  <ejb-ref>
    <ejb-ref-name>ejb/DealerBean</ejb-ref-name>
    <ejb-ref-type>Entity</ejb-ref-type>
    <home>com.abien.j2ee.ejb.valueobject.DealerHome</home>
    <remote>com.abien.j2ee.ejb.valueobject.Dealer</remote>
  </ejb-ref>
    </session>
    ...
```

Nach dem Erzeugen des BD wird sofort mit Hilfe des Service Locators nach der benötigten Session Bean gesucht. Diese Bean bietet dem Business Delegate die Façade zum EJBContainer.

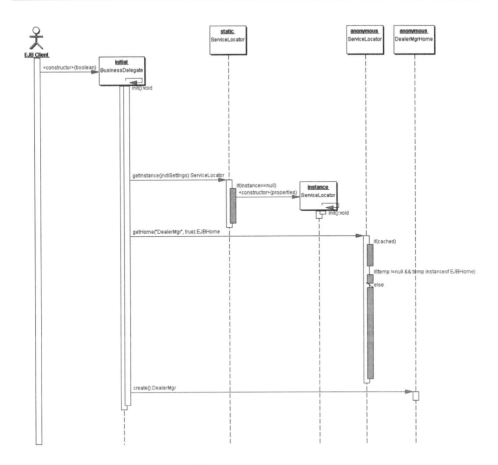

Abbildung 4.8: Die Erzeugung des Business Delegate

In unserem Beispiel werden alle Exceptions vom BD abgefangen und nicht mehr weitergeworfen. Genauso könnte aber hier eine Umsetzung stattfinden. Es wäre vorteilhaft, anwendungsspezifische Exceptions an dieser Stelle zu werfen. Wichtig ist es allerdings den Client von allen »technologieabhängigen« Exceptions abzuschirmen.

4.2.7 Performance

Die Performance eines fiktiven Clients wurde mit folgenden Konfigurationen getestet:

▶ Business Delegate mit eingeschaltetem Cache und Session Bean als Fassade
▶ Business Delegate mit ausgeschaltetem Cache und Session Bean als Fassade
▶ Direkter Zugriff auf die EntityBean

In allen drei Konfigurationen wird die Schnittstelle zur Datenbank durch eine CMP (Container Managed Persistence) Entity Bean repräsentiert. Die Klasse com.abien.j2ee.businessdelegate.BusinessDelegate benutzt auch den Service Locator für die Suche nach dem Home Objekt der DealerMgrBean. Interessanterweise ist der direkte Zugriff auf die Entity Bean die langsamste Variante.

```
public class BusinessDelegateTest {

    public static void main( String args[] ) throws Exception{
        BusinessDelegateIF delegate = null;
        if(args == null || args.length == 0)
         delegate = new BusinessDelegate();
        else
         delegate = new BusinessDelegate(true);
            delegate.createDealer("1","Bobo's Harley Davidson","Günther
    Fändrich","80939","München","Helene-Wessel-Bogen 14"," 0 89 / 316 28
    13","shop@bobo-harley-davidson.de","http://www.bobo-harley-davidson.de");
            delegate.createDealer("4","Bobo's Harley Davidson","Günther
    Fändrich","80939","München","Helene-Wessel-Bogen 14"," 0 89 / 316 28
    13","shop@bobo-harley-davidson.de","http://www.bobo-harley-davidson.de");
    //additional data
    for(int i=0;i<20;i++){
        DealerVO dealers[] = delegate.getAllDealersForZip("8");
        for(int j=0;j<dealers.length;j++){
           System.out.println("Owner Name " + dealers[j].getOwnerName() );
           System.out.println("Shop Name " + dealers[j].getShopName() );
        }
    }

        delegate.deleteDealer("1");
        delegate.deleteDealer("2");
        delegate.deleteDealer("3");
        delegate.deleteDealer("4");
        delegate.deleteDealer("5");

    }

}
```

Der Zugriff mit dem Business Delegate und dem Service Locator Pattern bietet die beste Performance, obwohl mehr Objektinstanzen beteiligt sind. Ferner werden die Methoden der Entity Bean nicht vom Client direkt aufgerufen, sondern man geht hier den indirekten Weg über den BD und die Session Bean.

	Business Delegate mit Cache	Business Delegate ohne Cache	Direkter Zugriff auf Entity Bean
Zeit in ms (20 Durchläufe)	2.859	3.284	3.881

Business Delegate

In unserer Testanwendung finden überwiegend Lesezugriffe statt. Aus diesem Grund lässt sich die Cachingfunktionalität bereits im Business Delegate implementieren. Allerdings der Kommunikationsoverhead zwischen dem Business Delegate und der Session Bean wäre geblieben. Eine weitere Möglichkeit wäre die Implementierung des Caches bereits in der Session Bean. So könnte man die Zugriffe auf die Entity Bean minimieren.

Name	Calls	Cumulative Time	Method Time	
Root	1	2.859 (100,0%)	0 (0,0%)	0
.main.	1	2.859 (100,0%)	1.021 (35,7%)	1.021
BusinessDelegateTest.main(String[])	1	1.838 (64,3%)	16 (0,5%)	16
BusinessDelegate.<init>(boolean)	1	1.477 (51,6%)	0 (0,0%)	0
BusinessDelegate.init()	1	1.477 (51,6%)	0 (0,0%)	0
ServiceLocator.getHome(String, boolean)	1	896 (31,3%)	896 (31,3%)	896
$Proxy0.create()	1	283 (9,9%)	283 (9,9%)	283
ServiceLocator.getInstance(Hashtable)	1	236 (8,2%)	236 (8,2%)	236
BusinessDelegate.createDealer(String, String, String, Stri▶	5	126 (4,4%)	0 (0,0%)	0
$Proxy1.createDealer(DealerVO)	5	126 (4,4%)	126 (4,4%)	25
...loadClassInternal(String)	13	94 (3,3%)	94 (3,3%)	

Abbildung 4.9: Die Performance des Business Delegate mit eingeschaltetem Cache

Der Performancegewinn bei der Benutzung des BD-Patterns kann bei der Kommunikation über das Netzwerk noch deutlicher ausfallen. In meiner Testumgebung befand sich der Applikationsserver (JBoss 2.4 auf JDK 1.3.1) auf der gleichen Maschine wie der Testclient (JProbe 3.0 Server Side Edition). Aus diesem Grund ist der Unterschied zwischen einem lokalen und einem remote-Methodenaufruf nicht so groß. Ferner wurde unser Business Delegate nur ein Mal instanziert. In dem Fall bringt der Service Locator nur einen »Design« Vorteil. Da man bei einmaliger Suche im JNDI-Namensraum noch nicht auf bereits gefundene Instanzen zurückgreifen kann, wirkt sich die Benutzung des Service Locators eher negativ auf die Performance aus.

4 Die Geschäftslogik-Schicht (Business Tier)

Name	Calls	Cumulative Time	Method Time	
.Root	1	3.284 (100,0%)	0 (0,0%)	0
.main.	1	3.268 (99,5%)	1.005 (30,6%)	1.005
BusinessDelegateTest.main(String[])	1	2.262 (68,9%)	31 (1,0%)	31
BusinessDelegate.<init>()	1	1.508 (45,9%)	0 (0,0%)	0
BusinessDelegate.init()	1	1.508 (45,9%)	16 (0,5%)	16
ServiceLocator.getHome(String, boolean)	1	911 (27,8%)	911 (27,8%)	911
BusinessDelegate.getAllDealersForZip(String)	20	424 (12,9%)	0 (0,0%)	0
$Proxy1.getAllDealersForZip(String)	20	424 (12,9%)	424 (12,9%)	21
$Proxy0.create()	1	283 (8,6%)	283 (8,6%)	283
ServiceLocator.getInstance(Hashtable)	1	267 (8,1%)	267 (8,1%)	267
PrintStream.println(String)	200	126 (3,8%)	126 (3,8%)	1
ClassLoader.loadClassInternal(Str...		79 (2,4%)	79 (2,4%)	6

Abbildung 4.10: Die Performance des Business Delegate mit ausgeschaltetem Cache

Bei dem direkten Zugriff auf die Entity Bean wird hier direkt mit ihren Remote-Interfaces gearbeitet. Diese Vorgehensweise ist aus designtechnischer Sicht die schlechteste, da der Client zu der Persistenzschicht gekoppelt ist. Bei Änderung der Persistenz müsste hier auch unser Client angepasst werden, da keinerlei Abstraktionsschichten existieren.

```
public class NoBusinessDelegateTest {

    public static void main(String args[]) throws Exception{

        Hashtable hash = new Hashtable();

hash.put("java.naming.factory.initial","org.jnp.interfaces.NamingContextFactory");
        hash.put("java.naming.provider.url","jnp://localhost:1099");

hash.put("java.naming.factory.url.pkgs","org.jboss.naming:org.jnp.interfaces");

        ServiceLocator locator = ServiceLocator.getInstance(hash);
        DealerHome      home = (DealerHome)locator.getHome("DealerBean");
        Dealer          dealer1 =    home.create("1","Bobo's Harley
Davidson","Günther Fändrich","80939","München","Helene-Wessel-Bogen 14"," 0 89 /
316 28 13","shop@bobo-harley-davidson.de","http://www.bobo-harley-davidson.de");
        Dealer          dealer2 =    home.create("2","Bobo's Harley
Davidson","Günther Fändrich","80939","München","Helene-Wessel-Bogen 14"," 0 89 /
316 28 13","shop@bobo-harley-davidson.de","http://www.bobo-harley-davidson.de");
        //additional data
```

Business Delegate

```
        for(int i=0;i<20;i++){
           Collection collection = home.findDealersByZip("8"+"%");
           Iterator iterator = collection.iterator();
           Dealer dealer = (((Dealer)iterator.next()));
           System.out.println("Shop Name " + dealer.getShopName());
           System.out.println("Owner Name " + dealer.getOwnerName());

        }
        dealer1.remove();
        dealer2.remove();
        dealer3.remove();
        dealer4.remove();
        dealer5.remove();

    }

}
```

Name	Calls	Cumulative Time	Method Time	p
Root	1	3.881 (100,0%)	0 (0,0%)	0
.main.	1	3.818 (98,4%)	1.021 (26,3%)	1.021
NoBusinessDelegateTest.main(String[])	1	2.797 (72,1%)	16 (0,4%)	16
ServiceLocator.getHome(String)	1	864 (22,3%)	864 (22,3%)	864
$Proxy0.findDealersByZip(String)	20	597 (15,4%)	597 (15,4%)	30
$Proxy0.create(String, String, String, String, String, String, $	5	456 (11,7%)	456 (11,7%)	91
$Proxy1.getShopName()	20	299 (7,7%)	299 (7,7%)	15
ServiceLocator.getInstance(Hashtable)	1	236 (6,1%)	236 (6,1%)	236
$Proxy1.getOwnerName()	20	189 (4,9%)	189 (4,9%)	9
ClassLoader.loadClassInternal(String)	11	63 (1,6%)	63 (1,6%)	6
	5		1,6%)	13

Abbildung 4.11: Der direkte Zugriff des Clients auf die Entity Bean

Bei einem schreibenden Zugriff fehlt hier noch eine bessere Transaktionssteuerung, da eine Entity Bean nur auf die Container Managed Transactions (CMT) angewiesen ist. Dies macht den Zugriff auf mehrere Methoden innerhalb einer Transaktion ohne Zusatzkomponenten (z.B. eine Wrapper Session Bean) unmöglich.

4.2.8 Konsequenzen

Vorteile

▶ Entkoppelung der Clients von der Implementierung der Anwendungslogik

▶ Die Austauschbarkeit der eingesetzten Technologien (Entity Beans, DAO, JDBC-Zugriff)

▶ Die Clients müssen sich nicht mit den Besonderheiten der Infrastruktur auseinandersetzen.

▶ Die Performance der Anwendung kann erhöht werden, da im BD Caching implementiert werden kann.

▶ Die Testbarkeit der Anwendung wird erhöht, da durch das BD eine saubere Schnittstelle zur Anwendungslogik besteht.

▶ Der Zugriff auf die Geschäftslogik wird durch dieses Pattern einfacher.

▶ Die Zugriffe auf die Geschäftslogik können durch das BD besser überwacht werden (Auditing kann hier implementiert werden).

▶ Da das BD eine wohldefinierte Schnittstelle implementiert, kann die Entwicklung der Präsentationsschicht parallel zur Entwicklung der Anwendungslogik erfolgen. Für die Kompilierung der Präsentationsschicht reicht eine »Dummy-Implementierung«.

Nachteile

▶ Die Kapselung der eingesetzten Technologien ist nicht völlig transparent, da zumindest die Performanceunterschiede berücksichtigt werden müssen.

▶ Das Caching im BD kann die Speicherresourcen des Clients überfordern. Alle Daten werden hier auf der Clientseite gehalten, was die Anforderungen an die Systemvoraussetzungen des Clients beeinflussen kann.

4.2.9 Verwandte GoF Pattern

▶ Factory

▶ Abstract Factory

▶ Adapter

▶ Singleton

▶ Façade

4.3 Value Object

4.3.1 Hintergrundinformation

Die Übertragung der Daten über das Netzwerk kann zu einem limitierenden Faktor werden. Der (EJB) Client benötigt Daten aus der Datenhaltungsschicht.

4.3.2 Zweck

Verbesserung der Performance und Minimierung der »remote«-Methodenaufrufe.

4.3.3 Problemstellung

Die Präsentationsschicht kommuniziert mit der Geschäftslogikschicht, um Daten zu erhalten, die dargestellt werden. Typischerweise benutzt ein Servlet oder eine JSP nicht direkt die EJB, sondern es werden Wrapper Klassen (z.B. Business Delegates) benutzt. Obwohl der Zugriff auf die EJB oft transparent ist, werden im Hintergrund trotzdem EJB-Methoden aufgerufen. Jeder EJB-Methodenaufruf ist ein potenzieller Remote-Aufruf. Da die EJBs Geschäftslogik repräsentieren, sollte diese auch anderen Anwendungen zur Verfügung stehen. Beim Entwurf dieser Komponenten steht also die Wiederverwendbarkeit und die Anpassbarkeit der Beans an erster Stelle. Die Wiederverwendbarkeit fordert auch die Allgemeingültigkeit der Komponenten. Aus diesem Grund bestehen beispielsweise die Entity Beans aus vielen »get«- und »set«-Methoden, die den Zugriff auf ihre Daten ermöglichen.

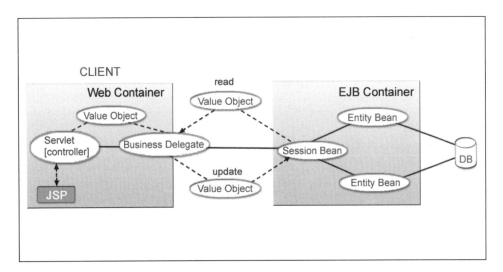

Abbildung 4.12: Einsatz des Value Objects im J2EE Umfeld

Die Beschaffung der Daten resultiert in mehreren »get«-Aufrufen des Clients. Der anwendungsspezifische Client benötigt aber oft nicht nur eine Teilmenge des Datensatzes, sondern den kompletten Datensatz in einem Methodenaufruf.

Es wird versucht, die vielen »get«-Aufrufe bereits im EJBContainer zusammenzufassen. Der Client erhält ein »Container-Objekt«, das bereits auf dem Client extrahiert wird. Dieses Container-Objekt besteht lediglich aus der Zugriffslogik und keiner Geschäftslogik. Dieser Container entspricht dem Value Objekt, das per Value zum Client geschickt wird.

4.3.4 Anforderungen

▶ Die Anzahl der »remote«-Methodenaufrufe sollte minimiert werden.

▶ Die Daten sollten »per Value« an den Client übergeben werden.

▶ Das Auslesen der Attribute findet auf dem Client durch lokale Methodenaufrufe statt.

4.3.5 Lösung

Die einfachste Lösung wäre die Benutzung der `java.util.Collection` API. Ein `HashMap` oder ein `Vector` eignet sich perfekt für die Übertragung von Daten.

```
public HashMap getDealerVO(){
   HashMap retVal = new HashMap();
         retVal.put("key",this.key);
         retVal.put("shopName",this.shopName);
         retVal.put("ownerName",this.ownerName);
         retVal.put("zip",this.street);
         retVal.put("city",this.city);
         retVal.put("street",this.street);
         retVal.put("phoneNumber",this.phoneNumber);
         retVal.put("eMail",this.email);
         retVal.put("webSite",this.webSite);
   return retVal;
}
```

Der Client liest dann einfach die benötigten Daten aus dem `HashMap` aus;

```
HashMap map = dealerRemote.getDealerVO();
String  key = (String)map.get("key");
```

Obwohl diese Lösung generisch ist, hat sie auch ihre Nachteile. Der Client muss wissen, um welche Typen es sich hier handelt. Falls die Klasse dem Client nicht bekannt ist, kann er auch nicht auf die benötigte Instanz casten. Sogar der Versuch der Deserialisierung des Objekts wird ohne die Kenntnis der Struktur des Objekts (seiner Klasseninformationen) scheitern. Die Lösung ist also doch nicht so generisch, wie es zunächst ausgesehen hat.

In der Praxis wird ein Value Object durch eine serialisierbare Klasse ohne Geschäftslogik repräsentiert. Diese Klasse dient nur zu Datenhaltungszwecken und wird nicht als ein vollwertiges Objekt »gesehen«, da diese nur aus Daten bzw. dem Zustand besteht. In C würde man zu diesem Zweck z.B. eine Struktur (Struct) verwenden.

Das Value Object wird typischerweise auf einer entfernten »Maschine« erzeugt und befüllt. Der Client erhält dann diese Instanz, die normalerweise nur ausgelesen wird. Value Objects werden oft als immutable (nicht veränderbar) designed. Sie bestehen dann praktisch nur aus den Attributen, die natürlich auch serialisierbar sein müssen, und aus »get«-Methoden. Da hier die »setter« nicht erlaubt sind, müssen alle Parameter bereits bei der Erzeugung des Value Objects übergeben werden.

```
public DealerVO (String key,String shopName,String ownerName,String zip,String
city,String street,String phoneNumber,String email,String website ){
     this.zip = zip;
     this.street = street;
     this.shopName = shopName;
//…
}
```

Der nur lesende Zugriff auf das Value Object ist hier notwendig, ansonsten könnte der Client irrtümlich davon ausgehen, dass bei einer Änderung des Value Object sich auch die Daten auf dem Server ändern. Dies ist natürlich nicht der Fall, da es sich bei den Inhalten des VO nur um Werte und nicht um entfernte Referenzen handelt.

4.3.6 Praxis

Falls dem Client die Tatsache bewusst ist, dass es sich bei dem VO nur um einen »Snapshot« des Backends handelt, kann man natürlich auch hier die »Setter« zulassen.

```
public class DealerVO implements Serializable{
    public String zip          = null;
    public String city         = null;
    public String street       = null;
    public String shopName     = null;
    public String ownerName    = null;
    public String phoneNumber  = null;
    public String eMail        = null;
    public String webSite      = null;
    public String key          = null;

    /** Creates new Dealer */
    public DealerVO(){}
    public DealerVO(String key,String shopName,String ownerName,String zip,String
    city,String street,String phoneNumber,String email,String website ) {
       this.init(key,shopName,ownerName,zip,city,street,phoneNumber,email,website);
    }
```

```java
    protected void init(String key,String shopName,String ownerName,String
zip,String city,String street,String phoneNumber,String email,String website ){
        this.zip = zip;
        this.street = street;
        this.shopName = shopName;
        this.ownerName = ownerName;
        this.phoneNumber = phoneNumber;
        this.eMail       = email;
        this.webSite     = website;
        this.key         = key;
        this.city        = city;

    }
public DealerVO(DealerVO dealer){
this.init(dealer.getKey(),dealer.getShopName(),dealer.getOwnerName(),dealer.getZip
(),dealer.getCity(),dealer.getStreet(),dealer.getPhoneNumber(),dealer.getEMail(),
dealer.getWebSite());
}

    public String getZip(){ return this.zip; }
    public String getStreet(){ return this.street; }
    public String getShopName(){ return this.shopName; }
    public String getOwnerName(){ return this.ownerName; }
    public String getPhoneNumber(){ return this.phoneNumber; }
    public String getEMail(){ return this.eMail; }
    public String getWebSite(){ return this.webSite;}
    public String getKey(){ return this.key; }
    public String getCity(){ return this.city;}

    public void setKey(String key){this.key = key;}
    public void setStreet(String street){this.street = street;}
    public void setShopName(String shopName){this.shopName = shopName;}
    public void setOwnerName(String ownerName){ this.ownerName = ownerName;}
    public void setPhoneNumber(String phoneNumber){this.phoneNumber =
    phoneNumber;}
    public void setEMail(String email){this.eMail = email;}
    public void setWebSite(String webSite){this.webSite = webSite;}
    public void setCity(String city){ this.city = city;}

}
```

Diese Tatsache erhöht die clientseitige Performance, da man auf dem Client nicht neue Instanzen erzeugen muss. Es können somit die bestehenden Instanzen modifiziert und an den EJBContainer zurückgeschickt werden.

```java
    DealerVO dealers[] = delegate.getAllDealersForZip("8");
    dealers[0].setOwnerName("duke");
    delegate.updateDealer(dealers[0]);
```

Falls das VO den JavaBean-Konventionen entspricht, kann es auch direkt in der Präsentationsschicht verwendet werden. Dabei kann das VO auch die Aufgaben des View Helpers übernehmen.

```
<jsp:useBean id="result" scope="request"
class="com.abien.j2ee.ejb.valueobject.DealerVO"/>
<HTML>
  <HEAD>
    <TITLE>Dealer Display</TITLE>
  </HEAD>
 <BODY bgcolor="white">
  <font size=4 face="arial">
<ul>
<li>     ZIP :<jsp:getProperty name="result" property="zip"/>
<li>     City: <jsp:getProperty name="result" property="city"/>
<li>     Street:  <jsp:getProperty name="result" property="street"/>
<li>     Owner Name: <jsp:getProperty name="result" property="ownerName"/>
<li>     Phone Number:   <jsp:getProperty name="result" property="phoneNumber"/>
<li>     EMail: <jsp:getProperty name="result" property="eMail"/>
<li>     Web Site: <jsp:getProperty name="result" property="webSite"/>
<li>     Key: <jsp:getProperty name="result" property="key"/>
</ul>
 </font>
 </BODY>
</HTML>
```

Mit diesem Trick können die auf effiziente Art transportierten Daten ohne Aufbereitung sofort dargestellt werden.

Grundsätzlich können VOs von folgenden Komponenten erzeugt werden:

- Data Access Objects
- Session Façade (einer Session Bean, die den Zugriff auf eine Entity Bean managed)
- Business Delegate
- Session Beans
- Entity Bean
- Aggregate Entity
- Komponenten der Präsentationsschicht

Es handelt sich also grundsätzlich um Komponenten, die in der Geschäftslogik oder in der Integrationsschicht liegen und in der Lage sind, benötigte Daten zu beschaffen. Meistens werden jedoch die VOs von den Entity Beans erzeugt, da diese die benötigte »Persistence Schicht« repräsentieren. In dem Fall gibt es folgende zwei Strategien die VOs zu erzeugen:

Die Entity Bean »ist ein« Value Object (sollte nicht mit der CMP der EJB 2.0 eingesetzt werden)

In dem Fall definiert das VO die benötigten Attribute und Zugriffsmethoden. Bei der Benutzung der Container Managed Persistence (CMP) müssen (leider) die Attribute public deklariert werden. Die Entity Bean leitet von dem Value Object ab. Alle »getter« und »setter« werden von dem Value Object bereits implementiert. Die EJB muss lediglich die »Infrastrukturmethoden« aus dem javax.ejb.EntityBean-Interface implementieren. Das Value Object bestimmt also die Schnittstelle der EJB nach außen hin. Alle Methoden, die in dem Value Object implementiert wurden, sollten auch im Remote Interface deklariert werden. Sonst können diese nicht vom Client aus aufgerufen werden. Der Konstruktor des Value Objects entspricht in seiner Signatur der ejbCreate Methode der Bean. Typischerweise delegiert der Konstruktor des VO die Initialisierung der Attribute an eine andere Methode:

```
protected void init(String key,String shopName,String ownerName,String zip,String
city,String street,String phoneNumber,String email,String website ){
    this.zip        = zip;
    this.street     = street;
    this.shopName   = shopName;
    this.ownerName  = ownerName;
    this.phoneNumber = phoneNumber;
    this.eMail      = email;
    this.webSite    = website;
    this.key        = key;
    this.city       = city;

}
```

Diese Vorgehensweise ermöglicht auch eine »Nachinitialisierung« des VOs.

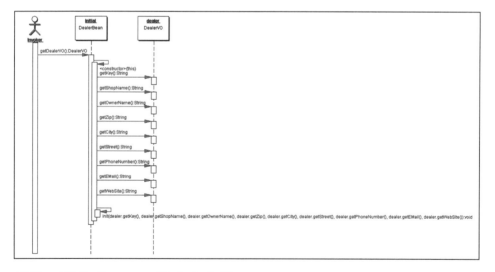

Abbildung 4.13: Die Erzeugung und Rückgabe des VOs

Value Object

Das VO wird dann zusammen mit der EJB erzeugt (der Standardkonstruktor des VOs wird aufgerufen), lediglich der Zustand des VOs wird mit der Methode `ejbCreate` der Bean gesetzt. Da die EJB ein VO ist, wird natürlich auch der Zustand der EJB beeinflusst.

```java
public class DealerBean extends DealerVO implements EntityBean {

    private EntityContext entityContext = null;
    public String ejbCreate(String key,String shopName,String ownerName,String zip,String city,String street,String phoneNumber,String email,String website){
        System.out.println("==> DealerBean.ejbCreate invoked ");
this.init(key,shopName,ownerName,zip,city,street,phoneNumber,email,website);
        return null;
    }
    public void ejbPostCreate(String key,String shopName,String ownerName,String zip,String city,String street,String phoneNumber,String email,String website){
        System.out.println("==> DealerBean.ejbPostCreate invoked ! " + key);
    }

    /** Creates new DealerBean */

    public void ejbStore() {
        System.out.println("==> DealerBean.ejbStore invoked ");
    }

    public void ejbActivate() {
        System.out.println("==> DealerBean.ejbActivate invoked ");
    }

    public void ejbPassivate(){
        System.out.println("==> DealerBean.ejbPassivate invoked ");
    }

    public void ejbLoad(){
        System.out.println("==> DealerBean.ejbLoad invoked ");
    }

    public void setEntityContext(EntityContext entityContext) {
        System.out.println("==> DealerBean.setEntityContext invoked ! " + key);
        this.entityContext = entityContext;
    }

    public void ejbRemove() {
        System.out.println("==> DealerBean.ejbRemove invoked ");
    }

    public void unsetEntityContext(){
        System.out.println("==> DealerBean.unsetEntityContext invoked ");
        this.entityContext = null;
    }

    public DealerVO getDealerVO(){ return new DealerVO(this); }
}
```

Die Entity Bean ist eher daran interessiert, die Kopie ihrer Daten (deshalb: **Value Object**) zurückzugeben. Eine andere Möglichkeit wäre die Rückgabe ihrer Referenz:

```
public DealerVO getDealerVO(){ return this; }
```

Laut der EJB-Spezifikation ist es nicht erwünscht, dass der Client mit dem EJBObjekt direkt kommuniziert. Dieses Phänomen kann allerdings nur bei einer lokalen Client-Bean-Kommunikation auftreten. Ein entfernter Client erhält ein bereits serialisiertes Objekt, also eine echte Kopie des Originals.

Aus diesem Grund ist die Rückgabe einer Referenz nicht erlaubt. Deshalb werden »echte Kopien« der Daten zurückgegeben. Dieser Ansatz erfordert aber auch die Erstellung einer Kopie des VO und seiner Attribute. Technisch gesehen gibt es folgende Möglichkeiten für die Lösung des Problems:

▶ die Implementierung des `java.lang.Clonable`-Interfaces und somit auch der Methode `clone()`

▶ die Implementierung eines Konstruktors, der einen Parameter vom Typ VO erwartet. In dem Konstruktor werden alle Parameter kopiert.

```
public DealerVO(DealerVO dealer){
    this.init(dealer.getKey(),dealer.getShopName(),dealer.getOwnerName(),dealer.getZip(),dealer.getCity(),dealer.getStreet(),dealer.getPhoneNumber(),dealer.getEMail(),dealer.getWebSite());}
```

Leider ist diese Variante nicht in der CMP der EJB 2.0-Spezifikation möglich. Die CMP dieser Spezifikation erfordert die Benutzung von abstrakten Zugriffsmethoden. Die »public« Attribute sind nicht mehr erforderlich (und auch nicht mehr vorhanden), was die Vererbung dieser Eigenschaft von dem Value Object überflüssig macht.

Ein Beispiel für eine EJB 2.0 CMP Persistenz:

```
public abstract class DealerBeanCMP2_0 implements EntityBean{
    private EntityContext entityContext = null;
    public String ejbCreate(String key,String shopName,String ownerName,String zip,String city,String street,String phoneNumber,String email,String website ){
        setKey(key);
        setStreet(street);
        setShopName(shopName);
        setOwnerName(ownerName);
setPhoneNumber(phoneNumber);
        setEmail(email);
        setWebSite(webSite);
        setCity(city);
        return null;
    }
```

```
    public void ejbPostCreate(String key,String shopName,String ownerName,String
zip,String city,String street,String phoneNumber,String email,String website){
    }
    public void ejbStore() {  }
    public void ejbActivate() {   }
    public void ejbPassivate() {  }
    public void ejbLoad() {    }
    public void setEntityContext(EntityContext entityContext) {
        this.entityContext = entityContext;
    }
    public void ejbRemove() {    }
    public void unsetEntityContext(){
        this.entityContext = null;
    }
    public abstract String getStreet();
    public abstract String getKey();
    public abstract String getOwnerName();
    public abstract String getPhoneNumber();
    public abstract String getEMail();
    public abstract String getZip();
    public abstract String getWebSite();
    public abstract String getShopName();

    public abstract void setKey(String key);
    public abstract void setStreet(String street);
    public abstract void setShopName(String shopName);
    public abstract void setOwnerName(String ownerName);
    public abstract void setPhoneNumber(String phoneNumber);
    public abstract void setEMail(String email);
    public abstract void setWebSite(String webSite);
    public abstract void setCity(String city);

    public DealerVO getDealerVO(){ return new DealerVO(getKey();,getShopName(),
getOwnerName(),getZip(),getCity(),getStreet(),getPhoneNumber(),getEMail(),
getWebSite() ); }

}
```

Die Entity Bean »kennt ein« Value Object

Falls man nicht von dem Value Object ableiten möchte, kann man es natürlich lediglich aus den Daten der EJB erzeugen und an den Client zurückgeben. Da Java keine Mehrfachvererbung bei Klassen unterstützt, ist dieser Ansatz notwendig, falls die EJB bereits von einer anderer Klasse ableitet. Am einfachsten ist es, das VO bei Bedarf mit den Attributen der Bean zu erzeugen.

```
DealerVO(this.key,this.shopName,
this.ownerName,this.zip,this.street,this.street,this.phoneNumber,this.eMail,
this.webSite ); }
```

Diese Vorgehensweise erhöht auch die Wiederverwendbarkeit des VOs, da die Kopplung zwischen den Komponenten nur durch die Daten bestimmt wird. Das VO kann somit auch von der Präsentationsschicht erzeugt werden, um die Daten zu der Geschäftslogikschicht zu schicken.

Eine andere Möglichkeit ist es, dem VO die Bean zu übergeben.

```
public DealerVO getDealerVO(){ return new DealerVO(this); }
```

Das VO holt sich dann selbständig die benötigten Daten im Konstruktor. Die Kopplung zwischen dem VO und der Bean ist allerdings viel höher, da das VO die genaue Signatur der »getter« kennen muss.

```
public class DealerBean2 implements EntityBean{

    public String zip         = null;
    public String city        = null;
    public String street      = null;
    public String shopName    = null;
    public String ownerName   = null;
    public String phoneNumber = null;
    public String eMail       = null;
    public String webSite     = null;
    public String key         = null;
    private EntityContext entityContext = null;

    public String getStreet() { return this.street;}

    public String getKey() { return this.key; }
    public String getOwnerName() { return this.ownerName;}
    public String getPhoneNumber() {return this.phoneNumber; }
    public String getEMail() { return this.eMail; }
    public String getZip() { return this.zip;}
    public String getWebSite(){ return this.webSite;  }
    public String getShopName(){ return this.shopName;}
    public String ejbCreate(String key,String shopName,String ownerName,String
 zip,String city,String street,String phoneNumber,String email,String website ){
        this.zip = zip;
        this.street = street;
        this.shopName = shopName;
        this.ownerName = ownerName;
        this.phoneNumber = phoneNumber;
        this.eMail      = eMail;
        this.webSite    = webSite;
        this.key        = key;
        this.city       = city;
      return null;
    }

    public void ejbPostCreate(String key,String shopName,String ownerName,String
 zip,String city,String street,String phoneNumber,String email,String website){
```

```
    System.out.println("ejbPostCreate invoked ! " + key);
    }
    public void ejbStore() { }
    public void ejbActivate() {}

    public void ejbPassivate() {}
    public void ejbLoad() { }
    public void setEntityContext(EntityContext entityContext) {
        this.entityContext = entityContext;
    }
    public void ejbRemove() {}
    public void unsetEntityContext(){ this.entityContext = null;}
    public void setKey(String key){this.key = key;}
    public void setStreet(String street){this.street = street;}
    public void setShopName(String shopName){this.shopName = shopName;}
    public void setOwnerName(String ownerName){ this.ownerName = ownerName;}
    public void setPhoneNumber(String phoneNumber){this.phoneNumber =
phoneNumber;}
    public void setEMail(String email){this.eMail = email;}
    public void setWebSite(String webSite){this.webSite = webSite;}
    public void setCity(String city){ this.city = city;}
public DealerVO getDealerVO(){ return new DealerVO(this.key,this.shopName,
this.ownerName,this.zip,this.street,this.street,this.phoneNumber,this.eMail,
this.webSite ); }

}
```

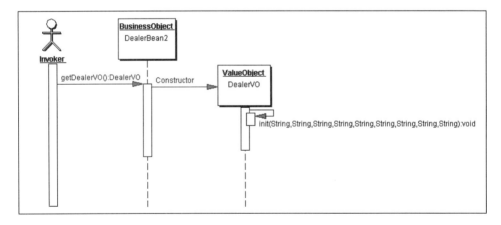

Abbildung 4.14: Die Erzeugung eines unabhängigen VOs

Die Entity Bean kennt eine Factory, die VOs erzeugen kann

Falls man direkte Koppelung zwischen der Bean und dem VO bei der Erzeugung vermeiden möchte, kann man auch eine Factory benutzen. Diese Klasse kennt die Bean und das VO. Sie ist in der Lage, aus den Daten (Attributen) der Bean das VO zu erzeugen.

Im einfachsten Fall könnten die Factory folgendermaßen ausschauen:

```
public class DealerVOFactory{
public static DealerVO getDealerVO(DealerBean bean){
 return new DealerVO(bean.getKey(),bean.getShopName(),
bean.getOwnerName(),bean.getZip(),bean.getStreet(),bean.getStreet(),bean.
getPhoneNumber(),bean.getEMail(),bean.getWebSite() ); }
}
}
```

Allerdings hat man an dieser Stelle noch nicht viel gewonnen. Die Bean kennt jetzt eine Factory, die in der Lage ist, das VO zu erzeugen. Die Bean wurde zwar von dem VO entkoppelt, allerdings entstand hier eine neue Koppelung – die `DealerVOFactory`.

Man könnte diese Situation etwas verbessern, indem eine generische Factory benutzt wird. Diese könnte mit Hilfe der Reflection API nach Feldern der Instanz `DealerBean2` suchen und diese auslesen. Danach wird mit dem Standardkonstruktor ein VO erzeugt. Mit den gewonnen Daten, können die »setters« des VO gesetzt werden. Somit lässt sich jedes VO generisch befüllen. Natürlich müsste man sich an bestimmte Namenskonventionen halten. Ein String-Attribut `name` mit dem Wert »duke« resultiert in einem `vo.setName(duke)` Aufruf. Diese Methode hat auch ihre Einschränkungen, da man hier an die JavaBeans-Konventionen gebunden ist. Ferner lässt sich dieser Ansatz nur schwer debuggen. Die Performance dieser Methode ist auch schlecht, da dieser Ansatz auf der Reflection-API basiert. Zur Laufzeit müssen auch noch Informationen über die Instanzen gewonnen werden.

4.3.7 Performance

Die Performance wurde hier mit zwei Clients untersucht. Der erste greift direkt auf die »getter« der Bean. Um einen vollständigen Datensatz zu beschaffen, müssen hier alle »getter« der Bean aufgerufen werden. Dabei handelt es sich hier um Remote-Aufrufe, die wesentlich aufwändiger sind als die lokale Variante.

```
public class DealerClientNoValue {
 public static void main(String args[]) throws Exception{
     //JNDI initializing
     ServiceLocator locator = ServiceLocator.getInstance(hash);
     DealerHome     home = (DealerHome)locator.getHome("DealerBeanValue");

     Collection collection = home.findAll();
```

Value Object

```
            Iterator iterator = collection.iterator();
            while(iterator.hasNext()){
                Dealer dealer =  (((Dealer)iterator.next()));
                System.out.println("=====================================");
                System.out.println("Key " + dealer.getKey());
                System.out.println("Shop Name " + dealer.getShopName());
                System.out.println("Owner Name " + dealer.getOwnerName());
                System.out.println("Zip " + dealer.getZip());
                System.out.println("City " + dealer.getCity());
                System.out.println("Street " + dealer.getStreet());
                System.out.println("Phone Number " + dealer.getPhoneNumber());
                System.out.println("EMail " + dealer.getEMail());
                System.out.println("WebSite " + dealer.getWebSite());
            }
            dealer1.remove();
            dealer2.remove();
            dealer3.remove();
            dealer4.remove();
            dealer5.remove();

        }

    }
```

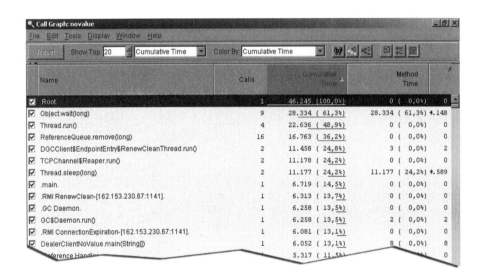

Abbildung 4.15: Der direkte Zugriff des Clients auf das Remote-Interface

Der zweite Client fordert zuerst das Value Object an, um es dann »offline« auszulesen. Bei den »gettern« des Value Objects handelt es sich um gewöhnliche Methoden, die lokal aufgerufen werden können.

```
public class DealerClientValue {

    public static void main(String args[]) throws Exception{
       //JNDI initializing
       ServiceLocator locator =  ServiceLocator.getInstance(hash);
       DealerHome home = (DealerHome)locator.getHome("DealerBeanValue");
       Collection collection = home.findAll();
       Iterator iterator = collection.iterator();
       while(iterator.hasNext()){
         Dealer dealer =  (((Dealer)iterator.next()));
         DealerVO    valueObject = dealer.getDealerVO();
         System.out.println("=====================================");
         System.out.println("Key " + valueObject.getKey());
         System.out.println("Shop Name " + valueObject.getShopName());
         System.out.println("Owner Name " + valueObject.getOwnerName());
         System.out.println("Zip " + valueObject.getZip());
         System.out.println("City " + valueObject.getCity());
         System.out.println("Street " + valueObject.getStreet());
         System.out.println("Phone Number " + valueObject.getPhoneNumber());
         System.out.println("EMail " + valueObject.getEMail());
         System.out.println("WebSite " + valueObject.getWebSite());
       }
       dealer1.remove();
       dealer2.remove();
       dealer3.remove();
       dealer4.remove();
       dealer5.remove();

    }
```

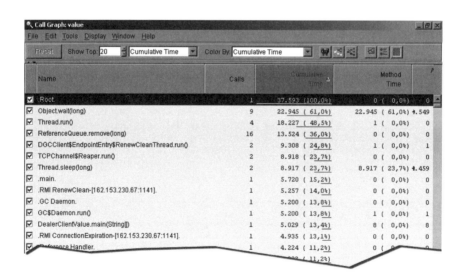

Abbildung 4.16: Die Benutzung des Value Objects

Wie erwartet, ist das Value Object mit insgesamt ca. 38 Sekunden Laufzeit um ganze 11 Sekunden schneller als die direkte Variante. Mit jedem neuen Datensatz wächst die Differenz zwischen den beiden Implementierungen.

4.3.8 Konsequenzen

Vorteile

▶ Bessere Performance durch die Minimierung der »remote« Methodenaufrufe

▶ Die Value Objects können in der Präsentationsschicht wieder verwendet werden.

▶ Das Remote-Interface der Bean kann mit VO vereinfacht werden.

▶ Bei dem VO handelt es sich um eine »gewöhnliche« Java Klasse. Bei der Benutzung des VO muss keine Rücksicht auf die EJB oder andere Technologien (RMI, CORBA) genommen werden.

Nachteile

▶ Value Objects besitzen nur einen Zustand, aber kein Verhalten.

▶ Die clientseitige Veränderung eines Value Objects kann zum Verlust der Gültigkeit der Instanz führen. Bei einem VO handelt es sich um eine Kopie von EJB-Daten.

▶ Die Benutzung des VOs auf dem Client erfolgt ohne Transaktionsschutz.

▶ Die Regeln der Serialisierung müssen beim Design der VOs berücksichtigt werden.

4.3.9 Verwandte GoF Patterns

▶ Factory

▶ Proxy

4.4 Session Façade

4.4.1 Hintergrundinformation

Die Geschäftslogik liegt typischerweise im EJBContainer. Diese wird durch »Prozesskomponenten«, die auch zustandsbehaftet sein können (Stateful Sesson Beans) und Entitäten, also persistente Komponenten (Entity Beans), repräsentiert.

4.4.2 Zweck

▶ Kapselung des Zugriffs auf die Entity Beans

▶ Verbesserung der Performance durch Caching und intelligente Transaktionssteuerung

▶ Vereinfachung der Business-Schnittstelle

4.4.3 Problemstellung

Die Entity Beans repräsentieren echte, persistente Objekte. Es können mehrere Clients gleichzeitig auf eine Entity Bean Instanz zugreifen. Allerdings implementieren diese EJBs eher die Persistenz als die Geschäftslogik der Anwendung. Da es sich hier um »Komponenten« handelt, sollten diese auch wieder verwendbar sein. Wenn wir diese Anforderung realisieren wollen, stoßen wir bereits auf das erste Problem: Es müssen viele Methoden mit wenig Funktionalität (oft nur getter und setter) implementiert werden. Diese Vorgehensweise ist hier nötig, um die Wiederverwendbarkeit der Bean zu erhöhen. Somit repräsentiert diese Entity Bean die Daten einer Datenbank und ermöglicht einen feingranularen Zugriff auf die benötigten Inhalte. Die Clients aber sind ein Teil einer Anwendung, die spezifische Daten und Geschäftslogik benötigt. Oft müssen mehrere »get«-Methoden aufgerufen werden, um die benötigten Inhalte zu erhalten. Der Client benötigt somit viele spezifische Informationen über die Komponente. Die Koppelung zwischen dem Client und der »Business«-Komponente ist ziemlich hoch. Bei Änderung der Komponente müsste auch der Client geändert werden.

Ein weiteres Problem ist die Transaktionssteuerung der Entity Beans. Nach der EJB 1.1- (und auch EJB 2.0-) Spezifikation dürfen die Entity Beans nicht selber die Steuerung der Transaktionen in die Hand nehmen. Es ist lediglich die CMT- (Container Managed Transactions-) Einstellung erlaubt. Diese lässt sich nur auf Methodenebene bestimmen. Falls der Client direkt mit einer Entity Bean kommunizieren würde, könnte er nie mehrere Methoden innerhalb einer Transaktion aufrufen. Dieses Problem ist besonders kritisch bei den Änderungen der Entity, bei denen mehrere Methoden aufgerufen werden müssen. In dem Fall könnte es zu Inkonsistenzen der Datenbank kommen, da nicht alle Methoden innerhalb einer Transaktion aufgerufen werden können. Der Zustand der Bean kann somit nicht in den Originalzustand versetzt werden, da das Ergebnis jedes Aufrufes »commited« wird. Für die Abhilfe könnte natürlich eine »Hilfsmethode« sorgen. Diese könnte die »einfachen« Methodenaufrufe zusammenfassen.

```
public void updateKunde(String name,String vorname,...){
    this.setName(name);
    this.setVorname(vorname);
    //...weitere Parameter
}
```

Allerdings muss das Remote-Interface der EJB um diese Methode erweitert werden. Die Schnittstelle der Bean verkompliziert sich mit jeder zusätzlichen Methode.

Obwohl die Entity Beans persistente Objekte abbilden, repräsentieren sie lediglich den Zustand der darunterliegenden Datenbank. Ein »Konversationsgedächtnis« ist mit den Entity Beans praktisch nicht abbildbar. Bei einem direkten Zugriff des Clients auf die Entity Beans müsste sich der Client selber den Zustand »merken«. Die Aufgabe gehört aber nicht in die Zuständigkeiten des Clients, sondern in die Geschäftslogikschicht.

Was der Client »wirklich« möchte, ist eine Schnittstelle, die ein »Use Case« abbildet. Dem Client kann es ziemlich egal sein, wie viele Entity oder Session Beans diese Schnittstelle implementieren. Für den Client ist nur die korrekte Abbildung des Anwendungsfalles wichtig.

4.4.4 Anforderungen

▶ Abschirmung des Clients vor den Subsystemen (Entity Beans, DAOs usw.)

▶ Entkoppelung der einzelnen Subsysteme vor dem Client

▶ Erhalt der Unabhängigkeit der Subsysteme

▶ Vereinfachung der »Business«-Schnittstelle

▶ Implementierung von allgemeinen Diensten wie Caching, Authorisierung, Auditing in die Session Façade

▶ Der Zustand des Clients soll von der Session Façade verwaltet werden.

▶ Anwendungsspezifische Logik soll in der Session Façade implementiert werden.

▶ Die Transaktionssteuerung soll von der Session Façade übernommen werden.

▶ Der direkte Zugriff auf die Subsysteme (z.B. Entity Beans, DAOs) muss weiterhin möglich sein.

4.4.5 Lösung

Alle oben aufgeführten Anforderungen lassen sich durch die Implementierung einer zusätzlichen Schicht erfüllen. Diese »Schicht« lässt sich durch eine Stateful oder Stateless Session Bean implementieren. Die Stateful-Variante wird benötigt, falls ein Cachingmechanismus erforderlich ist. Diese EJB entspricht in ihrer Funktionalität dem klassischen GoF Façade Pattern. Sie bietet eine einfache Schnittstelle und verbirgt die Komplexität der Subsysteme vor dem Client.

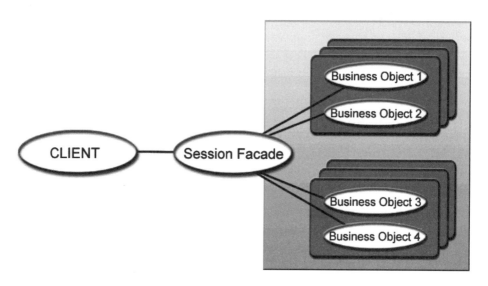

Abbildung 4.17: Session Façade mit beteiligten Komponenten

Mit der Einführung einer zusätzlichen Schicht ist es möglich, mehrere Methoden einer Entity Bean innerhalb einer Transaktion aufzurufen. Zu diesem Zweck müssen wir eine Methode in der Session Bean (Session Façade) implementieren. Diese Methode ruft dann die jeweiligen Methoden der Entity Bean auf. Dabei wird eine neue Transaktion gestartet (RequiresNew).

```
public void updateDealer(DealerVO dealer) throws RemoteException {
      try{
           getDealer(dealer.getKey()).remove();
           this.createDealer(dealer);
      }catch(Exception e){
        throw new RemoteException("DealerMgrBean.updateDealer " +e);
      }
}
```

Da der Transaktionskontext weitergereicht wird, kann dieser von der Entity Bean übernommen werden. Man muss dabei beachten, dass die Methoden der Entity Bean auch nicht mit der »RequiresNew« Einstellung deployed werden.

In dem Fall wird die bereits bestehende Transaktion suspendiert und eine neue gestartet – genau das, was wir verhindern wollten. Eine sinnvolle Einstellung der Entity Bean wäre z.B. die »Required« Einstellung. Diese Einstellung erlaubt die Weiterverwendung einer bestehenden Transaktion.

In den seltensten Fällen jedoch wird die Session Façade benutzt, um den Zugriff auf eine einzige Entity Bean zu kapseln. Die eigentliche Aufgabe des Patterns ist die Bereitstellung einer echten »Business«-Schnittstelle. Diese Schnittstelle kann von mehreren

»Subsystemen« implementiert werden. In einer typischen Anwendung kann die Session Façade mit vielen Entity Beans, Data Access Objects und auch mit anderen Session Beans kommunizieren. In dem Fall kann sie auch zusätzliche Aufgaben übernehmen. Die Implementierung von 1-1 bzw. 1-n Beziehungen zwischen Entity Beans kann beispielsweise in der Session Façade stattfinden. Dabei kann die Session Façade die Transaktionsverwaltung, das Caching und die Erzeugung von Value Objects übernehmen. In dem Fall wird in der Session Façade zusätzliche Logik implementiert, die nicht in den Entity Beans modelliert werden kann. Diese Logik ist anwendungsspezifisch und würde die Wiederverwendbarkeit der Entity Beans beeinträchtigen.

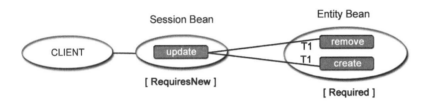

Abbildung 4.18: Typische Transaktionsattribute der Session Façade

Die EJB 2.0-Spezifikation bietet eine weitere Möglichkeit der Beziehungsverwaltung die Container Manager Relations (CMR). Obwohl die Beziehungen zwischen den EJBs automatisiert von dem EJBContainer verwaltet werden können, wird die Session Façade weiterhin benötigt. Die Session Façade bietet ja eine zusätzliche Schicht, die den Client von der Persistenzschicht entkoppelt, ferner kann diese für die Erzeugung von Value Objects usw. benutzt werden.

4.4.6 Praxis

Für eine optimale Verwendung der Session Façade wurden unter der EJB 2.0 die lokalen Interfaces eingeführt. Diese erleichtern die Kommunikation zwischen den Beans innerhalb eines Containers. Die Session Bean kann die »gehaltene« Businesslogik quasi lokal aufrufen. Innerhalb einer Anwendung (eines ejb-jar-Archivs) kann man auch ohne Stubs und »narrowing« kommunizieren. Dieses Vorgehen erhöht die Performance und schont die Ressourcen des Applikationsservers. Um die lokale Kommunikation zu ermöglichen, werden zusätzliche Schnittstellen benötigt:

- LocalObject (erbt von EJBLocalObject)
- LocalHome (erbt von EJBLocalHome)

Die Session Façade (in unserem Beispiel die `DealerMgrBean`) kann direkt mit Hilfe des `DealerLocalHome`-Interfaces auf das `DealerLocal`-Interface zugreifen. In dem JNDI-Namensraum des Servers werden dabei die Implementierungen der beiden Interfaces abgelegt.

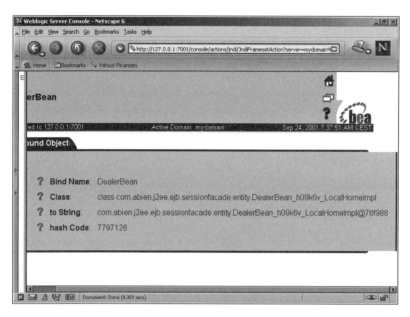

Abbildung 4.19: Das Implementierungen der Interfaces LocalHome und Local Remote

Bei einem JNDI-lookup wird sofort die gültige Referenz und nicht ein Stub zurückgegeben. Aus diesem Grund muss nicht die Method narrow aufgerufen werden.

```
package com.abien.j2ee.ejb.sessionfacade.entity;
import javax.ejb.*;
public interface DealerLocal extends EJBLocalObject{
    public String getZip();
    public String getStreet();
    public String getShopName();
    public String getOwnerName();
    public String getPhoneNumber();
    public String getEMail();
    public String getWebSite();
    public String getKey();
    public String getCity();

    public void setKey(String key);
    public void setStreet(String street);
    public void setShopName(String shopName);
    public void setOwnerName(String ownerName);
    public void setPhoneNumber(String phoneNumber);
    public void setEMail(String email);
    public void setWebSite(String webSite);
    public void setCity(String city);

    public DealerVO getDealerVO();
}
```

Session Façade

Das Interface com.abien.j2ee.ejb.sessionfacade.entity.DealerLocal definiert dabei die Methoden, die direkt von einem Client innerhalb dieser Anwendung erreichbar sind. Es können hier natürlich auch noch zusätzliche Methoden hinzugefügt werden, die nicht über das »Remote-Interface« aufrufbar sind. Eine Referenz auf das »Local Remote«-Interface erhält man typischerweise von einer Implementierung des Interfaces EJBLocalHome. Das Interface DealerLocalHome ist ein typisches Beispiel für ein »Local Home«. Alle »finder«- und »create«-Methoden geben hier das Interface Dealer-Local zurück. Zu dieser Instanz kommt man über den JNDI-Namensraum und zwar mit einem einfachen »lookup«. Das Interface »Local Home« wird auch normalerweise unter einem anderen Namen deployed als das »Home Interface«. Für die Erfüllung der Anforderung, dass der Client auch ohne die Hilfe der Session Façade auf die Businesslogik zugreifen kann, müssen weiterhin die Home- und Remote-Interfaces bereitgestellt werden.

```
package com.abien.j2ee.ejb.sessionfacade.entity;
import javax.ejb.*;
import java.rmi.*;
import java.util.*;
public interface DealerLocalHome extends EJBLocalHome {

    public DealerLocal    findByPrimaryKey(String key) throws FinderException;
    public Collection     findAll() throws FinderException;
    public Collection     findDealersByZip(String zip) throws FinderException;
    public DealerLocal    create(String key,String shopName,String
ownerName,String zip,String city,String street,String phoneNumber,String
email,String website) throws CreateException;
}
```

Die eigentliche Implementierung der Bean-Klasse muss natürlich sowohl die Methoden des Interfaces »Remote«, als auch die des »Local«-Interfaces implementieren. In dem Fall wird hier die Container Managed Persistence aus der EJB 2.0-Spezifikation verwendet.

```
package com.abien.j2ee.ejb.sessionfacade.entity;
import javax.ejb.*;
import java.rmi.*;
public abstract class DealerBean implements EntityBean,DealerIF {
    private EntityContext entityContext = null;
    public String ejbCreate(String key,String shopName,String ownerName,String
zip,String city,String street,String phoneNumber,String email,String website )
throws CreateException {
        this.setKey(key);
        this.setShopName(shopName);
        this.setOwnerName(ownerName);
        this.setZip(zip);
        this.setStreet(street);
        this.setPhoneNumber(phoneNumber);
        this.setEMail(email);
```

```
            this.setWebSite(website);
            this.setCity(city);
            System.out.println("ejbCreate invoked ! " + key);
            return null;
        }
        public void ejbPostCreate(String key,String shopName,String ownerName,String
    zip,String city,String street,String phoneNumber,String email,String website){
            System.out.println("ejbPostCreate invoked ! " + key);
        }
        public void ejbStore() { }
        public void ejbActivate() { }
        public void ejbPassivate() { }
        public void ejbLoad() { }
        public void setEntityContext(EntityContext entityContext) {
            this.entityContext = entityContext;
        }
        public void ejbRemove() { }
        public void unsetEntityContext(){
            this.entityContext = null;
        }
        public abstract void setKey(String key);
        public abstract void setStreet(String street);
        public abstract void setShopName(String shopName);
        public abstract void setOwnerName(String ownerName);
        public abstract void setPhoneNumber(String phoneNumber);
        public abstract void setEMail(String email);
        public abstract void setWebSite(String webSite);
        public abstract void setCity(String city);
        public abstract void setZip(String zip);

        public abstract String getCity();
        public abstract String getStreet();
        public abstract String getKey();
        public abstract String getOwnerName();
        public abstract String getPhoneNumber();
        public abstract String getEMail();
        public abstract String getZip();
        public abstract String getWebSite();
        public abstract String getShopName();
        public DealerVO getDealerVO(){ return new
    DealerVO(this.getKey(),this.getShopName(),
    this.getOwnerName(),this.getZip(),this.getCity(),this.getStreet(),this.
    getPhoneNumber(),this.getEMail(),this.getWebSite()); }

    }
```

Die Aufgabe der Session Façade übernimmt hier eine Stateful Session Bean. Diese »kennt« eine Entity Bean und greift auf ihre Funktionalität über das Interface DealerLocal zu. Der Zugriff über die »lokalen« Interfaces der Bean ist wesentlich schneller als der konventionelle Weg. Die Transaktionen der Session Bean werden hier vom Container verwaltet (CMT). Je nach Einstellung kann der Transaktionskontext von der Entity Bean übernommen werden. Somit kann man mehrere Methoden einer Entity innerhalb einer Transaktion aufrufen.

Neben den Transaktionen lassen sich auch sehr gut Caching-Mechanismen in die Session Fassade einbauen.

```
package com.abien.j2ee.ejb.sessionfacade.manager;
import com.abien.j2ee.ejb.sessionfacade.entity.*;
import javax.ejb.*;
import java.rmi.*;
import java.util.*;
import javax.naming.*;
public class DealerMgrBean implements SessionBean, DealerMgrIF {

    private SessionContext   context       = null;
    private DealerLocalHome  home          = null;
    private Hashtable        jndiSettings  = null;
    private HashMap          resultCache   = null;
    private ServiceLocatorEJB serviceLocator = null;
    private final String     HOME_NAME     = "java:comp/env/ejb/DealerBean";
    private final String     ALL_KEY       = "ALL";
 public void setSessionContext(SessionContext sessionContext) throws RemoteException{
        System.out.println("DealerMgrBean.setSessionContext invoked !");
        this.context = sessionContext;
        this.init();
    }
    private void init() throws RemoteException{
        try{
            this.jndiSettings = new Hashtable();
            this.jndiSettings.put(Context.INITIAL_CONTEXT_FACTORY,
"weblogic.jndi.WLInitialContextFactory");
            this.jndiSettings.put(Context.PROVIDER_URL, "t3://localhost:7001");
            this.serviceLocator = new ServiceLocatorEJB(this.jndiSettings);
            this.home          =
(DealerLocalHome)this.serviceLocator.getLocalHome(HOME_NAME);
            this.resultCache = new HashMap();
        }catch(Exception e){
            throw new RemoteException("DealerMgrBean.setSessionContext " + e);
        }


    }
   public void ejbActivate() {
        System.out.println("DealerMgrBean.ejbActivate invoked !");
        try{
            this.init();
        }catch(Exception e){
            throw new EJBException("Cannot activate DealerMgrBean " + e.toString());
        }
```

```java
        }
    public void ejbPassivate(){
        System.out.println("DealerMgrBean.ejbPassivate invoked !");
        this.serviceLocator.store();
    }
     public void ejbRemove(){
       System.out.println("DealerMgrBean.ejbRemove invoked !");
    }
     public void deleteDealer(String key) throws RemoteException {
       System.out.println("DealerMgrBean.deleteDealer(" +key+ ") invoked !");
       try{
            DealerLocal dealer = this.home.findByPrimaryKey(key);
            dealer.remove();
       }catch(Exception e){
            throw new RemoteException("DealerMgrBean.dealeteDealer " + e);
       }
    }


    public DealerVO[] getAllDealers(boolean cached) throws RemoteException {
        System.out.println("DealerMgrBean.getAllDealers(" +cached+ ") invoked !");
         DealerVO retVal[] = null;
        try{
            if(cached){
                retVal = (DealerVO[])this.resultCache.get(ALL_KEY);
                if(retVal != null)
                System.out.println("DealerMgrBean Cache hit !");
            }else{
           System.out.println("DealerMgrBean Returning real result !");
            }
            if(retVal==null)
                retVal = this.collectionToVo(this.home.findAll());
            if(retVal != null)
                this.resultCache.put(ALL_KEY,retVal);
        }catch(Exception e){
          throw new RemoteException("DealerMgrBean.getAllDealers " + e);
        }

        return retVal;
    }
     public DealerVO[] getAllDealers() throws RemoteException {
        System.out.println("DealerMgrBean.getAllDealers invoked !");
        return this.getAllDealers(true);
     }

  private DealerVO[] collectionToVo(Collection collection) throws RemoteException{
        DealerVO value[] = null;
        try{
        //Konvertierungslogik...
        }catch(Exception e){
            throw new RemoteException("DealerMgrBean.getAllDealers() "+ e);
        }
```

Session Façade

```java
            return value;
    }
  public void updateDealer(DealerVO dealer) throws RemoteException {
    System.out.println("DealerMgrBean.updateDealer( " + dealer + ") invoked !");
        try{
            getDealer(dealer.getKey()).remove();
            this.createDealer(dealer);
        }catch(Exception e){
            throw new RemoteException("DealerMgrBean.updateDealer " +e);
        }
    }
    public void createDealer(DealerVO dealer) throws RemoteException {
        System.out.println("DealerMgrBean.createDealer( " + dealer + ")
        invoked !");
        try{
this.home.create(dealer.getKey(),dealer.getShopName(),dealer.getOwnerName(),dealer
.getZip(),dealer.getCity(),dealer.getStreet(),dealer.getPhoneNumber(),dealer.
getEMail(),dealer.getWebSite());
        }catch(Exception e){
      throw new RemoteException("DealerMgrBean.createDealer " + e);
        }
    }

  public DealerVO[] getAllDealersForZip(String zipPrefix, boolean cached) throws
  RemoteException {
    System.out.println("DealerMgrBean.getAllDealersForZip (" + zipPrefix + ","+
    cached +") invoked !");
      DealerVO retVal[] = null;
        try{
            if(cached)
                retVal = (DealerVO[])this.resultCache.get(zipPrefix);
            if(retVal==null)
    retVal = this.collectionToVo(this.home.findDealersByZip(zipPrefix));
            if(retVal != null)
                this.resultCache.put(zipPrefix,retVal);
        }catch(Exception e){
      throw new RemoteException("DealerMgrBean.getAllDealers " + e);
        }
        return retVal;
    }
  public DealerVO[] getAllDealersForZip(String zipPrefix) throws RemoteException {
    System.out.println("DealerMgrBean.getAllDealersForZip (" + zipPrefix + ")
    invoked !");
      return this.getAllDealersForZip(zipPrefix,true);
}
    private DealerLocal getDealer(String pk) throws RemoteException{
        System.out.println("DealerMgrBean.getDealer invoked !");
        try{
            return this.home.findByPrimaryKey(pk);
```

```
            }catch(Exception e){
                throw new RemoteException("DealerMgrBean.getDealer " + e);
            }
        }
        public void ejbCreate(){
            System.out.println("DealerMgrBean.ejbCreate invoked !");
        }
        public void clearCache() throws RemoteException {
            System.out.println("DealerMgrBean.clearCache invoked !");
            System.out.println(this.resultCache.size() + " entries cleared !");
            this.resultCache = new HashMap();
        }
```

4.4.7 Performance

Bei der Untersuchung dieses Patterns ist es besonders interessant, wie sich die zusätzliche Schicht auf die Gesamtperformance auswirkt. Auch die Ausnutzung der zusätzlichen Möglichkeiten, wie Caching oder die Verwendung von Value Objects, sollte die Performance beeinflussen. Getestet wurden zwei Clients, die auf den gleichen Datenbestand zugreifen (1000 Datensätze). Die Daten werden in einer Oracle Datenbank abgelegt. Die Performance wurde mit JProbe Suite 3.0 (www.sitraka.com) getestet. Die EJBs wurden auf einen WebLogic 6.1 Server (www.bea.com) deployed, da eine gute EJB 2.0-Unterstützung benötigt wurde.

Zuerst wurde die Performance der Session Façade gemessen.

Die Session Façade, repräsentiert von der `DealerMgrBean`, greift über die »local«-Interfaces auf die Entity Bean zu. Die Persistence der Bean wird vom Container verwaltet (CMP). Dabei wurde nach der EJB 2.0-Spezifikation vorgegangen. Es wurden also alle »getter«, »setter« und die Bean selber als `abstract` deklariert. Die `DealerMgrBean` ist in der Lage, die bereits gefundenen Suchergebnisse zu cachen. Die Verwaltung der Transaktionen wird durch die CMT-Einstellungen der Session Façade beeinflusst. Untersucht wurde die Performance der Methode `getAllDealers`. Diese Methode wird zweimal hintereinander aufgerufen. Dabei werden alle »getter« aufgerufen, um den Datensatz komplett auslesen zu können. Auf die `System.out.println`-Ausgaben wurde bewusst verzichtet, da die IO-Operationen die Performance des Clients negativ beeinflussen können.

Die Performance der »get«-Aufrufe ist hier nicht messbar. Allerdings wurde hier mit einem Trick gearbeitet. Die Session Façade ruft die Entity Bean über ihre »Local«-Interfaces auf. Dabei werden die Daten gelesen und in ein VO konvertiert. Dieses Value Object wird an den Client zurückgegeben. Bei den »get«-Methodenaufrufen handelt es sich nicht um einen Remote- sondern um einen lokalen Aufruf.

```
            public String getXXX() { return this.xxx;}
```

Session Façade

Durch den Einsatz des Value Objects können so die Remote-Aufrufe auf ein Minimum reduziert werden. Lediglich bei den beiden Aufrufen getAllDealers wird die Session Façade angesprochen. Diese Aufrufe benötigen auch knapp ca. 60 % der Gesamtzeit der Methode.

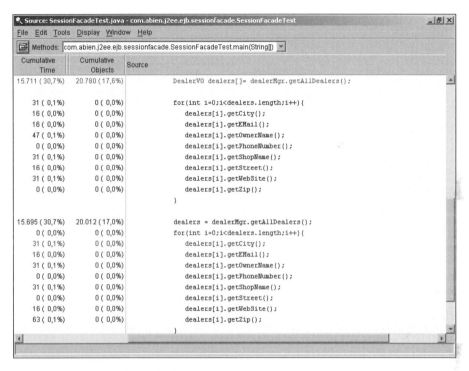

Abbildung 4.20: Laufzeitverhalten der Session Façade

```
public class SessionFacadeTest{
 public static void main(String args[]) throws Exception{
   Hashtable jndiSettings = new Hashtable();
 jndiSettings.put(Context.INITIAL_CONTEXT_FACTORY,
 "weblogic.jndi.WLInitialContextFactory");
 jndiSettings.put(Context.PROVIDER_URL, "t3://localhost:7001");
 ServiceLocator locator = ServiceLocator.getInstance(jndiSettings);
 DealerMgr dealerMgr = ((DealerMgrHome)
 locator.getHome("DealerMgr",true)).create();
           DealerVO dealers[]= dealerMgr.getAllDealers();
           for(int i=0;i<dealers.length;i++){
               dealers[i].getCity();
               dealers[i].getEMail();
               dealers[i].getOwnerName();
               dealers[i].getPhoneNumber();
               dealers[i].getShopName();
               dealers[i].getStreet();
```

```
                    dealers[i].getWebSite();
                    dealers[i].getZip();
            }
            dealers = dealerMgr.getAllDealers();
            for(int i=0;i<dealers.length;i++){
                    dealers[i].getCity();
                    dealers[i].getEMail();
                    dealers[i].getOwnerName();
                    dealers[i].getPhoneNumber();
                    dealers[i].getShopName();
                    dealers[i].getStreet();
                    dealers[i].getWebSite();
                    dealers[i].getZip();
            }
    }
        dealerMgr.remove();
}
```

Name	Calls	Cumulative Time	Method Time
.Root	1	56.449 (100,0%)	0 (0,0%)
.main.	1	51.924 (92,0%)	0 (0,0%)
SessionFacadeTest.main(String[])	1	51.185 (90,7%)	189 (0,3%)
ObjectInputStream.readObject()	2.368	36.842 (65,3%)	16 (0,0%)
ObjectInputStream.readObject(boolean)	22.459	36.842 (65,3%)	5.106 (9,0%)
ProxyStub.invoke(Object, Method, Object[])	5	35.333 (62,6%)	0 (0,0%)
ChunkedObjectInputStream.readObject()	23	34.234 (60,6%)	0 (0,0%)
ChunkedObjectInputStream.readObject(Class)	9	34.234 (60,6%)	0 (0,0%)
BasicRemoteRef.unmarshalReturn(InboundResponse, M▶	5	34.139 (60,5%)	0 (0,0%)
ObjectIO.readObject(MsgInput, Class, short)	5	34.124 (60,5%)	0 (0,0%)
$Proxy2.getAllDealers()	2	31.406 (55,6%)	0 (0,0%)
BasicRemoteRef.invoke(Remote, MethodDescriptor, Obje▶	2	31.327 (55,5%)	0 (0,0%)
ServiceLocator.<init>(Hashtable)	1	15.302 (27,1%)	0 (0,0%)
ServiceLocator.getInstance(Hashtable)	1	15.302 (27,1%)	0 (0,0%)
ServiceLocator.init()	1	15.302 (27,1%)	0 (0,0%)
InitialContext.<init>(Hashtable)	1	15.287 (27,1%)	0 (0,0%)
InitialContext.init(Hashtable)	1	15.287 (27,1%)	0 (0,0%)
InitialContext.getDefaultInitCtx()	2	14.925 (26,4%)	16 (0,0%)
NamingManager.getInitialContext(Hashtable)	1	14.909 (26,4%)	0 (0,0%)
WLInitialContextFactory.getInitialContext(Hashtable)	1	14.799 (26,2%)	16 (0,0%)

Abbildung 4.21: Die beteiligten Methoden der Session Façade

Unser Client NoSessionFacadeTest geht einen anderen Weg. Er greift direkt, ohne Hilfe der Session Façade, über die Remote-Interfaces auf die Entity Bean zu. Es werden hier genauso zwei Mal alle Attribute der Bean ausgelesen. Dabei wird hier nicht mit Value Objects, sondern mit normalen »Bean«-Aufrufen gearbeitet.

```
public class NoSessionFacadeTest{
    public static void main(String args[]) throws Exception{
        Hashtable jndiSettings = new Hashtable();
      jndiSettings.put(Context.INITIAL_CONTEXT_FACTORY,
"weblogic.jndi.WLInitialContextFactory");
        jndiSettings.put(Context.PROVIDER_URL, "t3://localhost:7001");
      ServiceLocator locator = ServiceLocator.getInstance(jndiSettings);
      DealerHome dealerHome = (DealerHome) locator.getHome("Dealer",true);
        Collection retVal = dealerHome.findAll();
        Iterator iterator = retVal.iterator();
        while(iterator.hasNext()){
            Dealer dealer = (Dealer)iterator.next();
            dealer.getCity();
            dealer.getEMail();
            dealer.getKey();
            dealer.getOwnerName();
            dealer.getPhoneNumber();
            dealer.getShopName();
            dealer.getStreet();
            dealer.getWebSite();
            dealer.getZip();
        }
        retVal = dealerHome.findAll();
        iterator = retVal.iterator();
        while(iterator.hasNext()){
            Dealer dealer = (Dealer)iterator.next();
            dealer.getCity();
            dealer.getEMail();
        //die restlichen „getter".
        }
    }
}
```

Der Zugriff auf die Methode findAll der Entity Bean ist etwas effizienter als der indirekte Weg über die Session Façade. Die beiden Aufrufe findAll benötigen hier weniger als 15% der Gesamtzeit der Methode. Allerdings sind hier auch die »get«-Aufrufe messbar. Diese beanspruchen ganze 80% der Zeit. Diese könnte man sich mit Hilfe eines VO sparen.

Wie Sie aus der Abbildung 4.23 leicht entnehmen können, werden 18.011 Remote-Methoden aufgerufen, die ca. 66.1% der Gesamtzeit benötigen.

Natürlich könnte man hier auch das VO von der Entity Bean erzeugen lassen, allerdings gehört diese Geschäftslogik nicht in die Entity, sondern als zusätzliche Funktionalität in die Session Façade. Eine typische Session Façade »kennt« mehrere Komponenten, auf die sie zugreifen kann, um die benötigten Daten zu holen, bzw. diese zu manipulieren. Aus den Daten erzeugt sie dann das VO, welches an den Client zurückgegeben wird.

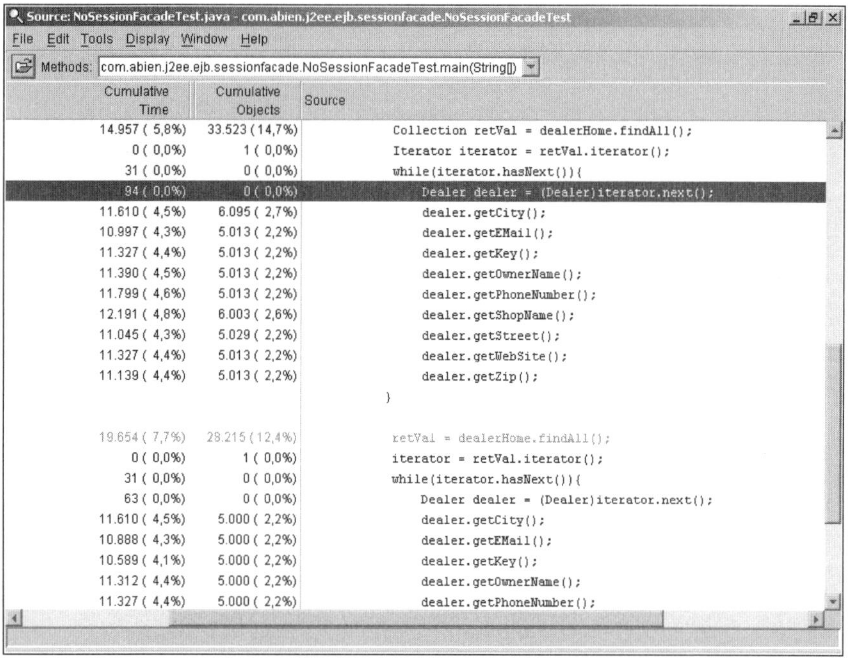

Abbildung 4.22: Das Laufzeitverhalten des direkten Zugriffs auf die Entity Bean

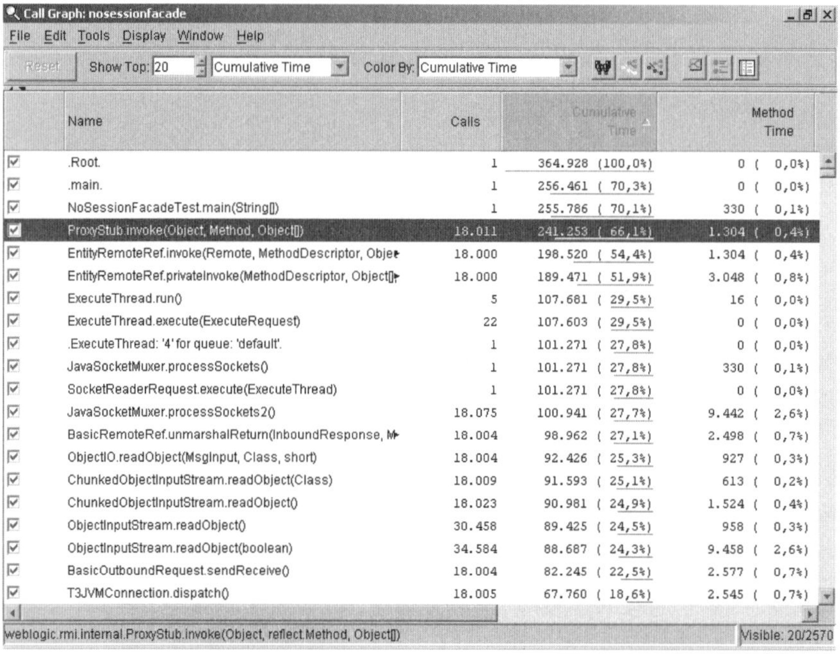

Abbildung 4.23: Die beteiligten Methoden im Überblick (Zugriff ohne Session Façade)

In unserem Fall ist der optimierte Zugriff auf die Entity Bean über die Session Façade sechsmal schneller als der direkte.

	Session Façade	Direkter Zugriff auf Entity Beans
Gesamtlaufzeit	56.449	364.928
Kommunikationsaufwand (ProxyStub.invoke)	35.33	241.253
Aufruf getAllDealers	15.711	14.957

Der Applikationsserver und der EJB-Client befanden sich in unserer Konfiguration auf einer Maschine. In einer verteilten Konfiguration ist der Mehraufwand der »Remote«-Aufrufe wesentlich höher.

Eine andere Frage, die sich hier stellt, ist, wie das Laufzeitverhalten der Session Façade beim »Schreiben« aussieht. Für diese Untersuchung wurden auch zwei Clients gebaut, die entweder direkt oder indirekt auf die Entity Bean zugreifen.

Im ersten Fall greift der Client über die Session Façade auf die Entity Bean zu. Zunächst erstellt er ein Value Object, das an die Session Façade übergeben wird.

```
public class SessionFacadeUpdateTest{
    public static void main(String args[]) throws Exception{
        Hashtable jndiSettings = new Hashtable();
        jndiSettings.put(Context.INITIAL_CONTEXT_FACTORY,
"weblogic.jndi.WLInitialContextFactory");
        jndiSettings.put(Context.PROVIDER_URL, "t3://localhost:7001");
        ServiceLocator locator = ServiceLocator.getInstance(jndiSettings);
        DealerMgr dealerMgr = ((DealerMgrHome)
locator.getHome("DealerMgr",true)).create();
        DealerVO dealer= new DealerVO();;
        for(int i=0;i<1000;i++){
        dealer.setCity("Duke City " + i);
        dealer.setEMail("email "+ i);
        dealer.setOwnerName("duke"+i);
        dealer.setPhoneNumber("0000"+i);
        dealer.setShopName("shopname"+i);
        dealer.setStreet("street"+i);
        dealer.setWebSite("site " + i);
        dealer.setZip("8888"+i);
        dealer.setKey(""+i);
        dealerMgr.updateDealer(dealer);
        }
        dealerMgr.remove();
    }
}
```

Die gesammelten Daten werden der Session Bean übergeben. Der DealerMgr sucht nach dem Remote-Interface der Entity. Nach erfolgreicher Suche wird die Methode remove() aufgerufen. Es wird der aktuelle Datensatz gelöscht. Danach wird die Methode create() des Remote-Interfaces der Entity aufgerufen. Mit den Daten aus dem DealerVO wird eine neue Instanz der DealerBean erzeugt. Da es sich hier um eine Entity Bean handelt, werden natürlich auch die Daten persistent gespeichert. Das Löschen und Anlegen der Entity findet innerhalb einer Transaktion statt. Diese Transaktion wird in der Session Façade (DealerMgr) gestartet.

Der DealerMgr greift über die Local-Interfaces auf die Entity Bean zu.

```
public void updateDealer(DealerVO dealer) throws RemoteException {
    try{
        getDealer(dealer.getKey()).remove();
        this.createDealer(dealer);
    }catch(Exception e){
        throw new RemoteException("DealerMgrBean.updateDealer " +e);
    }
}
```

Die Methode updateDealer wird insgesamt 1000 Mal mit unterschiedlichen Daten aufgerufen. Der Aufwand für den Aufbau des DealerVO ist kaum messbar. Die Methode updateDealer wird allerdings »remote« aufgerufen. Alle 1000 Aufrufe benötigten insgesamt ganze 51,9 % der Gesamtlaufzeit. Der Aufwand für das Erzeugen der Instanz des Service Locator ist auch nicht zu unterschätzen. Der Aufruf getInstance benötigte hier 30,5 % der Gesamtzeit. Die Performanceverbesserung bei der Benutzung des Service Locators kommt hier nicht zum Tragen, da das Home-Interface nur ein einziges Mal benötigt wird. Die Caching-Funktionalität des Service Locators kann somit nicht ausgenutzt werden.

Der zweite Client geht den klassischen Weg – es wird direkt die Entity Bean modifiziert. Dabei werden die Methoden des Remote-Interfaces der Entity Bean aufgerufen. Ohne die Session Façade ist dies die einzige Möglichkeit, auf die Entity zuzugreifen. Der Client darf die Local-Interfaces der Entity nicht benutzen.

```
public class NoSessionFacadeUpdateTest{
    public static void main(String args[]) throws Exception{
    Hashtable jndiSettings = new Hashtable();
    jndiSettings.put(Context.INITIAL_CONTEXT_FACTORY,
"weblogic.jndi.WLInitialContextFactory");
    jndiSettings.put(Context.PROVIDER_URL, "t3://localhost:7001");
    ServiceLocator locator = ServiceLocator.getInstance(jndiSettings);
    DealerHome dealerHome = (DealerHome) locator.getHome("Dealer",true);
    Collection retVal = dealerHome.findAll();
    Iterator iterator = retVal.iterator();
    int counter = 0;
    while(iterator.hasNext()){
        counter++;
```

```
            Dealer dealer = (Dealer)iterator.next();
            dealer.setCity("Duke City " + counter);
            dealer.setEMail("email "+ counter);
            dealer.setOwnerName("duke"+counter);
            dealer.setPhoneNumber("0000"+counter);
            dealer.setShopName("shopname"+counter);
            dealer.setStreet("street"+counter);
            dealer.setWebSite("site " + counter);
            dealer.setZip("8888"+counter);
        }
    }
}
```

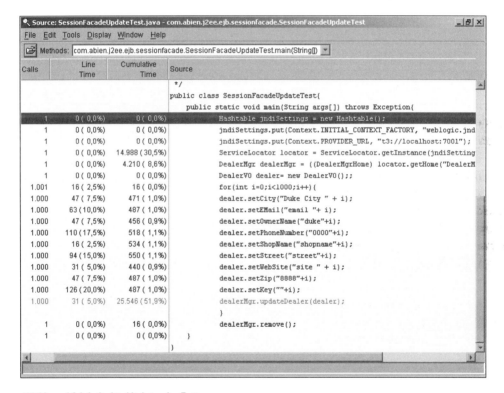

Abbildung 4.24: Indirekte Updates der Entity

Diesmal kosten die Methodenaufrufe jeweils ca. 10% der Gesamtzeit. Insgesamt wird ca. 70% der Gesamtzeit benötigt, um alle »setter« aufrufen zu können. Diese Zeit könnte man sich hier auch sparen, indem ein VO benutzt wird. Die »setters« sind auch aus dem Grund so »teuer«, da hier bei jedem Aufruf eine neue Transaktion gestartet wird. Dieser Ansatz ist nicht nur langsam, sondern auch noch gefährlich. Dadurch, dass jeder »set«-Aufruf eine Transaktion auslöst, die auch »committed« wird, wird das Ergebnis jeder Methode sofort persistent gespeichert. Dabei handelt es sich aber nicht immer um ein gewünschtes Verhalten. Oft möchte man warten, bis alle Methoden erfolgreich aufgerufen wurden, um dann das Ergebnis innerhalb einer Transaktion zu speichern. Dieser Ansatz ist aber bei einem direkten Zugriff auf eine Entity Bean nur mit der clientseitigen Transaktionssteuerung möglich.

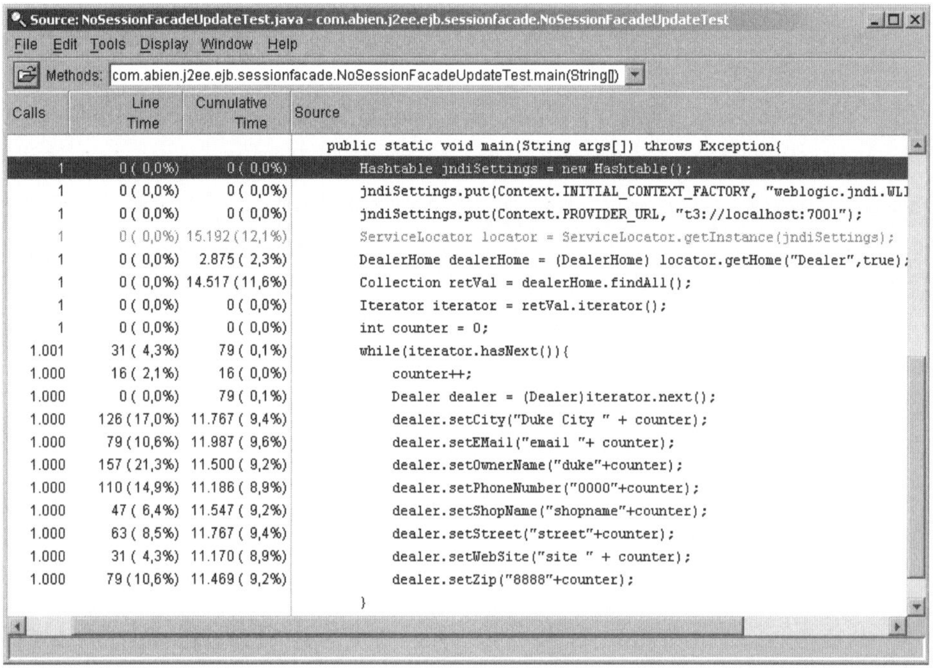

Abbildung 4.25: Direkte Updates der Entity

	Mit Session Façade	**Direkter Zugriff**
Gesamtlaufzeit in ms	60.816	176.463
Aufrufe »set« (9*1000)	3.600	ca. 90.000

4.4.8 Konsequenzen

Vorteile

▶ Die Benutzung der Session Façade ermöglicht mehr Kontrolle über die Transaktionssteuerung.

▶ Funktionalitäten wie Caching, Auditing usw. können in der Session Façade implementiert werden, was die Wiederverwendbarkeit der Subsysteme steigert.

▶ Dem Client wird eine einfache Schnittstelle möglicherweise komplexer Systeme angeboten.

- Der Client kann weiterhin ohne die Session Façade auf die Subsysteme (z.B. Entity Bean) zugreifen.
- Mit der Benutzung der Session Façade ist es möglich, auf mehrere Entities innerhalb einer Transaktion zuzugreifen.
- Die Session Façade ermöglicht einen effizienten Zugriff auf andere Entity Beans durch die Local-Interfaces.

Nachteile

- Die Session Façade lässt sich nicht so gut wieder verwenden wie ihre Subsysteme.
- Das Deployment der Session Façade ist schwieriger als das der Einzelkomponente.
- Die Benutzung von Stateful Session Beans in der Rolle der Session Façade kann zu Exceptions und Entfernen der Session Bean in nebenläufigen Systemen führen (auf eine Stateful Session Bean darf zu einem Zeitpunkt nur ein Thread zugreifen).

4.4.9 Verwandte GoF Patterns

- Façade
- Factory
- Mediator
- Wrapper
- State
- Composite

4.5 Aggregate/Composite Entity

4.5.1 Hintergrundinformation

Entity Beans repräsentieren persistente Geschäftslogikobjekte. Der Zustand der Objekte wird typischerweise in einer Datenbank abgelegt. In den meisten Fällen handelt es sich um eine gewöhnliche, relationale Datenbank.

Bei der Benutzung der CMP (Container Managed Persistence) wird eine Entity Bean auf eine Tabelle in der Datenbank abgebildet. Oft repräsentiert aber eine Entity Bean nicht nur eine Tabelle, sondern ein Composite oder die Daten aus mehreren Tabellen.

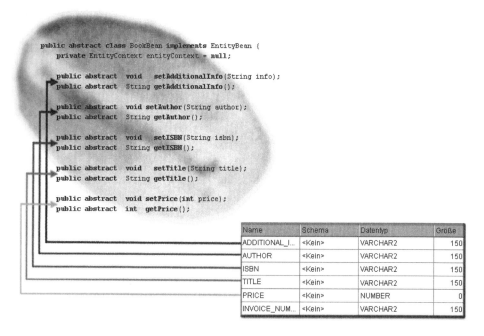

Abbildung 4.26: EJB 1.1 Container Managed Persistence

4.5.2 Zweck

Minimierung der Kommunikation zwischen den einzelnen Entities und Verbesserung der Lauzeitperformance. Die clientseitige Schnittstelle wird vereinfacht.

4.5.3 Problemstellung

Grundsätzlich gibt es zwei Ansätze Entity Beans zu designen. Die EJB 1.1-Spezifikation, insbesondere die Container Managed Persistence, hat den »feingranularen« Ansatz gefördert. Hier entsprach jede Spalte einer Tabelle einem »getter« – »setter« Methodenpaar. Dieser Ansatz eignet sich besonders gut für einfache Datenmodelle oder wenn mit der J2EE-Anwendung auch die Datenbank entworfen werden kann. Meistens aber besteht die Datenbank bereits und der J2EE-Entwickler hat wenig Einfluss auf den Entwurf der Tabellen.

In dem Fall muss man oft einen anderen Weg gehen. Ein einfaches Mapping reicht nicht mehr aus. Ein Methodenaufruf benötigt Daten aus mehreren Spalten einer Tabelle oder sogar aus unterschiedlichen Tabellen. Die Daten lassen sich entweder mit komplizierten SQL-Abfragen beschaffen oder durch Methodenaufrufe anderer Entity Beans. Mit einem Methodenaufruf können wir also mehr Daten lesen, als in einem Datensatz vorhanden sind. Aus dem Grund spricht man hier nicht mehr von der »feingranularen« (fine grained) Methode. Im Gegenteil, durch einen Methodenaufruf des Clients kann komplexere Logik in der Entity angestoßen werden, um die benötigten Daten zu selektieren. Die Remote-Intefaces dieser Entities haben insgesamt weniger Methoden, jedoch mit wesentlich komplexerer Geschäftslogik. Sie sind eher »grob«, daher werden sie oft »coarse–grained« Entities genannt.

Obwohl die Kommunikation des Clients mit der Composite Entity minimiert wurde, intern müssen die Entities weiterhin miteinander »sprechen«, um die benötigten Daten zu besorgen. Allerdings befinden sich diese meistens in einem EJBContainer. Die Verwendung der Local-Interfaces (EJB 2.0-Spezifikation) macht auch die Verwendung von Stubs und Skeletons überflüssig. Diese Interfaces dürfen allerdings nur innerhalb des »ejb-jars«, also zwischen zusammengehörigen EJBs verwendet werden. Bei den Methodenaufrufen der Lokal-Interfaces handelt es sich um echte, lokale Aufrufe. Die Performance kann also auch hier weiterhin verbessert werden.

4.5.4 Anforderungen

▶ Automatische Überprüfung der referenziellen Integrität durch den EJBContainer
▶ Minimierung der Koppelung des Clients an die einzelnen Entities
▶ Minimierung der Netzwerkkommunikation der Anwendung
▶ Steigerung der Wiederverwendbarkeit der einzelnen Beans
▶ Entkoppelung des Clients von dem Datenmodell
▶ Vereinfachung der clientseitigen Schnittstelle
▶ Verschiebung der »Beziehungslogik« aus dem Client in die Composite Entity
▶ Die einzelnen Transaktionen sollen von der Composite Entity gesteuert werden.
▶ Die abhängigen Entities sollten weiterhin über ihre Remote-Interfaces angesprochen werden können.

4.5.5 Lösung

Leider gibt es für diese Anforderungen nicht eine universelle Lösung, sondern eine Reihe von möglichen Ansätzen. In allen diesen Ansätzen gibt es aber immer eine übergeordnete Entity Bean. Diese ist in der Lage, die Beziehungen zwischen den »abhängigen« Objekten zu verwalten und deren Lebenszyklus zu bestimmen. Es müssen, je nach Bedarf, 1-N, N-1, 1-1 und N-M uni- und bidirektionale Beziehungen abgebildet werden können. Diese übergeordnete Entity Bean wird auch Composite bzw. Aggregate Entity genannt, da sie sich eigentlich aus mehreren »Unterkomponenten«, meist auch Entities, zusammensetzt.

Durch die Einführung von Container Managed Relations (CMR) in der EJB 2.0-Spezifikation wird die Verwaltung der Beziehungen zwischen den einzelnen Entities deutlich vereinfacht. Die Voraussetzung für CMR ist natürlich ein EJB 2.0-fähiger Container. Die Relationen werden durch abstrakte Methoden repräsentiert, die jedoch nicht als CMP-Felder gekennzeichnet wurden.

```
//1-N Relation
public abstract Collection getBooks();
public abstract void       setBooks(Collection collection);
```

In dem Deployment Descriptor entsprechen diese Methoden den CMR-Feldern.

```
<relationships>
   <ejb-relation>
    <ejb-relation-name>invoice-has-books</ejb-relation-name>
   <ejb-relationship-role>
    <ejb-relationship-role-name>InvoiceBean</ejb-relationship-role-name>
       <multiplicity>one</multiplicity>
             <relationship-role-source>
       <ejb-name>InvoiceBean</ejb-name>
      </relationship-role-source>
      <cmr-field>
        <cmr-field-name>books</cmr-field-name>
        <cmr-field-type>java.util.Collection</cmr-field-type>
      </cmr-field>
     </ejb-relationship-role>
     <ejb-relationship-role>
      <ejb-relationship-role-name>BookBean</ejb-relationship-role-name>
       <multiplicity>many</multiplicity>
             <relationship-role-source>
       <ejb-name>BookBean</ejb-name>
      </relationship-role-source>
     </ejb-relationship-role>
   </ejb-relation>
 </relationships>
```

In den Feldern werden die Local-Interfaces der abhängigen Beans gehalten. Die abhängigen Entities müssen also auch über die entsprechende Local-Interfaces verfügen. Ohne die Verwendung der Local-Interfaces ist der Aufbau von CMR nicht möglich.

Die Composite Entity ist eng mit den abhängigen Objekten gekoppelt. Die »Subentities« müssen sich jedoch gegenseitig nicht kennen, was die Wiederverwendbarkeit der Anwendung erhöht. Für den Client ist die Benutzung der CE ausreichend. Diese übernimmt in diesem Fall die Rolle der Façade und bietet dem Client eine einfache Schnittstelle für den Datenzugriff.

Der Client greift immer über die Composite Entity zu, um den Zugriff auf die Datensätze der abhängigen Entities zu erhalten.

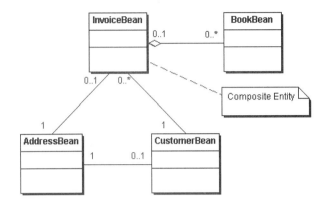

Abbildung 4.27: Die Composite Entity Bean mit abhängigen Objekten

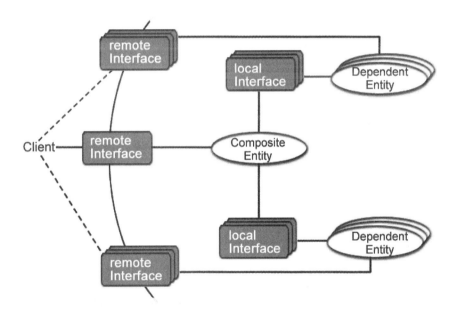

Abbildung 4.28: Der Zugriff des Clients auf die CE

```
ServiceLocator locator = ServiceLocator.getInstance(jndiSettings);
InvoiceHome  invoiceHome  = (InvoiceHome)locator.getHome("InvoiceBean",true);
Invoice invoice = invoiceHome.findByPrimaryKey("1");
InvoiceVO invoiceVO = invoice.getInvoiceVO();
CustomerVO customerVO = invoice.getCustomerVO();
AddressVO  customerAddressVO = customerVO.getAddressVO();
AddressVO billingAddress = invoice.getAddressVO();
```

Die Composite Entity ähnelt ein wenig dem Session Façade Pattern, da der Client eine vereinfachte Schnittstelle erhält, mit der er arbeiten kann. Ferner ist es möglich, auf die abhängigen Entities ohne die Composite Entity zuzugreifen.

Die Composite Entity (CE) verfügt über einen eigenen Lebenszyklus. Dieser wird oft auf die »abhängigen« Objekte übertragen. Das würde bedeuten, dass die »abhängigen« Objekte ohne der CE nicht existieren können. Das mag zwar die reine »Lehre« sein, in der Praxis ist das aber nicht so einfach. In unserem Beispiel kann es passieren, dass zuerst eine Instanz der `AddressBean` erzeugt wird, bevor diese der `CustomerBean` übertragen wird. Große Portalbetreiber pflegen Datenbanken, die nur aus einzelnen Adressen bestehen, um diese bei Bedarf überprüfen zu können. Diese Adresse kann einem Kunden als »seine« Adresse zugewiesen werden. In diesem Fall haben die `AddressBeans` einen eigenständigen Lebenszyklus, der von der `CustomerBean` unabhängig ist. Der Adressenbestand kann sogar periodisch gepflegt werden, um neue Adressen hinzufügen zu können.

4.5.6 Praxis

In der Praxis können die »abhängigen« Objekte als Entity Beans modelliert werden. Diese Vorgehensweise erlaubt auch die Wiederverwendung der Daten der untergeordneten Entities. Ferner ist es möglich, auf diese Entities über ihre Remote-Interfaces zuzugreifen.

```java
public abstract class InvoiceBean implements EntityBean{
    private EntityContext entityContext = null;
    private Hashtable jndiSettings = null;
    private ServiceLocatorEJB serviceLocator = null;
    //1:N Relation
    public abstract Vector       getBooks();
    public abstract void         setBooks(Vector collection);
    //1:1 Relation
    public abstract AddressVO    getAddressVO();
    public abstract void         setAddressVO(AddressVO adress);
    //N:1 Relation
    public abstract CustomerVO   getCustomerVO();
    public abstract void         setCustomerVO(CustomerVO customer);
    public abstract void         setDate(Date date);
    public abstract Date         getDate();
    public abstract void         setInvoiceNumber(String number);
    public abstract String       getInvoiceNumber();
    private void init() throws EJBException{
        try{
            this.jndiSettings = new Hashtable();
      this.jndiSettings.put(Context.INITIAL_CONTEXT_FACTORY,
"weblogic.jndi.WLInitialContextFactory");
            this.jndiSettings.put(Context.PROVIDER_URL, "t3://localhost:7001");
        this.serviceLocator = new ServiceLocatorEJB(this.jndiSettings);
```

Aggregate/Composite Entity

```
      }catch(Exception e){ }
    }
    public void addBook(BookVO bookVO){
        if(getBooks() == null)
           this.setBooks(new Vector());
        getBooks().addElement(bookVO);
    }
 public void removeAllBooks(){
      if(getBooks() == null)
         this.setBooks(new Vector());
      getBooks().removeAllElements();
 }
    public  int        getTotal(){
       //Businesslogic
        return retVal;
    }
 public InvoiceVO getInvoiceVO(){
   return new
InvoiceVO(this.getInvoiceNumber(),this.getDate(),this.getCustomerVO(),this.
getAddressVO(),this.getBooks());
    }
public String ejbCreate(String invoiceNumber,Date date) throws CreateException {
        this.setInvoiceNumber(invoiceNumber);
        this.setDate(date);
        return null;
    }

 public String ejbCreate(String invoiceNumber,CustomerVO customer,AddressVO
address,Date date) {
            this.setInvoiceNumber(invoiceNumber);
            this.setDate(date);
        return null;
    }
public void ejbPostCreate(String invoiceNumber,Date date)  {
  }
 public void ejbPostCreate(String invoiceNumber,CustomerVO customer,AddressVO
address,Date date){
            this.setCustomerVO(customer);
            this.setAddressVO(address);
    }
    public void ejbStore()   {  }
    public void ejbActivate()  {    this.init();    }
    public void ejbPassivate(){ }
    public void ejbLoad(){ }
    public void setEntityContext(EntityContext entityContext)  {
        this.entityContext = entityContext;
        this.init();
    }
    public void ejbRemove(){    }
    public void unsetEntityContext(){}
}
```

```java
public abstract class InvoiceBean implements EntityBean{
    private EntityContext entityContext = null;
    private Hashtable jndiSettings = null;
    private ServiceLocatorEJB serviceLocator = null;
    private final String ADDRESS_LOCAL_HOME_NAME  = "java:comp/env/ejb/
AddressBeanLocal";
    private final String CUSTOMER_LOCAL_HOME_NAME = "java:comp/env/ejb/
CustomerBeanLocal";
    private final String BOOK_LOCAL_HOME_NAME = "java:comp/env/ejb/BookBeanLocal";

    //1:N Relation
    public abstract Collection getBooks();
    public abstract void       setBooks(Collection collection);

    //1:1 Relation
    public abstract AddressLocal     getAddressLocal();
    public abstract void             setAddressLocal(AddressLocal adress);
    //N:1 Relation
    public abstract CustomerLocal    getCustomerLocal();
    public abstract void             setCustomerLocal(CustomerLocal customer);
    public abstract void       setDate(Date date);
    public abstract Date       getDate();
    public abstract void       setInvoiceNumber(String number);
    public abstract String     getInvoiceNumber();
    public AddressVO getAddressVO(){
        return  this.getAddressLocal().getAddressVO();
    }

    public CustomerVO getCustomerVO(){
        return this.getCustomerLocal().getCustomerVO();
    }
 private void init() throws EJBException{
   try{
   this.jndiSettings = new Hashtable();
   this.jndiSettings.put(Context.INITIAL_CONTEXT_FACTORY,
"weblogic.jndi.WLInitialContextFactory");
   this.jndiSettings.put(Context.PROVIDER_URL, "t3://localhost:7001");
   this.serviceLocator = new ServiceLocatorEJB(this.jndiSettings);
   }catch(Exception e){
 throw new EJBException("Problem activating InvoiceBean. Reason: " +
e.toString());
    }

    }
    public void       setCustomer(String customerID) throws FinderException{
        try{
            CustomerLocalHome home      =
(CustomerLocalHome)this.serviceLocator.getLocalHome(CUSTOMER_LOCAL_HOME_NAME);
            this.setCustomerLocal(this.findCustomer(customerID));
        }catch(Exception e) {}
    }
```

```java
    public void  setAddress(String addressID) throws FinderException{
        try{
    AddressLocalHome home   =
(AddressLocalHome)this.serviceLocator.getLocalHome(ADDRESS_LOCAL_HOME_NAME);
            this.setAddressLocal(this.findAddress(addressID));
        }catch(Exception e) {}
    }
    public void addBook(String bookID) throws FinderException{
        try{
            BookLocalHome home =
(BookLocalHome)this.serviceLocator.getLocalHome(BOOK_LOCAL_HOME_NAME);
            this.addBookLocal(this.findBook(bookID));
        }catch(Exception e) { }
    }
    public void removeAllBooks(){
      Collection books =  this.getBooks();
      Iterator iterator = books.iterator();
      while(iterator.hasNext()){
            iterator.remove();
      }
    }
    public void addBookLocal(BookLocal bookLocal){
      Collection books =  this.getBooks();
            books.add(bookLocal);
    }
    private AddressLocal findAddress(String addressID) throws Exception{
        AddressLocalHome home   =
(AddressLocalHome)this.serviceLocator.getLocalHome(ADDRESS_LOCAL_HOME_NAME);
        return home.findByPrimaryKey(addressID);
    }
 private BookLocal findBook(String bookID) throws Exception{
    BookLocalHome home  =
(BookLocalHome)this.serviceLocator.getLocalHome(BOOK_LOCAL_HOME_NAME);
        return home.findByPrimaryKey(bookID);
    }
    private CustomerLocal findCustomer(String customerID) throws Exception{
        CustomerLocalHome home   =
(CustomerLocalHome)this.serviceLocator.getLocalHome(CUSTOMER_LOCAL_HOME_NAME);
        return home.findByPrimaryKey(customerID);
    }
    public Collection getBookVOs(){
        ArrayList retVal = new ArrayList();
        Collection books = getBooks();
        Iterator iterator = books.iterator();
        while(iterator.hasNext()){
            retVal.add(((BookLocal)iterator.next()).getBookVO());
        }
        return retVal;
    }
    public InvoiceVO getInvoiceVO(){
```

```java
            return new
InvoiceVO(this.getInvoiceNumber(),this.getDate(),this.getCustomerVO(),this.
getAddressVO(),this.getBookVOs());
    }
    public  int         getTotal(){
        Collection books = getBooks();
        Iterator iterator = books.iterator();
        int retVal = 0;
        while(iterator.hasNext()){
            BookLocal book = (BookLocal)iterator.next();
            retVal += book.getPrice();
        }
        return retVal;
    }

    public String ejbCreate(String invoiceNumber,Date date) throws CreateException
{
        this.setInvoiceNumber(invoiceNumber);
        this.setDate(date);
        return null;
    }

    public String ejbCreate(String invoiceNumber,String customerID,String
addressID,Date date)throws CreateException{
        try{
            this.setInvoiceNumber(invoiceNumber);
            this.setDate(date);
        }catch(Exception e){
 throw new CreateException("Error creating InvoiceBean. Reason: " + e.toString());
        }
        return null;
    }
    public void ejbPostCreate(String invoiceNumber,Date date)  {   }
                //Relationship
    public void ejbPostCreate(String invoiceNumber,String customerID,String
addressID,Date date){
        try{
            this.setCustomer(customerID);
            this.setAddress(addressID);
        }catch(Exception e){
            throw new EJBException("Error setting the customer or billingaddress
in InvoiceBean.ejbPostCreate " + e.toString());
        }
    }
    public void ejbStore()   {    }
    public void ejbActivate()   {  this.init(); }
    public void ejbPassivate()   {  }
    public void ejbLoad(){  }
    public void setEntityContext(EntityContext entityContext)  {
        this.entityContext = entityContext;
        this.init();
```

```
        }
    public void ejbRemove(){ }
    public void unsetEntityContext(){ }
}
```

Meistens greift nicht nur der Applikationsserver auf die Daten der Datenbank zu, sondern auch andere Anwendungen tun dies. Diese werten die Daten der Tabellen unabhängig von dem Applikationsserver aus. In dem Fall ist es ratsam, die abhängigen Objekte auch als Entities zu modellieren. Diese Vorgehensweise ermöglicht die Benutzung der abhängigen Entities ohne den CE-Kontext. Die Wiederverwendbarkeit der Komponenten steigt mit diesem Ansatz. Zu diesem Zweck müssen natürlich sowohl das Remote-Interface als auch das Home-Remote-Interface zusätzlich definiert werden. Jede Entity kann durch eine Tabelle oder mehrere Tabellen repräsentiert werden.

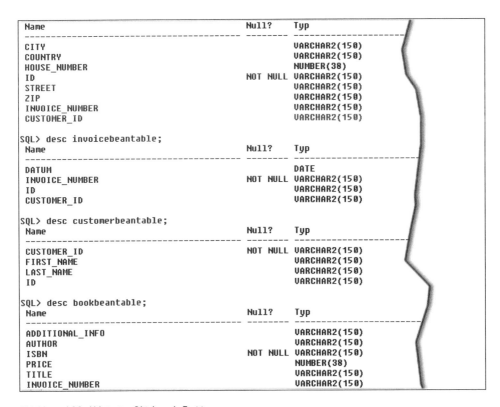

Abbildung 4.29: Abhängige Objekte als Entities

Die »abhängigen« Beans können weiterhin einfach gestaltet werden. Die com.abien.j2ee.ejb.aggregateentity.BookBean repräsentiert ein Buch in der Datenbank. Die einzige Abhängigkeit dieser Bean von der CE ist das notwendige Deployment in einer gemeinsamen ejb-jar-Datei.

```
public abstract class BookBean implements EntityBean {
    private EntityContext entityContext = null;
    public abstract void    setAdditionalInfo(String info);
    public abstract String  getAdditionalInfo();
    public abstract void    setAuthor(String author);
    public abstract String  getAuthor();
    public abstract void    setISBN(String isbn);
    public abstract String  getISBN();
    public abstract void    setTitle(String title);
    public abstract String  getTitle();
    public abstract void setPrice(int price);
    public abstract int  getPrice();
    public String ejbCreate(String isbn,String title,String author,int price){
        this.setISBN(isbn);
        this.setTitle(title);
        this.setAuthor(author);
        this.setPrice(price);
        return null;
    }
    public void ejbPostCreate(String isbn,String title,String author,int price){
    }
    public BookVO getBookVO(){
      return new BookVO(this.getISBN(),this.getAuthor(),this.getTitle(),this.getPrice(),this.getAdditionalInfo());
    }
    //
}
```

Auch das Local-Interface ist hier einfach und ermöglicht der CE einen performanten Zugriff auf die BookBean.

Die com.abien.j2ee.ejb.aggreagateentity.AddressBean repräsentiert lediglich die Adresse und ist auch von den restlichen Entities unabhängig. Diese kann auch von anderen Anwendungen wieder verwendet werden.

```
public abstract class AddressBean implements EntityBean{
    private EntityContext entityContext = null;
    public abstract void setStreet(String street);
    public abstract String getStreet();
    public abstract void setHouseNumber(int number);
    public abstract int getHouseNumber();
    public abstract void setCity(String city);
    public abstract String getCity();
    public abstract void setZip(String zip);
    public abstract String getZip();
    public abstract void setCountry(String zip);
    public abstract String getCountry();
    public abstract String getID();
    public abstract void setID(String id);
    public AddressVO getAddressVO(){
```

```
            return new
AddressVO(this.getID(),this.getCountry(),this.getZip(),this.getCity(),this.
getStreet(),this.getHouseNumber());
    }
    public String ejbCreate(String id,String country,String zip,String city,String
street,int housenumber){
        this.setID(id);
        this.setCountry(country);
        this.setZip(zip);
        this.setCity(city);
        this.setStreet(street);
        this.setHouseNumber(housenumber);
        return null;
    }
    public void ejbPostCreate(String id,String country,String zip,String
city,String street,int housenumber){
    }
//...
}
```

Die einzige Ausnahme stellt hier die com.abien.j2ee.ejb.aggregateentity.CustomerBean dar. Diese steht in einer 1-1 Beziehung zu der AddressBean und ist somit von ihr abhängig. Die CustomerBean greift über die Local-Interfaces der AddressBean auf ihre Daten zu. Auch die Beziehung lässt sich nur mit dem Interface AddressLocal aufbauen.

```
public abstract class CustomerBean implements EntityBean{
    //...
    private final String ADDRESS_LOCAL_HOME_NAME = "java:comp/env/ejb/
AddressBeanLocal";
    public abstract void   setFirstName(String firstName);
    public abstract String getFirstName();
    public abstract void   setLastName(String lastName);
    public abstract String getLastName();
    public abstract String getCustomerID();
    public abstract void   setCustomerID(String customerID);
    public abstract void   setAddressLocal(AddressLocal address);
    public abstract AddressLocal   getAddressLocal();

    //...other methods
  public void    setAddress(String addressID) throws FinderException{
    try{
      AddressLocalHome home    =
(AddressLocalHome)this.serviceLocator.getLocalHome(ADDRESS_LOCAL_HOME_NAME);
      this.setAddressLocal(this.findAddress(addressID));
       }catch(Exception e) {}
    }
    private AddressLocal findAddress(String addressID) throws Exception{
        AddressLocalHome home    =
(AddressLocalHome)this.serviceLocator.getLocalHome(ADDRESS_LOCAL_HOME_NAME);
        return home.findByPrimaryKey(addressID);
    }
```

```
   public AddressVO getAddressVO(){
       return this.getAddressLocal().getAddressVO();
   }
 public CustomerVO getCustomerVO(){
   return new
CustomerVO(this.getCustomerID(),this.getFirstName(),this.getLastName(),this.>
getAddressVO());
   }
 public String ejbCreate(String customerID,String firstName,String lastName,String
addressID)throws CreateException{
   try{
     this.setCustomerID(customerID);
     this.setFirstName(firstName);
     this.setLastName(lastName);
    }catch(Exception e){ }
       return null;
   }
 public void ejbPostCreate(String customerID,String firstName,String
lastName,String addressID) {
       try{
         this.setAddress(addressID);
       }catch(Exception e){ }
     }
 }
```

Die Beziehung zu der AddressBean darf aber erst in der Methode ejbPostCreate aufgebaut werden.

Falls der Applikationsserver der einzige »Client« der Datenbank ist, oder wenn die Daten nicht ausgewertet werden müssen, kann man die »abhängigen Objekte« auch als eigenständige, serialisierbare Klassen implementieren. In dem Fall werden diese jedoch in serialisierter Form in der Datenbank abgelegt und können in der Regel von anderen Programmen nicht sinnvoll verwendet werden.

Name	Schema	Datentyp	Größe
DATUM	<Kein>	DATE	
INVOICE_NUM...	<Kein>	VARCHAR2	150
ADDRESS_VO	<Kein>	RAW	1000
BOOKS	<Kein>	RAW	1000
CUSTOMER_VO	<Kein>	RAW	1000

Abbildung 4.30: Die BLOBs in der Datenbank

Auch die mächtigen Suchfunktionen einer Datenbank können hier nicht genutzt werden, da die Daten in binärer Form, normalerweise in RAWs oder BLOBs (Binary Large Objects) abgelegt sind. Ein weiteres Problem ist die Versionverwaltung der abgelegten

Daten. Es kann passieren, dass bei einer Strukturänderung der zu serialisierenden Klassen die bereits abgelegten Datensätze nicht mehr gelesen werden können. Abhilfe könnte hier die Implementierung des Interfaces java.io.Externalizable schaffen. Allerdings ist das mit zusätzlichem Aufwand verbunden. Ein weiterer Nachteil ist die schlechte Performance dieser Variante. Bei jeder Änderung der N-Seite, also der abhängiger Beans, muss der ganze Inhalt (alle abhängigen Objekte!) in die Datenbank geschrieben werden. Es werden also nicht nur die gerade geänderte Einheit, sondern alle Instanzen serialisiert und in der Tabellenspalte abgelegt. Mit der Anzahl der abhängigen Objekten wird die Performance zunehmend schlechter. Die Performance verschlechtert sich auch mit der wachsenden Komplexität der Objekte.

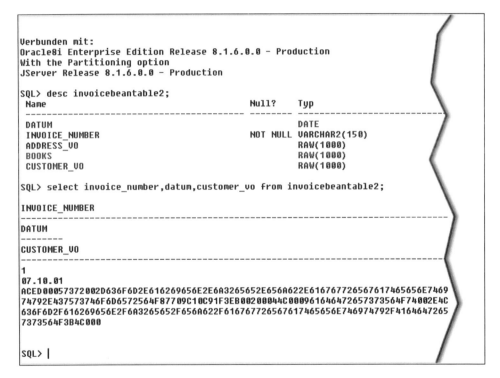

Abbildung 4.31: Abhängige Objekte als eigenständige Klassen

Diesmal gestaltet sich die Implementierung der Bean-Klasse denkbar einfach. Auf die CMR kann man hier gänzlich verzichten. Die »Beziehungsfelder« können als CMP-Felder deklariert werden. Diese werden dann automatisch in der Datenbank als Bytearrays abgelegt.

```
public abstract class InvoiceBean implements EntityBean{
    private EntityContext entityContext = null;
    //1:N Relation
```

```java
        public abstract Vector        getBooks();
        public abstract void          setBooks(Vector collection);
        //1:1 Relation
        public abstract AddressVO          getAddressVO();
        public abstract void               setAddressVO(AddressVO adress);
        //N:1 Relation
        public abstract CustomerVO         getCustomerVO();
        public abstract void               setCustomerVO(CustomerVO customer);
        public abstract void        setDate(Date date);
        public abstract Date        getDate();
        public abstract void        setInvoiceNumber(String number);
        public abstract String      getInvoiceNumber();

        public void addBook(BookVO bookVO){
            if(getBooks() == null)
                this.setBooks(new Vector());
          Vector retVal = getBooks();
          retVal.addElement(bookVO);
          this.setBooks(retVal);
        }
        public void removeAllBooks(){
            if(getBooks() == null)
                this.setBooks(new Vector());
    this.setBooks(new Vector());
      }
       public   int         getTotal(){
           if(getBooks() == null)
                this.setBooks(new Vector());
          Vector books = getBooks();
          Iterator iterator = books.iterator();
          int retVal = 0;
          while(iterator.hasNext()){
             BookVO book = (BookVO)iterator.next();
             retVal += book.getPrice();
          }
          return retVal;
      }
         public InvoiceVO getInvoiceVO(){
            return new
InvoiceVO(this.getInvoiceNumber(),this.getDate(),this.getCustomerVO(),this.
getAddressVO(),this.getBooks());
       }
        public String ejbCreate(String invoiceNumber,Date date) throws CreateException
{
            this.setInvoiceNumber(invoiceNumber);
            this.setDate(date);
            return null;
       }
        public String ejbCreate(String invoiceNumber,CustomerVO customer,AddressVO
address,Date date)throws CreateException{
            try{
```

```
                this.setInvoiceNumber(invoiceNumber);
                this.setDate(date);
                this.setCustomerVO(customer);
                this.setAddressVO(address);
          }catch(Exception e){
                throw new CreateException("Error creating InvoiceBean. Reason: " +
    e.toString());
          }
          return null;
      }
      public void ejbPostCreate(String invoiceNumber,Date date)  {  }
      public void ejbPostCreate(String invoiceNumber,CustomerVO customer,AddressVO
    address,Date date){  }

      public void ejbStore()   {  }
      public void ejbActivate()   {   }
      public void ejbPassivate()  {      }
      public void ejbLoad()  {     }
      public void setEntityContext(EntityContext entityContext)  {
          this.entityContext = entityContext;
      }
      public void ejbRemove(){      }
      public void unsetEntityContext()  {     }
    }
```

Die abhängigen Klassen können ohne die CE nicht existieren. Für den Lebenszyklus dieser Objekte ist hier die CE zuständig. Interessant ist hier auch, dass es sich bei den »abhängigen« Klassen um echte Value Objects handelt. Diese werden an den Client »per Value« zurückgegeben und können so wieder verwendet werden. Bei der Abhängigkeit der CE von den abhängigen Objekten kann hier auch von Komposition gesprochen werden.

Der Deployment Descriptor der Bean gestaltet sich auch deutlich einfacher, da die CMR-Einträge weggefallen sind. Alle Beziehungen werden als einfache CMP-Felder modelliert.

```
<ejb-jar>
  <display-name>invoiceejb</display-name>
  <enterprise-beans>
    <entity>
      <display-name>InvoiceBean</display-name>
      <ejb-name>InvoiceBean</ejb-name>
      <home>com.abien.j2ee.ejb.aggregateentity.InvoiceHome</home>
      <remote>com.abien.j2ee.ejb.aggregateentity.Invoice</remote>
  <ejb-class>com.abien.j2ee.ejb.aggregateentity.InvoiceBean</ejb-class>
      <persistence-type>Container</persistence-type>
      <prim-key-class>java.lang.String</prim-key-class>
      <reentrant>False</reentrant>
      <cmp-version>2.x</cmp-version>
      <abstract-schema-name>Invoice</abstract-schema-name>
```

```xml
            <cmp-field>
              <description>no description</description>
              <field-name>date</field-name>
            </cmp-field>
            <cmp-field>
              <description>no description</description>
              <field-name>addressVO</field-name>
            </cmp-field>
            <cmp-field>
              <description>no description</description>
              <field-name>books</field-name>
            </cmp-field>
            <cmp-field>
              <description>no description</description>
              <field-name>invoiceNumber</field-name>
            </cmp-field>
            <cmp-field>
              <description>no description</description>
              <field-name>customerVO</field-name>
            </cmp-field>
            <primkey-field>invoiceNumber</primkey-field>
            <security-identity>
              <description></description>
              <use-caller-identity></use-caller-identity>
            </security-identity>
            <query>
              <description></description>
              <query-method>
                <method-name>findAll</method-name>
                <method-params />
              </query-method>
              <ejb-ql>select object(o) from Invoice o</ejb-ql>
            </query>
      </entity>
   </enterprise-beans>
   <assembly-descriptor>
   <container-transaction>
        <method>
          <ejb-name>InvoiceBean</ejb-name>
          <method-name>*</method-name>
        </method>
        <trans-attribute>Required</trans-attribute>
     </container-transaction>
   </assembly-descriptor>
</ejb-jar>
```

Die Portierung dieser Bean auf die EJB 1.1 ist sehr einfach, da hier die CMR nicht verwendet wurde.

4.5.7 Performance

Die Performance der CE wurde auch in diesem Fall mit zwei Clients getestet. Der erste misst die Performance der CE, die mit Container Managed Relations implementiert wurde. Es werden hier 20 Datensätze für die BookBean erzeugt, ein Customer und schließlich die Inhalte der `InvoiceBean` zugewiesen.

```
public class PerformanceDataLoader{
 public static void main(String args[]) throws Exception{
 Hashtable jndiSettings = new Hashtable();
  jndiSettings.put(Context.INITIAL_CONTEXT_FACTORY,
"weblogic.jndi.WLInitialContextFactory");
  jndiSettings.put(Context.PROVIDER_URL, "t3://localhost:7001");
 ServiceLocator locator = ServiceLocator.getInstance(jndiSettings);
 AddressHome addressHome =(AddressHome) locator.getHome("AddressBean",true);
 BookHome  bookHome = (BookHome) locator.getHome("BookBean",true);
 CustomerHome customerHome=(CustomerHome)locator.getHome("CustomerBean",true);
 InvoiceHome invoiceHome=(InvoiceHome)locator.getHome("InvoiceBean",true);
  for(int i=0;i<20;i++){
     bookHome.create(i+"","Enterprise Java Frameworks","Adam Bien",i);
  }
  addressHome.create("1","Germany","80000","Heimstetten","Sonnen allee",1);
  customerHome.create("1","Adam","Bien","1");
   //buy books
  Invoice invoice = invoiceHome.create("1","1","1",new Date());
   for(int i=0;i<20;i++)
      invoice.addBook(i+"");
      System.out.println("Gesamtpreis: " + invoice.getTotal());
  }
 }
```

Bei dem Methodenaufruf `invoice.addBook()` wird lediglich der Primary Key der Book-Bean übergeben. Die Beziehung wird dann intern von der InvoiceBean verwaltet. Die einzelnen BookBeans wurden bereits erzeugt. Ähnlich wird die 1-1-Beziehung der Adresse zu dem Customer aufgebaut.

Über die Hälfte der Gesamtzeit beansprucht in dieser Auswertung die Erzeugung des Service Locators. Die Erzeugung der BookBeans (create Aufrufe) dauert hier in etwa eine Sekunde und beansprucht ca. 10,9 % der Gesamtzeit. Diese Zeit hängt allerdings stark von den Einstellungen des EJBContainers ab.

Die Übergabe des Primary Keys ist hier relativ schnell. Die 20 addBook Aufrufe dauern insgesamt nur ca. 1,3 % der Gesamtzeit. Auch hier sollten die Einstellungen des EJB-Containers berücksichtigt werden.

Der zweite Testclient benutzt eine andere InvoiceBean, die nicht mit CMR arbeitet. Aus diesem Grund besteht dieser Client nur aus einer for Schleife, in der sowohl die Bücher als auch die 1-N-Beziehung aufgebaut werden. Die 1-1-Beziehung zwischen dem Customer und seiner Adresse wurde hier nicht mit EJB, sondern mit VOs realisiert. Diese Beziehung wird also lokal auf dem Client aufgebaut.

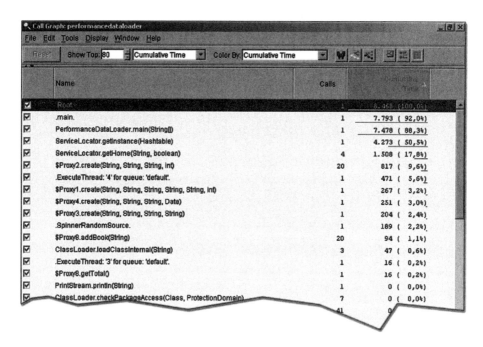

Abbildung 4.32: Die Performance der CE mit CMR

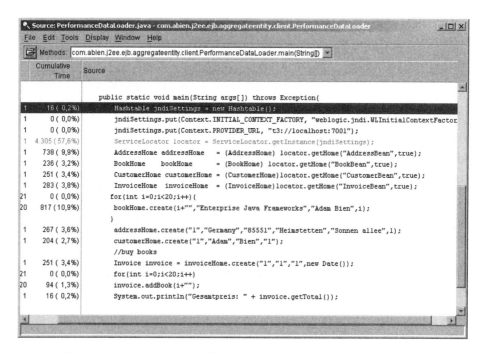

Abbildung 4.33: Die Methodenaufrufe des CE-Clients

Aggregate/Composite Entity

```java
public class PerformanceDataLoader{
   public static void main(String args[]) throws Exception{
     Hashtable jndiSettings = new Hashtable();
     jndiSettings.put(Context.INITIAL_CONTEXT_FACTORY,
"weblogic.jndi.WLInitialContextFactory");
     jndiSettings.put(Context.PROVIDER_URL, "t3://localhost:7001");
     ServiceLocator locator = ServiceLocator.getInstance(jndiSettings);
   InvoiceHome  invoiceHome =
(InvoiceHome)locator.getHome("InvoiceBeanDependent",true);
          //create address data
   AddressVO address1 = new AddressVO("1","Germany","85551","Heimstetten",
   "Sonnen allee",1);
         //create customer data
   CustomerVO customer1 = new CustomerVO("1","Adam","Bien",address1);
   Invoice invoice = invoiceHome.create("1",customer1,address1,new Date());
   for(int i=0;i<20;i++){
     invoice.addBook(new BookVO(i+"","Enterprise Java Frameworks","Adam
   Bien",i,"EJB,Servlets,Frameworks"));
    }
    System.out.println("Gesamtpreis: " + invoice.getTotal());
     }

 }
```

Name	Calls	Cumulative Time
Root	1	6.520 (100,0%)
.main.	1	5.907 (90,6%)
PerformanceDataLoader.main(String[])	1	5.609 (86,0%)
ServiceLocator.getInstance(Hashtable)	1	4.305 (66,0%)
ServiceLocator.getHome(String, boolean)	1	770 (11,8%)
.ExecuteThread: '4' for queue: 'default'.	1	456 (7,0%)
$Proxy1.create(String, CustomerVO, AddressVO, Date)	1	330 (5,1%)
.SpinnerRandomSource.	1	157 (2,4%)
$Proxy2.addBook(BookVO)	20	157 (2,4%)
ClassLoader.loadClassInternal(String)	3	31 (0,5%)
PrintStream.println(String)	1	0 (0,0%)
ClassLoader.checkPackageAccess(Class, ProtectionDomain)	7	0 (0,0%)
StringBuffer.append(String)	21	0 (0,0%)
StringBuffer.append(int)	21	0 (0,0%)
StringBuffer.toString()	21	0 (0,0%)
StringBuffer.<init>()	21	0 (0,0%)
Hashtable.put(Object		0 (0,0%)

Abbildung 4.34: Die Performance der CE ohne CMR

Die Performance dieses Clients ist im Allgemeinen etwas besser als die des vorherigen. Allerdings wird hier lediglich nur mit einer EJB gearbeitet. Alle abhängigen Objekte wurden als VOs modelliert. Ein Value Object kann hier lokal erzeugt und dann auf einmal übergeben werden.

Der Aufbau der Beziehung zwischen der InvoiceBean und der BookBean ist hier auch etwas performanter. Allerdings werden hier lediglich 20 Datensätze erzeugt. Mit der steigenden Anzahl der Datensätze ist sowohl die Performance als auch die Stabilität dieser Bean im Allgemeinen schlechter als die der CMR-Bean. Die Container-Klasse muss ja bei jeder Änderung in die Datenbank serialisiert werden:

```
//1:N Relation
  public abstract Vector    getBooks();
  public abstract void      setBooks(Vector collection);

  public void addBook(BookVO bookVO){
      if(getBooks() == null)
          this.setBooks(new Vector());
      Vector retVal = getBooks();
      retVal.addElement(bookVO);
      this.setBooks(retVal);
  }
```

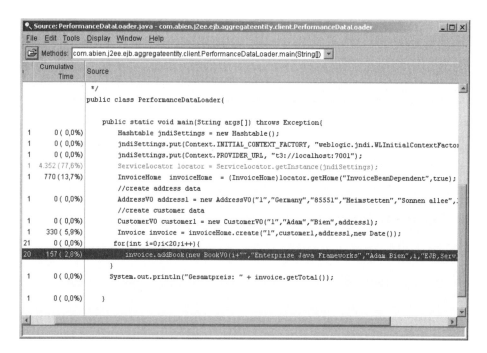

Abbildung 4.35: Die einzelnen Methodenaufrufe des Clients

4.5.8 Konsequenzen

Vorteile (CMR Lösung)

▶ Unabhängigkeit des Clients von dem verwendeten Datenmodell

▶ Die abhängigen Objekte können auch ohne die CE von dem Client benutzt werden.

▶ Die einzelnen Entities können auf eine oder mehrere Tabellen »gemapped« werden.

▶ Die Benutzung bereits vorhandener Schemata ist möglich.

Nachteile (CMR Lösung)

▶ Der Deployment Descriptor ist aufwändiger als der Descriptor der reinen EJB 1.1 Lösung.

▶ Für kleinere Datenbestände ist die Performance dieser Lösung etwas schlechter als die Serialisierung der Werte in die Datenbank.

Vorteile (EJB 1.1 Lösung mit Serialisierung)

▶ Die abhängigen Entities können als einfache Value Objects modelliert werden.

Nachteile (EJB 1.1 Lösung mit Serialisierung)

▶ Serialisierte Daten können schlecht ausgewertet werden.

▶ Die Suche im serialisierten Datenbestand ist ohne die Erzeugung von Java-Objekten nicht möglich und kann somit nicht direkt in der Datenbank durchgeführt werden.

▶ Lediglich die CE kann auf eine oder mehreren Tabellen »gemapped« werden, die abhängigen Objekte werden in eine Spalte (typischerweise vom Typ BLOB oder RAW) der CE Tabelle geschrieben.

4.5.9 Verwandte GoF Patterns

▶ Factory
▶ Adapter
▶ Façade

4.6 Value Object Assembler

4.6.1 Hintergrundinformation

Der Client (z.B. die Präsentationsschicht) braucht Daten, die aus verschiedenen Quellen der Geschäftslogikschicht stammen. Bei den Objekten kann es sich demzufolge um DAOs, Session und Entity Beans handeln.

4.6.2 Zweck

Verbesserung der Performance und Vereinfachung der clientseitigen Schnittstelle.

4.6.3 Problemstellung

Die Präsentationsschicht benötigt oft Daten, die aus mehreren Business Objekten stammen. Bei diesen Objekten handelt es sich um unabhängige Entities, die auch unabhängig voneinander deployed werden konnten. Diese können auch aus unterschiedlichen, voneinander entkoppelten Komponenten stammen. Die Daten werden oft gleichzeitig benötigt, um ein komplexeres Objekt z.B. für Darstellungszwecke bilden zu können. Da die Business Objekte voneinander entkoppelt sind, können diese nur eine Untermenge der benötigten Daten liefern.

Um trotzdem alle Daten darstellen zu können, bräuchte der Client spezifisches Wissen über die Infrastruktur der Geschäftslogikschicht. Die Abhängigkeiten der einzelnen Beans und sogar das Layout der Datenbank bei der Benutzung von DAOs müssten dem Client bekannt sein. Die Präsentationsschicht sollte aber eigentlich nur wenig über die Organisation der Daten oder die Geschäftslogik der Anwendung wissen. Bei Änderung der Geschäftslogikschicht müsste auch der Client in dem Fall angepasst werden. Eine Schicht, die den Client von der Komplexität der Datenbeschaffung abschirmen könnte, fehlt hier.

4.6.4 Anforderungen

▷ Die Präsentationsschicht sollte von den internen Strukturen der Geschäftslogikschicht entkoppelt werden. Die Beschaffung und Organisation der Daten sollte vollständig in der Geschäftslogikschicht stattfinden.

▷ Die direkte Verwendung der Geschäftslogik-Objekte sollte weiterhin möglich sein.

▷ Der Transport der Daten zwischen der Geschäftslogik und der Präsentationsschicht sollte in möglichst großen (groben) Value Objects stattfinden.

▷ Die Wiederverwendung und die gegenseitige Unabhängigkeit der Business Objekte sollte weiterhin gewährleistet sein.

4.6.5 Lösung

Eine zusätzliche Komponente wird eingeführt, die für die Koordination der Business Objekte und die Erzeugung komplexer, zusammengesetzter Value Objects zuständig ist. Diese Komponente übernimmt hier die typische Controller-Rolle und dient dem Client als Vermitttler. Der Client arbeitet direkt mit dem Controller, um die Daten der BOs zu erhalten.

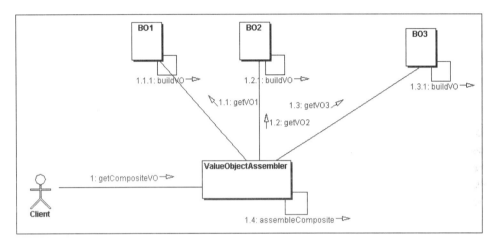

Abbildung 4.36: Der Value Object Assembler in der Rolle des Vermittlers

Der Value Object Assembler (kurz VOA) baut lediglich ein komplexes Value Object. Die Daten werden von den einzelnen BOs geliefert. Die Daten werden auch meistens in Form von VOs an den VOA übergeben.

Mit einem einzigen Methodenaufruf ist der Client in der Lage, die Daten aller beteiligten VOs zu erhalten. Die clientseitige Schnittstelle kann somit erheblich vereinfacht werden. Dieser Methodenaufruf entspricht hier dem »coarse grained«-Ansatz. Der VOA ruft in dieser Methode die Funktionalität der beteiligten BOs, um auf ihre Daten zugreifen zu können.

Die BOs bleiben in diesem Fall voneinander unabhängig, da diese sich nicht kennen müssen. Der VOA kennt jedoch alle BOs und ist an diese eng gekoppelt. Die enge Koppelung des VOAs schränkt auch seine Wiederverwendbarkeit in anderen Anwendungen ein. Ferner ist er von den BOs höchst abhängig und muss bei der Änderung eines BOs meistens auch selber angepasst werden.

Die Koppelung der Präsentationsschicht zu den BOs kann hier als »lose« bezeichnet werden, da die Präsentationsschicht lediglich die Daten und nicht die Schnittstelle der BOs kennt. Die Abhängigkeit der Präsentationsschicht von dem VOA ist auch hier ziemlich hoch. Da der VOA nur eine einfache Schnittstelle zur Verfügung stellt, wirkt sich diese Abhängigkeit nicht negativ auf die Wiederverwendbarkeit der Präsentationsschicht aus. Ferner können die vom Client benötigten Methoden in ein Interface ausgelagert werden. Mit diesem Ansatz verringert sich die Koppelung des Clients an die Implementierung des VOAs.

Der VOA kann durch unterschiedliche Objekttypen repräsentiert werden:

Entity Bean

Obwohl der Client nicht direkt auf eine Entity Bean zugreifen sollte, kann diese auch die Rolle des VOA übernehmen. Das beste Beispiel ist unsere bereits vorgestellte InvoiceBean, die eigentlich dem Composite/Aggregate-Pattern entspricht (siehe Seite 119). Diese Bean kennt abhängige Objekte, die in der Lage sind ihre Daten in Form von Value Objects zurückzugeben. Die Daten der Composite Entity (CE) setzen sich aus den Daten dieser Bean und noch zusätzlich den Daten der abhängigen Objekte zusammen.

```
public interface Invoice extends EJBObject{
    /*
     * other business methods...
     */
    public InvoiceVO getInvoiceVO() throws RemoteException;
    public AddressVO getAddressVO() throws RemoteException;
    public CustomerVO getCustomerVO() throws RemoteException;
}
```

Die abhängigen Objekte sind auch in der Lage, ihre Daten in Form von VOs an die CE zurückzugeben. Diese Composite Entity erlaubt dem Client, der in diesem Sonderfall durch eine Session Bean repräsentiert werden könnte, auch den direkten Zugriff auf die VOs der abhängigen Objekte. Die Methoden getAddressVO() und getCustomerVO() bieten diese Möglichkeit des direkten Zugriffs auf die »Teildaten« der Entity.

Die Methode getInvoiceVO() gibt allerdings hier das InvoiceVO zurück. Der Inhalt dieser Instanz repräsentiert hier den Zustand der CE. Es müssen also alle Daten der Entity in das VO gepackt werden:

```
public InvoiceVO getInvoiceVO(){
  return new
InvoiceVO(this.getInvoiceNumber(),this.getDate(),this.getCustomerVO(),this.
getAddressVO(),this.getBookVOs());
}
```

Das InvoiceVO setzt sich aus dem CustomerVO, AddressVO und einer Collection der BookVOs zusammen. Da in dem CE-Beispiel der Customer auch eine Adresse hat, hält das CustomerVO auch noch zusätzlich ein AddressVO.

In der Methode getInvoiceVO wird ein neues InvoiceVO mit den aktuellen Daten der Bean erzeugt. Diese Instanz wird an den Client zurückgegeben, wo sie dann »offline« gelesen werden kann. Die Performance kann so deutlich gesteigert werden, da der Client keine direkten Referenzen zu den abhängigen Entities benötigt.

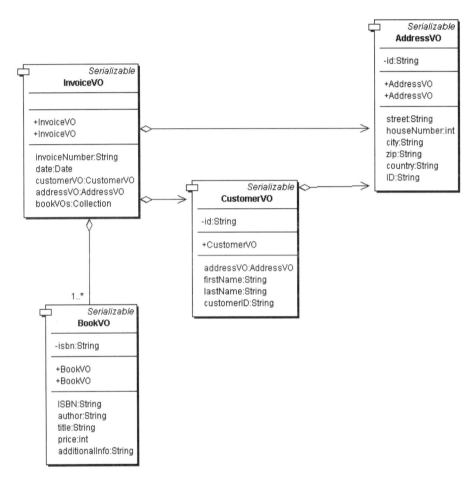

Abbildung 4.37: Die Zusammensetzung des InvoiceVOs

Das zusammengesetzte InvoiceVO hält neben den bereits erwähnten Value Objects auch noch zusätzliche Daten. Bei diesen Daten handelt es sich um die Attribute der InvoiceBean.

```
public class InvoiceVO implements Serializable{
    private String invoiceNumber  = null;
    private Date   date           = null;
    private CustomerVO customerVO = null;
```

```
        private AddressVO    addressVO   = null;
        private Collection bookVOs       = null;

        public InvoiceVO(String invoiceNumber,Date date,CustomerVO customerVO,AddressVO
        addressVO,Collection bookVOs){
             this.invoiceNumber = invoiceNumber;
             this.date          = date;
             this.customerVO    = customerVO;
             this.addressVO     = addressVO;
             this.bookVOs       = bookVOs;
        }

        public void setInvoiceNumber(String invoiceNumber){this.invoiceNumber =
        invoiceNumber;}
             public String getInvoiceNumber(){return this.invoiceNumber; }
             public void   setDate(Date date){this.date = date;}
             public Date   getDate(){return this.date;}
             public void setCustomerVO(CustomerVO customerVO){this.customerVO = customerVO;}
             public CustomerVO getCustomerVO(){ return this.customerVO; }
             public void setAddressVO(AddressVO addressVO){this.addressVO = addressVO;}
             public AddressVO  getAddressVO(){ return this.addressVO;}
             public void setBookVOs(Collection bookVOs){this.bookVOs = bookVOs;  }
             public Collection getBookVOs(){ return this.bookVOs; }
        }
```

Session Bean

Für die Umsetzung des VOA-Patterns eignet sich besser eine Session Bean, da diese direkt von dem Client (Präsentationsschicht) verwendet werden kann. In dem Fall kennt sie die Geschäftsobjekte, die für die Datenlieferung verantwortlich sind. Die Zuständigkeiten der Bean beschränken sich lediglich auf die Komposition der Daten. Es werden hier lediglich die gelieferten Daten gesammelt und in ein größeres Value Object gepackt. Dieses Objekt wird dann an den Client zurückgeschickt.

Die Benutzung der Stateful-Variante der Beans ermöglicht auch clientabhängiges Caching, was erheblich die Performance der Anwendung steigern kann. Auch die Tatsache, dass Session Beans eher für die Modellierung der Aktivitäten oder Prozesse geeignet sind, qualifiziert diese Komponenten besser für die Implementierung des VOA-Patterns.

Nicht nur das Caching, sondern auch die Art der Kommunikation der Beans verbessert hier die Performance der Anwendung. Eine Session Bean befindet sich in dem EJB-Container und ist somit in der Lage, auf die Entity Beans über ihre Local-Interfaces zuzugreifen.

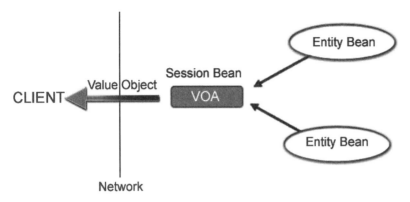

Abbildung 4.38: VOA implementiert als Session Bean

Es handelt sich also hier um lokale Methodenaufrufe, die wesentlich performanter sind als die Kommunikation über die Remote-Interfaces. Ein Remote-Aufruf der Session Bean kann in mehrere Local-Aufrufe im EJBContainer umgesetzt werden. Die Session Bean dient hier als Remote-Façade für die verschiedenen lokalen Methodenaufrufe.

```
public interface ShopMgrIF extends Remote{
  public BookShopVO[] getAllShops(String zipPrefix) throws RemoteException;
  public CategoryVO[] getAllCategoriesForShop(String shopName) throws
RemoteException;
}
public interface ShopMgr extends ShopMgrIF,EJBObject {
}
```

Clientseitige Komponente

Diese Variante ist leider nicht in der Lage, mit den EJBs über ihre Local-Interfaces zu kommunizieren. Die VOA-Komponente befindet sich jetzt auf dem Client, sodass lokale Aufrufe nicht mehr möglich sind. Es muss weiterhin über die Stubs und Skeletons mit dem Server kommuniziert werden. Die Netzwerkschicht verschiebt sich hier weiter in Richtung des EJBContainers, der Client kommuniziert mit der Klasse ShopMgrImpl über lokale Methodenaufrufe. Diese Komponente entspricht hier dem »coarse grained« Ansatz, d.h. sie besteht nur aus wenigen, in ihrer Funktionalität mächtigen Methoden. Die Zuständigkeit des VOAs beschränkt sich aber auf die Erzeugung von Value Objects. Die Methodenaufrufe werden somit an die EJBs delegiert. Diese liefern die für den Aufbau des Value Objects benötigten Daten.

Die VOA-Komponente muss mehrere solche Methoden aufrufen, um die benötigten Daten für den Aufbau des Value Objects zu erhalten. Die Netzwerklast erhöht sich, da der VOA über die Remote-Schnittstelle auf die Beans zugreifen muss. Ein lokaler VOA-Aufruf des Clients resultiert in mehreren EJB-Aufrufen.

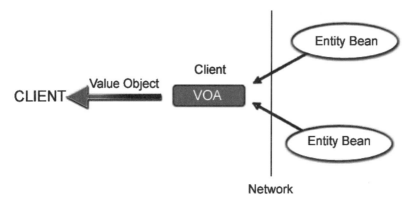

Abbildung 4.39: VOA implementiert als clientseitige Klasse

4.6.6 Praxis

Der clientseitige VOA wird verwendet, falls kein Zugriff auf die Local-Interfaces möglich ist. Da es sich hier um eine einfache Java-Klasse handelt, können die Vorteile der Container Managed Transactions einer EJB nicht in dieser Komponente genutzt werden. Das schränkt den Einsatz dieser VOA-Variante auf den Lesezugriff ein. Konsistente, gleichzeitige Updates mehrerer Entities sind lediglich mit der Verwendung des Interfaces javax.jta.UserTransaction möglich. Das verschlechtert die Performance, da die Transaktionen »ferngesteuert« werden müssen.

Beim lesendem Zugriff eignet sich diese Variante hervorragend für das Caching der bereits gelesenen Daten. Falls ein Datensatz bereits gelesen wurde, kann dieser lokal in der Instanz ShopMgrImpl abgelegt werden. Alle folgenden Zugriffe auf diesen Datensatz können »offline« abgearbeitet werden. Die Verbindung zum Applikationsserver wird nur noch zum Lesen von neuen Datensätzen benötigt. Um die Synchronisation des Caches mit dem Applikationsserver muss sich der Entwickler hier selbst kümmern.

Da es sich bei dieser Komponente um eine einfache, clientseitige Klasse handelt, darf diese nicht auf die Local-Interfaces der Bean zugreifen. Eine Entity Bean mit Container Managed Relations verwaltet ihre N-Beziehungen nur mit Hilfe der Local-Interfaces der abhängigen Beans. Auf die »getter«- und »setter«-Methoden, die zur Verwaltung dieser Beziehung notwendig sind, darf man nur über die Local-Interfaces zugreifen. Die Deklaration dieser Methoden in den Remote-Interfaces der Bean ist nicht erlaubt.

```
public interface BookShopLocal extends EJBLocalObject{
  //could be only invoked from "inside" the ejb-jar
  public Collection getCategories();
  public void setCategories(Collection collection);
}
```

Um trotzdem auf die N-Seite der Bean zugreifen zu können, muss man eine zusätzliche Methode definieren, die entweder die Daten der Beans (ein Value Object) oder die Primärschlüssel der Beans zurückgibt.

```
public interface BookShop extends EJBObject{
  //not possible to call this methods through this interface...
//public Collection getCategories();
//public void setCategories(Collection collection);
 public String[] getCategoriesNames() throws RemoteException;
}
```

Die Methode `getCategoriesNames()` gibt alle Primärschlüssel der Kategorien eines Shops zurück. Mit den Schlüsseln lassen sich mit Hilfe der Methode `findByPrimaryKey` des Interfaces `CategoryHome` die Implementierungen des Interfaces `Category` finden.

Um die Attribute auslesen zu können, sind allerdings weitere Aufrufe notwendig. Die Methode `getCategories` ist für das Suchen und Finden der Remote-Interfaces zuständig.

```
    private Collection getCategories(String[] names) {
        Collection retVal = new ArrayList();
        try{
        for(int i=0;i<names.length;i++){
         retVal.add(this.categoryHome.findByPrimaryKey(names[i]));
        }
        }catch(Exception e){    }
        return retVal;
       }
}
```

Das Interface `ShopMgrIF` wird von der Klasse `ShopMgrImpl` implementiert.

```
public interface ShopMgrIF extends Remote{
 public CompositeBookShopVO[]   getAllShops() throws
FinderException,RemoteException;
 public CompositeBookShopVO    getShop(String name) throws
FinderException,RemoteException;
}
```

Aus der Clientsicht ist die Implementierung des »Business Interfaces« austauschbar und kann bei Bedarf auch durch eine »echte« Session Bean-Implementierung ersetzt werden.

```
    public class ShopMgrImpl implements ShopMgrIF {
        private BookShopHome     shopHome        = null;
        private CategoryHome categoryHome    = null;
        private BookHome        bookHome    = null;
        //other attributes...
        private final String    BOOK_HOME_NAME          = "VOABookBean";
        private final String    CATEGORY_HOME_NAME      = "CategoryBean";
        private final String    SHOP_HOME_NAME          = "BookShopBean";
```

```
    private final String ALL_KEY           = "ALL";
    public ShopMgrImpl() throws Exception{
       this(false);
    }
    public ShopMgrImpl(boolean cached) throws Exception{
       this.cached = cached;
       this.init();
    }
  private void init() throws Exception{
       //Appserver dependent jndi settings...
    this.serviceLocator = new ServiceLocatorEJB(this.jndiSettings);
  this.shopHome = (BookShopHome)this.serviceLocator.getHome(SHOP_HOME_NAME);
  this.categoryHome =
(CategoryHome)this.serviceLocator.getHome(CATEGORY_HOME_NAME);
  this.bookHome = (BookHome)this.serviceLocator.getHome(BOOK_HOME_NAME);
       //cache initialization
    }
  public CompositeBookShopVO[] getAllShops() throws RemoteException,FinderException
{
  CompositeBookShopVO retVal[] = null;
  if(this.cached)
    retVal = (CompositeBookShopVO[])this.shopResultCache.get(ALL_KEY);
  if(retVal==null){
    retVal = this.collectionOfBookShopsToVo(this.shopHome.findAll());
  if(this.cached)
      this.shopResultCache.put(ALL_KEY,retVal);
    }
    return retVal;
  }
    public void clearCache() { //clearing the cache    }
    private CategoryVO[] collectionOfCategoriesToVo(Collection collection)throws
RemoteException{
        CategoryVO value[] = null;
        Iterator iterator = collection.iterator();
        ArrayList list = new ArrayList();
        while(iterator.hasNext()){
            list.add(((Category)iterator.next()).getCategoryVO());
        }
        value = new CategoryVO[list.size()];
        for(int i=0;i<value.length;i++){
            value[i] = (CategoryVO)list.get(i);
        }
        return value;
    }
     private Collection collectionOfCategoriesToVoCollection(Collection
collection) throws RemoteException{
        CategoryVO value[] = null;
        Iterator iterator = collection.iterator();
        ArrayList list = new ArrayList();
        while(iterator.hasNext()){
            list.add(((Category)iterator.next()).getCategoryVO());
```

Value Object Assembler

```
            }
        return list;
    }
   private CompositeBookShopVO[] collectionOfBookShopsToVo(Collection collection)
throws RemoteException{
        Iterator iterator = collection.iterator();
        ArrayList list = new ArrayList();
        ArrayList compositeList = new ArrayList();
        CompositeBookShopVO[] retVal = null;
       while(iterator.hasNext()){
           BookShop shop = (BookShop)iterator.next();
             //1: Site
BookShopVO bookVO = new BookShopVO(shop.getName(),shop.getDescription());
             //:N Site
 ArrayList categ = new ArrayList();
 Collection categories = this.getCategories(shop.getCategoriesNames());
 Iterator  categoriesIterator = categories.iterator();
  while(categoriesIterator.hasNext()){
    Category category = (Category)categoriesIterator.next();
           categ.add(category.getCategoryVO());
    }
 CompositeBookShopVO composite = new CompositeBookShopVO(bookVO,categ);
 compositeList.add(composite);
    }
        retVal = new CompositeBookShopVO[compositeList.size()];
        for(int i=0;i<compositeList.size();i++){
            retVal[i] = (CompositeBookShopVO)compositeList.get(i);
        }
        return retVal;
    }
public CompositeBookShopVO getShop(String name) throws
FinderException,RemoteException{
        if(name == null)
            return null;
   CompositeBookShopVO retVal = null;
  if(this.cached){
    retVal = (CompositeBookShopVO)this.shopResultCache.get(name);
   if(retVal==null){
   BookShop bookShop = this.shopHome.findByPrimaryKey(name);
    BookShopVO    bookShopVO = new
BookShopVO(bookShop.getName(),bookShop.getDescription());
  retVal = new
CompositeBookShopVO(bookShopVO,this.collectionOfCategoriesToVoCollection(this.
getCategories(bookShop.getCategoriesNames())));
         if(this.cached && retVal != null)
             this.shopResultCache.put(name,retVal);
  }
  }
  return retVal;
    }
   private Collection getCategories(String[] names) {
```

```
        //implementation already shown
    }
}
```

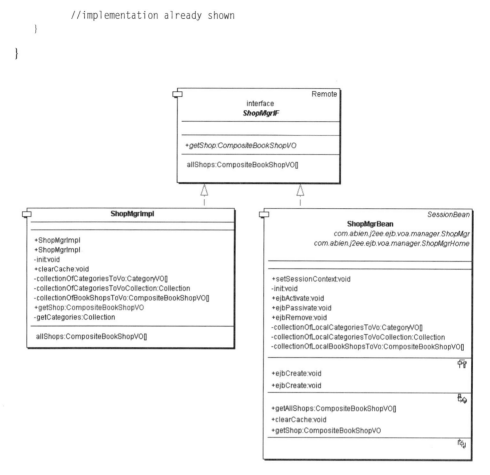

Abbildung 4.40: Die Implementierungen des Interfaces ShopMgrIF

Bei der Implementierung des VOA durch eine Session Bean können alle Features der EJB 2.0 eingesetzt werden. Um aber auf die Local-Interfaces der »Datenlieferanten« zugreifen zu können, muss die Session Bean zusammen mit ihnen in einem ejb-jar-Archiv deployed werden.

Die Session Bean ist dann in der Lage, alle in dem ejb-jar befindlichen Beans über ihre Local-Interfaces anzusprechen. Diese Tatsache ermöglicht den direkten Zugriff auf die CMR-Felder der Entities. Somit ist der Umweg über die Primärschlüssel nicht mehr notwendig. Man kann direkt über den Aufruf getCategories() des Local-Interfaces auf die »N-Seite« zugreifen. Da es sich dabei um einen lokalen Methodenaufruf handelt, lässt sich die Performance deutlich verbessern.

Abbildung 4.41: Die Struktur des Archivs ejb-jar

Bei der Benutzung einer Stateful Session Bean ist auch das clientseitige Caching möglich. Somit lassen sich die Daten clientabhängig auf der Middletier »cachen«. Die Entity Beans werden bei einem »Cache Hit« nicht mehr angesprochen. Der bereits gelesene Datensatz wird an den Client zurückgegeben.

Der Client kommuniziert aber über das Remote-Interface mit der Session Bean, sodass hier trotzdem mindestens eine »remote«-Methode aufgerufen werden muss. Die Transaktionssteuerung kann hier allerdings komplett von dem EJBContainer übernommen werden. Diese müssen nicht mehr vom Client aus verwaltet werden, was sich positiv auf die Performance auswirkt.

```
public class ShopMgrBean implements SessionBean, ShopMgrIF {
    private BookShopLocalHome   shopHome        = null;
    private CategoryLocalHome   categoryHome    = null;
    private BookLocalHome       bookHome        = null;

    private void init() throws RemoteException{
        try{
//creating the jndi settings
this.serviceLocator = new ServiceLocatorEJB(this.jndiSettings);
this.shopHome =
(BookShopLocalHome)this.serviceLocator.getLocalHome(SHOP_LOCAL_HOME_NAME);
this.categoryHome =
(CategoryLocalHome)this.serviceLocator.getLocalHome(CATEGORY_LOCAL_HOME_NAME);
this.bookHome =
(BookLocalHome)this.serviceLocator.getLocalHome(BOOK_LOCAL_HOME_NAME);
        //initializing the cache
        }catch(Exception e){    }
    }
```

```java
public CompositeBookShopVO[] getAllShops() throws FinderException {
    CompositeBookShopVO retVal[] = null;
    if(this.cached)
        retVal = (CompositeBookShopVO[])this.shopResultCache.get(ALL_KEY);
        if(retVal==null){
            retVal = this.collectionOfLocalBookShopsToVo(this.shopHome.findAll());
            if(this.cached)
                this.shopResultCache.put(ALL_KEY,retVal);
        }
        return retVal;
}
public void clearCache() {
    System.out.println("ShopMgrBean.clearCache invoked !");
    this.bookResultCache     = new HashMap();
    this.categoryResultCache = new HashMap();
    this.shopResultCache     = new HashMap();
}
private CategoryVO[] collectionOfLocalCategoriesToVo(Collection collection){
    CategoryVO value[] = null;
    Iterator iterator = collection.iterator();
    ArrayList list = new ArrayList();
    while(iterator.hasNext()){
        list.add(((CategoryLocal)iterator.next()).getCategoryVO());
    }
    value = new CategoryVO[list.size()];
    //copy the collection to an array
    return value;
}
private Collection collectionOfLocalCategoriesToVoCollection(Collection collection){
    Iterator iterator = collection.iterator();
    ArrayList list = new ArrayList();
    while(iterator.hasNext()){
        list.add(((CategoryLocal)iterator.next()).getCategoryVO());
    }
    return list;
}
private CompositeBookShopVO[] collectionOfLocalBookShopsToVo(Collection collection){
    Iterator iterator = collection.iterator();
    ArrayList list = new ArrayList();
    ArrayList compositeList = new ArrayList();
    CompositeBookShopVO[] retVal = null;
    while(iterator.hasNext()){
        BookShopLocal shopLocal = (BookShopLocal)iterator.next();
        //1: Site
        BookShopVO bookVO = new BookShopVO(shopLocal.getName(),shopLocal.getDescription());
        //:N Site
        ArrayList categ = new ArrayList();
        Iterator  categoriesIterator = shopLocal.getCategories().iterator();
```

```
     while(categoriesIterator.hasNext()){
       CategoryLocal local = (CategoryLocal)categoriesIterator.next();
           categ.add(local.getCategoryVO());
        }
  CompositeBookShopVO composite = new CompositeBookShopVO(bookVO,categ);
        compositeList.add(composite);
       }
         retVal = new CompositeBookShopVO[compositeList.size()];
         //copy the collection to an array
          return retVal;
       }
 public CompositeBookShopVO getShop(String name) throws FinderException{
   if(name == null)
        return null;
   CompositeBookShopVO retVal = null;
   if(this.cached){
       retVal = (CompositeBookShopVO)this.shopResultCache.get(name);
   if(retVal==null){
     BookShopLocal bookShop = this.shopHome.findByPrimaryKey(name);
   BookShopVO bookShopVO = new
 BookShopVO(bookShop.getName(),bookShop.getDescription());
   retVal = new
 CompositeBookShopVO(bookShopVO,this.collectionOfLocalCategoriesToVoCollection
 (bookShop.getCategories()));
         if(this.cached && retVal != null)
           this.shopResultCache.put(name,retVal);
             }
           }
       return retVal;
       }
  }
    public void ejbCreate(){ this.cached = false;}
    public void ejbCreate(boolean cached){
         this.cached = cached;
     }
    public void ejbActivate() {
         try{
             this.init();
         }catch(Exception e){  }
     }
     public void ejbPassivate(){    }
     public void ejbRemove(){ }
```

4.6.7 Performance

In diesem Beispiel wurde die Performance mit Hilfe von zwei Clients getestet, die alle Datensätze (insgesamt 1.000) fünfmal gelesen haben. Beginnen wir zuerst mit der einfachen Implementierung. Der Client holt sich alle Shops und liest diese rekursiv aus. Nach dem Aufruf `getAllShops()` wird nur noch lokal, d.h. auf dem Client, gearbeitet, da nur ein erzeugtes Value Object ausgelesen wird. Dieses Objekt setzt sich aus den im `ShopMgrImpl` gewonnenen Daten zusammen.

```
public class VOAClient{
   public static void main(String args[]) throws Exception{
      boolean cacheOn = false;
      if(args.length > 0 )
         cacheOn = true;
      ShopMgrIF shopMgr = new ShopMgrImpl(cacheOn);
      // additional loops to test the caching
      for(int k=0;k<5;k++){
         CompositeBookShopVO composite[] = shopMgr.getAllShops();
         for(int i=0;i<composite.length;i++){
            CompositeBookShopVO compositeBookShop =  composite[i];
            BookShopVO bookShopVO = compositeBookShop.getBookShopVO();
            Iterator categories = compositeBookShop.getCategories().iterator();
            while(categories.hasNext()){
               CategoryVO category = (CategoryVO)categories.next();
               Iterator     books     = category.getBooks().iterator();
               while(books.hasNext()){
                  BookVO bookVO = (BookVO)books.next();
               }
            }
         }
      }
   }
}
```

Die erste Messung wurde mit ausgeschaltetem Cache durchgeführt. Die Erzeugung des `ShopMgrImpl` dauert hier ganze 6 Sekunden. Ein kurzer Blick in den Konstruktor der Klasse erklärt hier die Dauer des Aufrufs. Im Konstruktor wird nämlich die private Methode `init()` aufgerufen. Diese initialisiert den `InitialContext` und holt alle Remote-Home-Referenzen. Diese Vorgänge sind relativ komplex, was hier die lange Dauer des Aufrufs erklärt. Allerdings lässt sich die Instanz `ShopMgrImpl` gut wieder verwenden, sodass dieser Aufwand nicht jedes Mal erforderlich ist.

```
private void init() throws Exception{
  this.jndiSettings = new Hashtable();
  this.jndiSettings.put(Context.INITIAL_CONTEXT_FACTORY,
"weblogic.jndi.WLInitialContextFactory");
  this.jndiSettings.put(Context.PROVIDER_URL, "t3://localhost:7001");
  this.serviceLocator = new ServiceLocatorEJB(this.jndiSettings);
    this.shopHome = (BookShopHome)this.serviceLocator.getHome(SHOP_HOME_NAME);
  this.categoryHome =
(CategoryHome)this.serviceLocator.getHome(CATEGORY_HOME_NAME);
  this.bookHome = (BookHome)this.serviceLocator.getHome(BOOK_HOME_NAME);
  this.bookResultCache = new HashMap();
  this.categoryResultCache = new HashMap();
  this.shopResultCache = new HashMap();
   }
```

Der Aufruf der Methode `getAllShops()` dauert auch ganze 6 Sekunden. Diese Methode baut das `CompositeBookShopVO` zusammen. Dieses Value Object bildet die 1-N-Beziehung des Shops zu seinen Kategorien nach. Es besteht aus dem `BookShopVO` und einer Collection der CategoryVOs.

Value Object Assembler

```java
public class CompositeBookShopVO implements Serializable{
    private BookShopVO bookShopVO = null;
    private Collection categories = null;
    public CompositeBookShopVO(BookShopVO bookShopVO,Collection categories){
        this.bookShopVO = bookShopVO;
        this.categories = categories;
    }
      public BookShopVO getBookShopVO(){ return this.bookShopVO; }
      public Collection getCategories(){ return this.categories; }
}
```

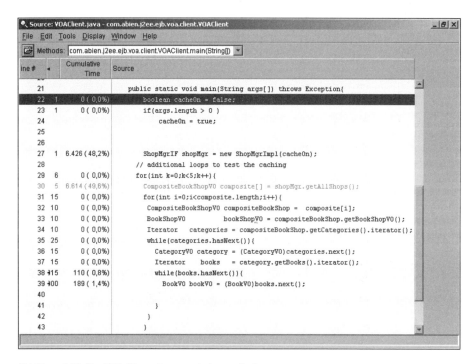

Abbildung 4.42: Der VOA-Client mit ausgeschaltetem Cache

Ein `CategoryVO` bildet wiederum die 1-N-Beziehung einer Kategorie zu ihren Büchern nach.

```java
public class CategoryVO implements Serializable{
    private String name         = null;
    private String description  = null;
    private Collection books    = null;

    public CategoryVO(String name,String description,Collection books){
      this.name = name;
      this.description = description;
      this.books = books;
```

```
       }
       void setName(String name) {this.name = name;}
       public String getName(){return this.name;}
       public  String getDescription() {return this.description;}
       void setDescription(String description) {this.description = description;}
       public  Collection getBooks() {return this.books;}
       void setBooks(Collection books) {this.books = books;}
}
```

Es werden also alle Daten auf einmal vom Server geholt. Diese Vorgehensweise ist natürlich nur sinnvoll, wenn die Datenmenge noch in den Speicher des Clients passt. Ansonsten droht hier eine java.lang.OutOfMemoryError geworfen zu werden.

Die zweite Messung wurde mit eingeschaltetem Cache durchgeführt.

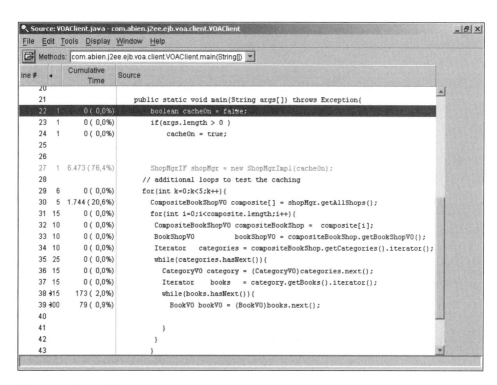

Abbildung 4.43: Der VOA-Client mit ausgeschaltetem Cache

Die 5 Aufrufe der Methode getAllShops dauern jetzt nur noch ca. 2 Sekunden. Somit wurden ganze 4 Sekunden gespart. Das Verhältnis wird noch extremer, wenn die Anzahl der Durchläufe erhöht wird oder eine schlechte Netzwerverbindung zwischen dem Client und dem Server besteht.

Value Object Assembler

Wie sieht es hier mit der Performance bei der Benutzung einer Stateful Session Bean als Implementierung für den VOA aus?

Zunächst musste unser Client für die Benutzung einer Session Bean leicht modifiziert werden, da diese sich natürlich nicht auf dem Client erzeugen lässt. Stattdessen wird zunächst die Home-Instanz mit Hilfe des Service Locators geholt. Das erzeugte Remote-Interface implementiert hier unsere Business-Schnittstelle. Ab diesem Zeitpunkt weiß der Client überhaupt nicht, dass gerade mit einer EJB gearbeitet wird.

```
public class EJBVOAClient{
    public static void main(String args[]) throws Exception{
        boolean cacheOn = false;
        if(args.length > 0 )
            cacheOn = true;
   Hashtable jndiSettings = new Hashtable();
   jndiSettings.put(Context.INITIAL_CONTEXT_FACTORY,
"weblogic.jndi.WLInitialContextFactory");
    jndiSettings.put(Context.PROVIDER_URL, "t3://localhost:7001");
    ServiceLocator locator = ServiceLocator.getInstance(jndiSettings);
    ShopMgr shopMgr = ((ShopMgrHome)
locator.getHome("ShopMgrBean",true)).create(cacheOn);
    // additional loops to test the caching
    for(int k=0;k<5;k++){
        CompositeBookShopVO composite[] = shopMgr.getAllShops();
    for(int i=0;i<composite.length;i++){
      CompositeBookShopVO compositeBookShop =  composite[i];
      BookShopVO bookShopVO = compositeBookShop.getBookShopVO();
      Iterator categories = compositeBookShop.getCategories().iterator();
          while(categories.hasNext()){
            CategoryVO category = (CategoryVO)categories.next();
            Iterator    books   = category.getBooks().iterator();
            while(books.hasNext()){
              BookVO bookVO = (BookVO)books.next();
            }
          }
        }
      }
    }
  }
```

Anfangs wurde auch hier die Performance dieser Variante ohne den Einsatz vom Cache untersucht. Es ergaben sich folgende Werte (siehe Abbildung 4.44).

Auch hier dauert die Erzeugung des Service Locators und des Remote-Interfaces insgesamt ca. 6 Sekunden, der Aufruf `getAllShops` nur ca. 5,5 Sekunden.

Die nächste Untersuchung wurde mit eingeschaltetem Cache durchgeführt. Alle Daten werden dann clientabhängig in der `ShopMgrBean` gehalten, sodass die Kommunikation mit den Entities bei einem »Cache Hit« nicht mehr notwendig ist.

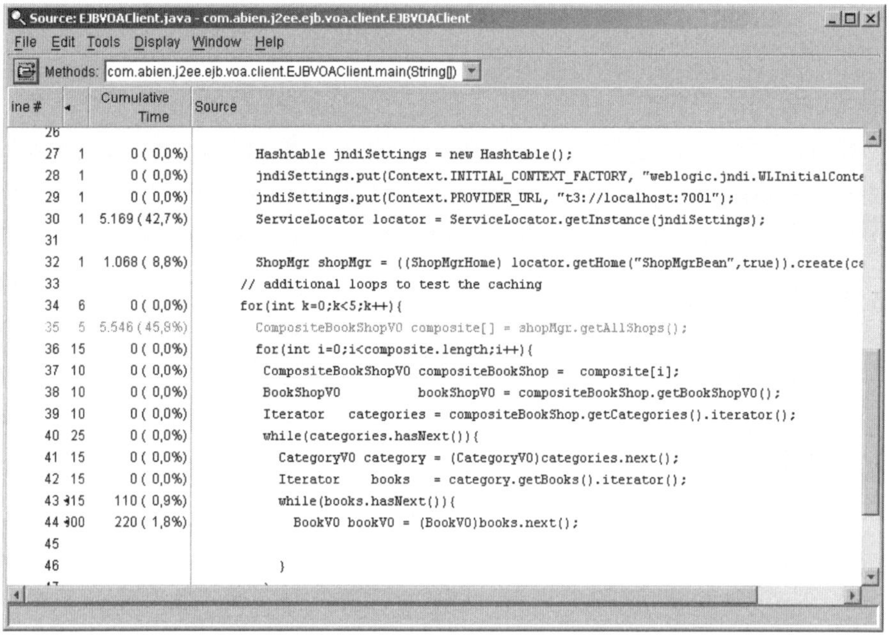

160   4 Die Geschäftslogik-Schicht (Business Tier)

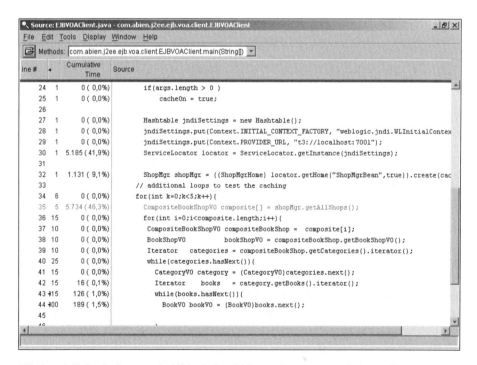

Abbildung 4.44: Die Performance des VOAs als Stateful Session Bean mit ausgeschaltetem Cache

Abbildung 4.45: Die Performance des VOAs als Stateful Session Bean mit eingeschaltetem Cache

Die Erzeugung des Service Locators und das Suchen nach der Home-Instanz ist natürlich genauso aufwändig wie die »No Cache«-Variante. Interessanterweise konnte die Performance des Aufrufs getAllShops nicht verbessert werden. Die Cache-Einstellung scheint die Gesamtperformance der Anwendung nicht beeinflussen zu können.

Um dieses Phänomen näher untersuchen zu können, wurde hier das Monitoring des WebLogic 6.1 Applikationsservers verwendet. Zuerst wurde das Verhalten der Entities bei ausgeschaltetem Cache beobachtet.

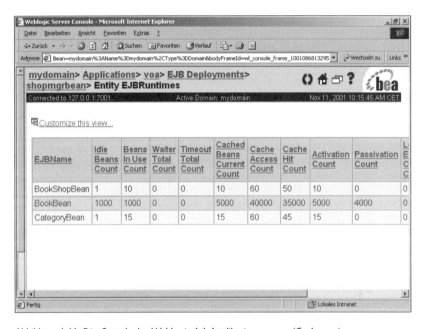

Abbildung 4.46: Die Console des WebLogic 6.1 Applikationsservers (Cache aus)

Wie erwartet kann man aus der Console ablesen, dass auf die BookBean insgesamt 5.000 Mal zugegriffen wurde. Auf den Cache des Servers wurde insgesamt 40.000 Mal zugegriffen, wobei 35.000 Anfragen mit Erfolg beantwortet werden konnten. Ganze 5.000 Mal mussten die Daten aus der Datenbank geholt werden, da sie nicht im Cache des Servers gefunden werden konnten.

Bei eingeschaltetem Cache wurde auf die Bean nur 1.000 Mal zugegriffen. Alle anderen Abfragen konnten direkt von der ShopMgrBean bearbeitet werden. Die restlichen 4.000 Mal wurde die Entity Bean gar nicht angesprochen, was auch das Ziel unserer Vorgehensweise war. Im Verhältnis ergibt sich hier ein ähnliches Bild: 7.000 Anfragen konnten mit Erfolg aus dem Cache beantwortet werden. Bei 1.000 Anfragen mussten auch hier die Datensätze aus der Datenbank geholt werden, da diese noch nicht im Cache vorhanden waren.

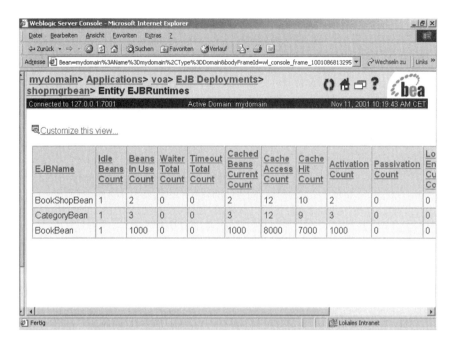

Abbildung 4.47: Die Console des WebLogic 6.1 Applikationsservers (Cache ein)

Nach dem Vergleich der beiden Auswertungen fällt auf, dass die »Cache Hit«-Zugriffe die Gesamtperformance nicht zu beeinflussen scheinen.

Die `ShopMgrBean` greift hier auf die Entities über ihre Local-Interfaces zu. Diese Vorgehensweise ist natürlich sehr performant, da hier ohne die Stubs und Skeletons gearbeitet wird. Da fast alle Anfragen direkt aus dem Cache beantwortet werden konnten, war die Performance auch hier sehr gut.

Bei näherer Betrachtung der Methode kann man feststellen, dass bei eingeschaltetem Cache die `ShopMgrBean` mehr zu tun hat. Es muss jedes Mal überprüft werden, ob sich der benötigte Datensatz im Cache befindet. Falls nicht, wird dieser geholt und im Cache gespeichert. Schließlich wird das Value Object an den Client zurückgegeben.

```
public CompositeBookShopVO[]   getAllShops() throws FinderException {
CompositeBookShopVO retVal[] = null;
  if(this.cached)
    retVal = (CompositeBookShopVO[])this.shopResultCache.get(ALL_KEY);
  if(retVal==null){
  retVal=this.collectionOfLocalBookShopsToVo(this.shopHome.findAll());
  if(this.cached)
     this.shopResultCache.put(ALL_KEY,retVal);
     }
     return retVal;
  }
```

Nicht nur die hohe Komplexität, sondern auch noch die Art und Weise, wie die Daten von der Middletier zu dem Client transportiert werden, beeinflusst hier negativ die Performance dieser Variante. Dadurch, dass die Daten auf der Middletier erzeugt und gecached werden, müssen diese auch zum Client transportiert werden. Bei den Daten handelt es sich um ein Array der `CompositeBookShopVO`. Diese Instanz hält wiederum andere Value Objects, sodass der Serialisierungsaufwand beträchtlich ausfallen kann. Je komplexer bzw. rekursiver die Datenstruktur ist, desto langsamer die Serialisierung. In unserem Fall werden sehr viele Objekte zum Client transportiert, sodass hier auch das »Bottleneck« der Anwendung liegt. Je einfacher die Struktur des Value Objects, desto schneller können seine Daten von der Middletier zum Client transportiert werden.

Bei einem Applikationsserver, der in der Lage ist die Entity-Instanzen zu poolen, lohnt sich die Implementierung des Caches auf der Middletier auf den ersten Blick nicht. Da man jedoch die Anwendungen applikationsssserverunabhängig entwerfen sollte, ist die Implementierung des Caches empfehlenswert. Bei anderen Applikationsservern könnte der Zugriffsaufwand auf ein Local-Interface höher sein, als dies bei WebLogic der Fall ist. Bei hoher Last könnte die Performance der »No Cache«-Variante degradieren, da die Zugriffszeiten auf die Entity Beans sich verschlechtern können.

Fall das Caching auf der Middletier nicht erforderlich sein sollte, ist es empfehlenswert, die Session Bean als »stateless« zu deployen, da diese besser skaliert als die »stateful« Variante. So könnte die Zugriffsgeschwindigkeit noch geringfügig verbessert werden.

4.6.8 Konsequenzen

Vorteile

- ▶ Der Client wird von der Implementierung der Middletier abgeschirmt. Die einzige Koppelung zwischen dem Client und der Middletier wird durch das Value Object repräsentiert.

- ▶ Die Struktur der Geschäftslogik ist austauschbar. Der Client ist nur von den Daten und nicht ihrer Beschaffung abhängig.

- ▶ Durch die Einführung einer VOA-Komponente, lassen sich die Daten mehrerer Beans zusammenfassen und so auf einfache Art und Weise dem Client bereitstellen. Die Wiederverwendbarkeit einzelner Datenlieferanten kann somit erhöht werden.

Nachteile

- ▶ Die Datenmenge, die auf den Client transportiert wird, kann beträchtlich sein.

- ▶ Der VOA eignet sich nicht so gut für Clients, die auch schreibend auf die BOs zugreifen wollen.

▶ Der VOA ist von der Schnittstelle der »Datenlieferanten« abhängig. Die Robustheit der Anwendung leidet unter dieser Tatsache, da bei Änderung der Entities auch der VOA geändert werden muss.

▶ Die Hauptaufgabe des VOAs besteht in der Bereitstellung einer möglichst einfachen, clientseitigen Schnittstelle. Diese Tatsache koppelt den VOA eng an die Anwendung. Dies schränkt die Wiederverwendbarkeit des VOA ein.

Vorteile (Entity Bean als VOA)

▶ Der Aufbau von Composite Value Objects wird bereits in der Persistenzschicht erledigt.

▶ Die Container Manager Relations (EJB 2.0) unterstützen hier diesen Ansatz auf natürliche Art und Weise.

Nachteile (Entity Bean als VOA)

▶ Bei der direkten Benutzung der VOA-Entity ist der Client an die Persistenzschicht gekoppelt und somit von ihr abhängig.

▶ Die Logik für den Aufbau des Composite Value Objects liegt hier in der Entity. Dies schränkt die Wiederverwendbarkeit oder zumindest den »Declarative Programming«-Ansatz etwas ein.

Vorteile (clientseitiger VOA)

▶ Das Caching kann auf performante Art und Weise bereits auf dem Client implementiert werden. Somit werden die teuren Remote-Aufrufe nicht mehr benötigt.

▶ Durch das clientseitige Caching wird der Applikationsserver entlastet, da er nicht den Clientzustand verwalten muss.

Nachteile (clientseitiger VOA)

▶ Der Sourcecode befindet sich auf dem Client und muss bei Änderungen auch hier redeployed werden. Obwohl der »WebContainer«-Client normalerweise mit dem EAR-Archiv mitdeployed wird, kann dies bei einem »standalone«-Client erheblichen Aufwand bedeuten.

▶ Falls der Cache große Datenmengen zu verwalten hat, kann sich dies schlecht auf die Performance des Clients auswirken und kann sogar zum Absturz des Clients führen (`java.lang.OutOfMemoryError`).

Vorteile (Stateful Session Bean als VOA)

▶ Da der Cache im EJBContainer verwaltet wird, kann der Client mit weniger Hauptspeicher auskommen. Dies ist besonders in einem WebContainer wichtig, wo viele »virtuelle« Clients (die Internetbenutzer) in einer JVM verwaltet werden müssen.

▶ Die Geschäftslogik liegt zentral auf dem Applikationsserver und steht allen berechtigten Clients zur Verfügung.

▶ Die J2EE-Sicherheit kann benutzt werden, um den Zugriff auf die Daten zu schützen.

▶ Die Stateful Session Bean kann die Daten auf effiziente Art und Weise über die Local-Interfaces der Entity besorgen.

Nachteile (Stateful Session Bean als VOA)

▶ Die Geschäftslogik kann hier nur durch das Redeployment ausgetauscht werden.

▶ Bei vielen gleichzeitigen Clientverbindungen wird der Applikationsserver belastet, da pro Client der Cache aufgebaut wird.

▶ Die Stateful Session Bean ist zustandsbehaftet und somit nicht so gut skalierbar wie eine Stateless Session Bean.

▶ Ein multithreaded Zugriff auf die Stateful Session Bean ist laut der EJB 1.1- und EJB 2.0-Spezifikation nicht möglich und führt zum Werfen einer SystemException und dem Entfernen der Bean aus dem Container.

Vorteile (Stateless Session Bean als VOA)

▶ Sehr gute Performance durch die »Poolbarkeit« der Stateless Session Beans.

▶ Auch hier ist der effiziente Zugriff auf die Local-Interfaces der Entities möglich.

Nachteile (Stateless Session Bean als VOA)

▶ Auch hier ist ein multithreaded Zugriff nicht erlaubt.

▶ Das clientabhängige Caching ist in dieser Variante nicht möglich. Die Daten werden jedes Mal aus den Entities geholt.

4.6.9 Verwandte GoF Patterns

▶ Mediator
▶ Adapter
▶ Singleton

▶ Façade
▶ Factory

4.7 Value List Handler

4.7.1 Hintergrundinformation

Der Client benötigt eine Liste von Daten (z.B. Value Objects), die von der Geschäftslogikschicht angefordert werden. Aus performance- oder darstellungstechnischen Gründen ist der Client nicht in der Lage, alle Daten auf einmal zu empfangen. In dem Fall ist es erforderlich, die angeforderte Datenmenge in kleinere Einheiten aufzusplitten.

Sehr viele Suchmaschinen oder Onlineshops benötigen diese Vorgehensweise, um dem Benutzer eine Möglichkeit zu geben, in den Suchergebnissen zu navigieren:

Abbildung 4.48: Das Scrollen in Suchergebnissen

Die Navigierbarkeit des Clients fordert eine zustandsbehaftete Geschäftslogikschicht, die in der Lage ist, den »Scrollzustand« des Clients zu speichern.

4.7.2 Zweck

Umsetzung des klassischen Iterator-Patterns in einer J2EE-Umgebung.

4.7.3 Problemstellung

Der EJBContainer »hostet« die Geschäftslogik und sorgt für die »Belieferung« des Clients bzw. der Präsentationsschicht mit Daten. Die meisten »Webanwendungen« greifen meist nur lesend auf die Daten dieser Schicht zu. Der lesende Zugriff wird benötigt, um in den Datenbeständen zu suchen. Die oft implementierte Suche kann aber mehr Datensätze finden, als der Client verarbeiten kann. Dabei kann es sowohl zu technischen (Speicherverbrauch), als auch logischen oder fachlichen Problemen kommen (Layoutbeschränkungen).

Aus den oben genannten Gründen ist eine »Dosierung« der für einen speziellen Client bestimmten Daten erforderlich. Oft wird nicht nur die »Dosierbarkeit« der Daten, sondern auch noch die Navigierung innerhalb der Datenmenge benötigt.

Um die aktuelle Position des Clients zu speichern, muss natürlich ein Speichermechanismus zur Verfügung stehen. Dafür eignen sich hervorragend die Stateful Session Beans, da diese den Client bereits »kennen« und somit die Implementierung des »Konversationsgedächtnisses« ermöglichen.

Diese Vorgehensweise fordert allerdings das Caching der Daten in der Stateful Session Bean, da das »Scrollen« in der Datenbank sich nur mit offenen Cursoren implementieren lässt. Offene Cursoren können sich wiederum nachteilig auf die Performance der Datenbank auswirken, da viele gleichzeitige Datenbankverbindungen angefordert werden können. Jede Datenbankverbindung bedeutet eine Ressource der Datenbank, die von dem DataBaseManagementSystem (DBMS) verwaltet werden muss. Auch bei der Benutzung von Connection Pools können die Performance-Einbußen beträchtlich sein, da die Connection-Instanzen längere Zeit offengehalten (blockiert für andere Komponenten) werden.

4.7.4 Anforderungen

▶ Die Daten werden für »read only« Zwecke benötigt.

▶ Zumindest die Funktionalität des Interfaces java.util.Iterator sollte mit dem VLH-Pattern abgebildet werden können.

▶ Die Navigation in dem »ResultSet« sollte sowohl auf dem Server als auch auf dem Client stattfinden können.

▶ Um die Wiederverwendbarkeit der Persistenzschicht beibehalten zu können, sollte die VLH-Funktionalität nicht durch die Entity Beans abgebildet werden. Zu diesem Zweck eignen sich die Session Beans besser, da diese für die Abbildung der Geschäftslogik zuständig sind.

▶ Die Kommunikation zwischen den Komponenten sollte durch die EJB 2.0 (Local-Interfaces) optimiert werden können. Das Design des Patterns sollte somit sowohl die EJB 1.1- als auch die EJB 2.0-Spezifikation unterstützen.

4.7.5 Lösung

Die zusätzliche Funktionalität, die für die Navigierung in der Ergebnismenge benötigt wird, kann sowohl in der Geschäftslogik- als auch in der Präsentationsschicht liegen. Diese Logik kann sowohl durch eine Stateful Session Bean, als auch durch eine gewöhnliche Java-Klasse implementiert werden. Die Entscheidung für die Wahl der geeigneten Komponente hängt von der Performance des Clients und des Applikationsservers ab. Falls genügend Speicher in der Präsentationsschicht (WebContainer) vorhanden ist, kann man sich hier für die clientseitige Variante entscheiden. In dem Fall wird die Geschäftslogikschicht nur einmal für die Datenlieferung benötigt. Die Ergebnismenge wird dann auf dem Client »gecached«, was die Performance des Clients deutlich erhöhen kann. Die Serialisierung der Daten für die Übertragung zwischen den beiden Schichten wird nicht mehr benötigt. Allerdings wächst so der Speicherbedarf des Clients. Die Datenmenge, die von der Geschäftslogikschicht zum Client übertragen wird, kann auch sehr groß ausfallen.

Die serverseitige Lösung verringert den Speicherbedarf des Clients. Allerdings steigt hier gleichzeitig der Speicherbedarf des Servers, da der »Clientzustand« auf dem Server verwaltet werden muss. Dies kann am einfachsten mit einer Stateful Session Bean implementiert werden. Jede Clientverbindung macht sich durch eine Stateful Session Bean-Instanz bemerkbar. Die Aufgabe dieser Instanz ist das Caching der Ergebnismenge. Für jeden Client wird somit ein getrennter Cache aufgebaut, was den Server erheblich belasten kann.

Die für die Navigation benötigte Geschäftslogik kann gemeinsam von der Client- als auch der Serverlösung benutzt werden. Somit ist diese Logik wieder verwendbar und kann in eine getrennte Komponente ausgelagert werden.

In unserem Fall handelt es sich um die abstrakte Klasse `com.abien.j2ee.ejb.vlh.iterator.BookIteratorImpl`, die für die Implementierung der Iterator-Funktionalität zuständig ist. Die Schnittstelle wird hier durch das Interface `BookIteratorIF` vorgegeben.

```
public interface BookIteratorIF extends Remote{
    public BookVO[] getAllBooks() throws RemoteException;
    public BookVO getNext() throws RemoteException;
```

```
    public BookVO getPrevious() throws RemoteException;
    public BookVO[] getNext(int number) throws RemoteException;
    public BookVO[] getPrevious(int number) throws RemoteException;
    public void search(String searchString)throws RemoteException,FinderException;
    public int getCurrentIndex() throws RemoteException;
    public boolean hasNext() throws RemoteException;
    public boolean hasPrevious() throws RemoteException;
    public int getSize() throws RemoteException;
}
```

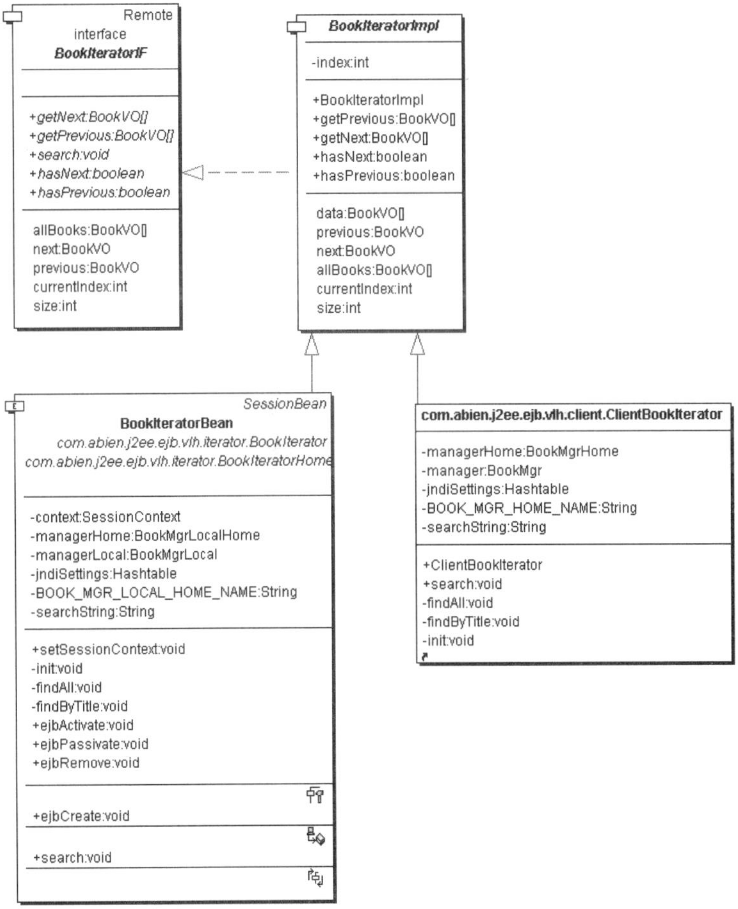

Abbildung 4.49: Die beteiligten Klassen des VLH-Patterns

Da der Client für die »Arbeit« lediglich das Interface `BookIteratorIF` kennen muss, lässt sich die Implementierung bequem austauschen. Diese kann mit der Unterstützung einer Factory erzeugt werden. Der Erzeugungsprozess ist somit in der Factory gekapselt, was die Austauschbarkeit der Implementierung verbessert.

Für den Client ist der Vorgang natürlich transparent.

```
BookIteratorIF iterator = IteratorFactory.getInstance().createIterator();
BookVO         book     = iterator.getNext();
```

4.7.6 Praxis

In der Praxis sollte für die Implementierung des Patterns die EJB 2.0-Spezifikation benutzt werden. Diese ermöglicht eine effiziente Kommunikation zwischen den EJBs. Die Benutzung des Local-Interfaces zwischen der `SessionMgrBean` und der `BookBean` ermöglicht einen schnellen Zugriff auf die persistenten Daten. Durch die Bereitstellung der Methode `getBookVO()` kann der Zugriff auf die Daten der Entity noch verbessert werden. Der »coarse grained«-Ansatz ermöglicht die Zusammenfassung komplexer Funktionalität in einzelne Methoden. Die Netzlast verringert sich somit, da nur wenige Methodenaufrufe für den Datenzugriff notwendig sind.

```
public interface BookLocal extends EJBLocalObject {
    public   void   setAuthor(String author);
    public   String getAuthor();
    public   void   setISBN(String isbn);
    public   String getISBN();
    public   void   setTitle(String title);
    public   String getTitle();
    public   void   setPrice(int price);
    public   int    getPrice();
    public   void   setAdditionalInfo(String info);
    public   String getAdditionalInfo();
    public BookVO getBookVO();
}
```

Die Entity Bean `com.abien.j2ee.ejb.vlh.BookBean` wurde von der Iterator-Funktionalität völlig entkoppelt und ist lediglich für die Persistenz der »Books« zuständig. Auf das Interface `BookLocal` greift hier die EJB `BookMgrBean` zu. Diese implementiert das Interface `BookMgrIF` und ermöglicht dem Client eine bequeme Suche nach Büchern.

```
public interface BookMgrIF extends Remote{
public BookVO[] getAllBooks() throws FinderException,RemoteException;
public BookVO[] searchForBookByTitle(String title) throws FinderException,
RemoteException;
}
```

Bei den Rückgabewerten handelt es sich um Value Objects, deren Inhalte auch »offline« von dem Client gelesen werden können. Auch diese Bean weiß nichts von der Iterator-Logik und wird von einer gewöhnlichen, abstrakten Java-Klasse implementiert.

```
public abstract class BookIteratorImpl implements BookIteratorIF{
    protected BookVO data[] = null;
    private int index       = 0;
    public BookVO getPrevious() {
```

```
            if(this.hasPrevious())
                return data[--this.index];
            else
                return null;
        }
        public BookVO getNext(){
            if(this.hasNext())
                return this.data[++this.index];
            else
                return null;
        }
        public BookVO[] getAllBooks() {
            return this.data;
        }
    //...additional Methods
    }
```

Diese Klasse bietet die Basis sowohl für die serverseitige als auch für die clientseitige Implementierung.

Clientseitige Komponente

Die clientseitige Komponente erweitert hier die abstrakte Basisklasse BookIterator-Impl und erbt somit ihre Funktionalität. Da es sich hier aber »nur« um eine einfache Java-Klasse handelt, ist die Kommunikation über die Local-Interfaces mit der Geschäftslogikschicht nicht möglich.

Auf die Logik des Business Interfaces BookMgrIF kann nur über das Remote-Interface BookMgr zugegriffen werden.

```
    public interface BookMgr extends BookMgrIF,EJBObject {}
```

Die EJB BookMgrBean wird als Stateless Session Bean implementiert, was das Caching der Daten auf der Clientseite erfordert. Dies führt allerdings zur besseren Performance, da die Daten nur einmalig geholt werden müssen.

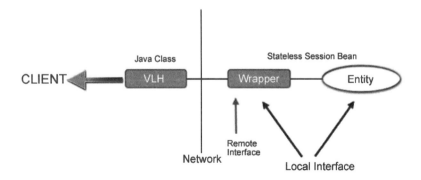

Abbildung 4.50: Die clientseitige VLH-Implementierung

Die Besorgung der Daten wird mit der Erzeugung des ClientBookIterators erledigt.

```
public class ClientBookIterator extends BookIteratorImpl{
   private BookMgrHome    managerHome    = null;
   private BookMgr        manager        = null;
   private Hashtable      jndiSettings   = null;
   private final String   BOOK_MGR_HOME_NAME = "VLHBookMgrBean";
   private String searchString = null;
  public ClientBookIterator(String searchString) throws RemoteException,
FinderException, CreateException{
        this.searchString = searchString;
        this.init();
        this.manager = this.managerHome.create();
        this.search(searchString);
     }
   public void search( String search ) throws FinderException, RemoteException{
        this.searchString = searchString;
        if(searchString==null || searchString.equals("*"))
            findAll();
        else
            findByTitle(searchString);
     }
    private void findAll() throws FinderException,RemoteException{
        this.data = this.manager.getAllBooks();

     }
    private void findByTitle(String title) throws FinderException, RemoteException{
         this.data = this.manager.searchForBookByTitle(title);
     }
     private void init() throws RemoteException{
    try{
     this.jndiSettings = new Hashtable();
     this.jndiSettings.put(Context.INITIAL_CONTEXT_FACTORY,
"weblogic.jndi.WLInitialContextFactory");
     this.jndiSettings.put(Context.PROVIDER_URL, "t3://localhost:7001");
     ServiceLocatorEJB serviceLocator = new ServiceLocatorEJB(this.jndiSettings);
     this.managerHome    = (BookMgrHome)serviceLocator.getHome(BOOK_MGR_HOME_NAME);
    }catch(Exception e){ }
      }
  }
```

Der ClientBookIterator benutzt das Service Locator-Pattern, um die Verbindung zu der ShopMgrBean aufbauen zu können. Der ClientBookIterator kann hier auch das Business Delegate-Pattern repräsentieren, da hier der Zugriff auf die Geschäftslogikschicht gekapselt wird. Ferner wird auch die Erzeugung der Home-Interfaces durch den Service Locator übernommen.

Serverseitige Komponente

Die serverseitige Implementierung wird hier durch eine »echte« EJB implementiert. Dabei handelt es sich um eine zustandsbehaftete Session Bean. Diese ist in der Lage, die Suchergebnisse des Clients zwischenzuspeichern, um dann innerhalb dieser Daten navigieren zu können. Wie bereits erwähnt, wird eine Stateful Bean-Instanz pro Client-Server-Konversation erzeugt. Diese »hält« dann den Clientzustand. Auch hier wird die Funktionalität der Oberklasse für die Navigation benutzt.

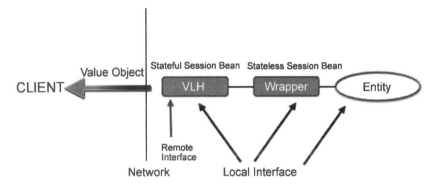

Abbildung 4.51: Die serverseitige VLH-Implementierung

Allerdings ist es hier möglich über die Local-Interfaces mit der `BookMgrBean` zu kommunizieren. Dies kann die Performance bei größeren Datenmengen etwas verbessern.

```
public class BookIteratorBean extends BookIteratorImpl implements SessionBean {
    private SessionContext    context       = null;
    private BookMgrLocalHome  managerHome   = null;
    private BookMgrLocal      managerLocal  = null;
    private Hashtable         jndiSettings  = null;
    private final String  BOOK_MGR_LOCAL_HOME_NAME          = "java:comp/env/ejb/VLHBookMgrLocal";
    private String searchString = null;
public void setSessionContext(SessionContext sessionContext) throws RemoteException{
        this.context = sessionContext;
        this.init();
    }
private void init() throws RemoteException{
try{
 this.jndiSettings = new Hashtable();
 this.jndiSettings.put(Context.INITIAL_CONTEXT_FACTORY,
"weblogic.jndi.WLInitialContextFactory");
   this.jndiSettings.put(Context.PROVIDER_URL, "t3://localhost:7001");
ServiceLocatorEJB serviceLocator = new ServiceLocatorEJB(jndiSettings);
```

```
    this.managerHome =
(BookMgrLocalHome)serviceLocator.getLocalHome(BOOK_MGR_LOCAL_HOME_NAME);
    }catch(Exception e){ }
    }
    public void ejbCreate(String searchString) throws FinderException,CreateException{
        this.managerLocal  = this.managerHome.create();
        this.search(searchString);
    }
    public void search( String search ) throws FinderException{
        this.searchString = searchString;
        if(searchString==null || searchString.equals("*"))
            findAll();
        else
            findByTitle(searchString);
    }
    private void findAll() throws FinderException{
        this.data = this.managerLocal.getAllBooks();
    }
    private void findByTitle(String title) throws FinderException{
        this.data = this.managerLocal.searchForBookByTitle(title);
    }
    public void ejbActivate() {
//...acivation stuff
}
    public void ejbPassivate(){}
    public void ejbRemove(){ }
}
```

Bei sehr vielen Clientzugriffen leidet die Performance natürlich, da dies nur über die Remote-Interfaces der `BookIteratorBean` möglich ist. Der Client kann die »Iterator-Methoden« nur Remote aufrufen.

4.7.7 Performance

Die Performance beider Varianten wurde hier untersucht. Zuerst wurden 1.000 Datensätze mit Hilfe der Entity Bean erzeugt. Zu diesem Zweck wurde das Remote-Home-Interface der Bean direkt aufgerufen. Die `BookBean` wurde als CMP 2.0 Bean implementiert.

```
public class PerformanceDataLoader{
    public static void main(String args[]) throws Exception{
        Hashtable jndiSettings = new Hashtable();
        jndiSettings.put(Context.INITIAL_CONTEXT_FACTORY,
"weblogic.jndi.WLInitialContextFactory");
        jndiSettings.put(Context.PROVIDER_URL, "t3://localhost:7001");
        ServiceLocator locator = ServiceLocator.getInstance(jndiSettings);
        BookHome    bookHome    = (BookHome)
locator.getHome("VLHBookBean",true);
        for(int i=0;i<1000;i++){
```

Value List Handler

```
            bookHome.create(i+ "","Enterprise Java Frameworks" +i,"Adam Bien"+i,90);
            System.out.println("Entry " + i + " created !");
        }
    }
}
```

Der Client erzeugt für die clientseitige Komponente zuerst den `ClientBookIterator` mit dem Parameter »*«, was den Aufruf `findAll` initiiert.

```
public class VLHClient{
    public static void main(String args[]) throws Exception{
        BookIteratorIF iterator = new ClientBookIterator(args[0]);
        BookVO bookVOnext        = iterator.getNext();
        BookVO bookVOprevious    = iterator.getPrevious();
        BookVO bookVOnext100[]   = iterator.getNext(100);
        BookVO bookVOprevious100[] = iterator.getPrevious(100);
        BookVO bookVOAll[]       = iterator.getAllBooks();
    }
}
```

Der Client ruft dann die wichtigsten Methoden des `BookIteratorIF` auf. Dabei wird die Performance mit dem JProbe 3.0 Server Side Edition der Firma *www.sitraka.com* untersucht.

Name	Calls	Cumulative Time
.Root.	1	7.305 (100,0%)
.main.	1	6.646 (91,0%)
VLHClient.main(String[])	1	6.269 (85,8%)
ClientBookIterator.<init>(String)	1	6.237 (85,4%)
ClientBookIterator.init()	1	4.933 (67,5%)
ServiceLocatorEJB.<init>(Hashtable)	1	4.195 (57,4%)
ClientBookIterator.findAll()	1	1.147 (15,7%)
ClientBookIterator.search(String)	1	1.147 (15,7%)
$Proxy2.getAllBooks()	1	1.147 (15,7%)
ServiceLocatorEJB.getHome(String)	1	691 (9,5%)
.ExecuteThread: '4' for queue: 'default'.	1	471 (6,5%)
.SpinnerRandomSource.	1	189 (2,6%)
$Proxy1.create()	1	157 (2,2%)
ClassLoader.loadClassInternal(String)	13	63 (0,9%)
ClassLoader.checkPackageAccess(Class, ProtectionDomain)	14	0 (0,0%)
Hashtable.put(Object, Object)	2	0 (0,0%)
Hashtable.<init>()	1	0 (0,0%)
String.equals(Object)	1	0 (0,0%)
.Signal Dispatcher.	1	0 (0,0%)

Abbildung 4.52: Die Performance der clientseitigen Komponente

Die Gesamtlaufzeit des Clients beträgt hier ca. 7,3 Sekunden. Allerdings alleine für die Erzeugung der Instanz ClientBookIterator werden 6,3 Sekunden benötigt. Dieser Aufwand ist einmalig und kann durch das »Halten« dieser Instanz vermieden werden. Interessanterweise ist die Zeit der folgenden Methodenaufrufen nicht messbar. Das liegt an der Tatsache, dass es sich hierbei um lokale Methodenaufrufe handelt, die auch nicht sehr komplex sind.

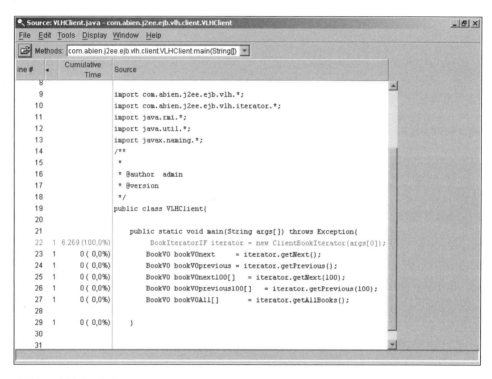

Abbildung 4.53: Die Performance des VLH-Clients

Auch die Performance der zweiten Variante wurde untersucht. Der Client kennt hier nur eine EJB, die für das Iterator-Verhalten zuständig ist. Die Gesamtlaufzeit beträgt hier ca. 7,7 Sekunden. Die Performance ist also um ca. 0,5 Sekunden schlechter als die des clientseitigen Iterators.

Interessanterweise dauert die Erzeugung und die Initialisierung der BookIteratorBean insgesamt ca. 5,3 Sekunden, ist also insgesamt etwas schneller als die des Vorgängers. Diese Tatsache kann auf die Benutzung der Local-Interfaces für die Beankommunikation zurückgeführt werden.

Allerdings handelt sich ab jetzt bei jedem Methodenaufuf des BookIteratorIF um einen Remote-Aufruf. Dies erklärt die etwas schlechtere Performance dieser Variante. Der Performanceunterschied zwischen den beiden Implementierungen steigt mit jedem Aufruf des Interfaces `BookIteratorIF`. Bei der clientseitigen Variante war diese Zeit nicht messbar, die EJB Implementierung schlägt mit ca 0,2 Sekunden pro Methodenaufruf zu Buche. Bei intensiver Nutzung kann sich die Gesamtlaufzeit um mehrere Sekunden unterscheiden.

Name	Calls	Cumulative Time
Root	1	7.714 (100,0%)
.main.	1	7.023 (91,0%)
EJBVLHClient.main(String[])	1	6.693 (86,8%)
ServiceLocator.getInstance(Hashtable)	1	4.258 (55,2%)
$Proxy2.getAllBooks()	1	1.115 (14,5%)
ServiceLocator.getHome(String, boolean)	1	738 (9,6%)
.ExecuteThread: '4' for queue: 'default'.	1	518 (6,7%)
$Proxy1.create(String)	1	236 (3,1%)
.SpinnerRandomSource.	1	173 (2,2%)
$Proxy2.getNext(int)	1	157 (2,0%)
$Proxy2.getPrevious(int)	1	126 (1,6%)
ClassLoader.loadClassInternal(String)	3	47 (0,6%)
$Proxy2.getNext()	1	16 (0,2%)
ClassLoader.checkPackageAccess(Class, ProtectionDomain)	4	0 (0,0%)
Hashtable.put(Object, Object)	2	0 (0,0%)
Hashtable.<init>()	1	0 (0,0%)
.Signal Dispatcher.	1	0 (0,0%)
.CompileThread0.	1	0 (0,0%)
ServiceLocator.<clinit>()	1	0 (0,0%)

Abbildung 4.54: Die Performance der »serverseitigen Komponente«

Allerdings muss hier die Tatsache berücksichtigt werden, dass es sich bei unserer Untersuchung um »echte«, ausführbare Clients handelt. Normalerweise wird der Client aber durch die Präsentationsschicht, also den WebContainer, repräsentiert. In dem Fall ist es nur möglich die Zustände der einzelnen Benutzer in der `HttpSession` zu verwalten. Das würde bedeuten, dass man bei der Benutzung der clientseitigen Variante den gesamten Datenbestand in der `HttpSession` halten müsste. Im Normalfall ist diese Vorgehensweise auch sehr performant, da der Inhalt im Speicher des WebContainers gehalten wird. In einer Clusterumgebung wird allerdings der Zustand meist serialisiert und dann in einer Datenbank gehalten (z.B. BLOBS).

In solcher Umgebung ist die Benutzung der »Clientvariante« nicht zu empfehlen, da sie sowohl die Performance als auch die Stabilität des Systems um Faktoren degradieren kann.

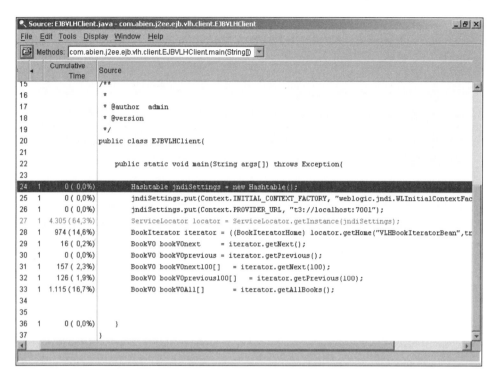

Abbildung 4.55: Die Performance des EJB VLH-Clients

4.7.8 Konsequenzen

Vorteile

▶ Die »Iterator-Logik« kann in eine getrennte Komponente ausgelagert werden. Die Wiederverwendbarkeit der Business Objekte kann somit beibehalten werden.

▶ Der Client arbeitet mit einer komfortablen Schnittstelle und muss sich nicht um die darunter liegende Technologie kümmern.

Nachteile

▶ Das VLH-Pattern eignet sich primär nur für »read-only« Zugriffe.

Vorteile (clientseitige Variante)

▶ Eine sehr gute Performance des Clients kann durch das »offline« Arbeiten mit der Ergebnismenge erreicht werden.

▶ Da die Daten auf dem Client gehalten werden, wird der EJBContainer entlastet. Der Zustand des Clients muss nicht mehr im EJBContainer gehalten werden.

- Die Geschäftslogik des Iterators kann leichter ausgetauscht werden, da sich diese nicht im EJBContainer befindet. Die Logik kann ohne Redeployment der Komponente angepasst werden.

- Die Fehlerfindung ist hier wesentlich einfacher, da ein gewöhnlicher Debugger verwendet werden kann.

- Die EJB-Schicht kann mit einem Datenbankzugriff (DAO) ausgetauscht werden. Der Client muss nicht zu diesem Zweck angepasst werden, da er nur das BookIteratorIF kennt.

Nachteile (clientseitige Variante)

- Der Speicherbedarf der auf dem Client gehaltenen Datenmenge kann den Client überfordern und zu Stabilitätseinbußen (z.B. java.lang.OutOfMemoryError) führen.

- Es ist oft schwer, den Clientzustand in der Präsentationsschicht zu verwalten. In einem WebContainer muss der Zustand in der HttpSession gehalten werden, was zu Performanceproblemen führen kann.

- Der Code für die Navigation in der Ergebnismenge liegt auf dem Client. Bei Anpassungen oder Erweiterungen muss dieser ausgetauscht und auch auf den Client »deployed« werden. Bei »standalone«-Clients wie GUI-Anwendungen etc. kann der Aufwand erheblich sein.

Vorteile (serverseitige Variante)

- Der Zustand des Clients kann automatisch mit dem Zustand der Stateful Session Bean verwaltet werden.

- Der Speicherbedarf des Clients fällt hier geringer aus, da die Ergebnismenge in der Stateful Bean gehalten wird.

- Die für die Navigation notwendige Geschäftslogik liegt zentral auf dem Server und steht mehreren Clients zur Verfügung.

Nachteile (serverseitige Variante)

- Ein paralleler Zugriff mehrerer Clients auf die gleiche Stateful Bean kann zu Exceptions und dem Zerstören der Bean führen (Ein multithreaded Zugriff auf die gleiche Session Bean-Instanz ist laut der EJB 1.1- und der EJB 2.0-Spezifikation nicht erlaubt).

- Die Belastung des Servers ist hier höher, da der Zustand des Clients in einer Stateful Session Bean gehalten wird. Pro aktivem Client muss ein Cache mit zum Teil redundanten Daten aufgebaut werden. Bei hoher Speicherbelastung kann es zur

»Zwangsauslagerung« der Beans aus dem Hauptspeicher in den Sekundärspeicher kommen. Da dabei auch der Cache ausgelagert wird, kann es wieder zu Performanceproblemen kommen.

▶ Der Client muss über die Remote-Schnittstelle mit der Iterator-Bean kommunizieren. Jeder Methodenaufruf ist mit einem Mehraufwand für die Stub-Skeleton-Kommunikation verbunden.

4.7.9 Verwandte GoF Patterns

▶ Façade
▶ Iterator
▶ Decorator
▶ Wrapper
▶ Adapter

5 Die Integrationsschicht

Diese Schicht versucht die »Backends« mit der J2EE Welt zu vereinen. Dabei stoßen zwei unterschiedliche Welten aufeinander. Die objektorientierte Welt repräsentiert durch den Appliktionsserver und die prozedurale Welt, meistens mit PL1 und Cobol Programmen implementiert, repräsentiert durch die Legacy oder Hostsysteme. Die beiden folgenden Patterns versuchen die »alte Welt« zu integrieren oder zumindest diese durch zusätzliche Schichten zu abstrahieren. Bei den DAO und Service Activator Patterns handelt es sich um die ersten von den drei Amigos (Dan Malks, John Crupi, Deepak Alur – Autoren des Buches »Core J2EE Patterns«) beschriebenen Muster. Weitere Muster wurden bereits angekündigt.

5.1 Data Access Object

5.1.1 Hintergrundinformation

Der Zugriff auf die Persistenzschicht der Anwendung lässt sich nur schwer abstrahieren. Diese Tatsache kann auf die Vielfalt von eingesetzten Systemen zurückgeführt werden. Dabei müssen nicht nur API Unterschiede (JDBC, JMS, JCA), sondern auch die Implementierungsunterschiede des Service Provider Interface (SPI) der Systeme berücksichtigt werden.

5.1.2 Zweck

Abstraktion und die Erhöhung der Wiederverwendbarkeit der Zugriffslogik zum Backendsystem.

5.1.3 Problemstellung

Obwohl in der Spezifikation EJB 2.0 die CMP Persistenz der Entity Beans deutlich verbessert wurde, können nicht alle Backendsysteme mit dieser Persistenz arbeiten. Das Mapping auf Dateien, Legacy-Systeme oder objektorientierte Datenbanken kann nicht automatisch mit der CMP-Methode von dem EJBContainer übernommen werden. Oft ist man auf die Existenz von relationalen Datenbanken angewiesen.

Auch komplexere Anforderungen an die Businesslogik der Entities können den Anwendungsentwickler zu der Benutzung der BMP zwingen. In dem Fall ist der Entwickler selber für die Implementierung der Persistenz verantwortlich. In den meisten Fällen wird der Code in der Bean selber implementiert. Dieser Ansatz kann aber beim Tausch der Persistenzschicht, oder sogar beim Tausch der Entity selber zu Problemen führen. Die Persistenzschicht wurde nämlich mit der Bean »fest verdrahtet« und lässt sich lediglich mit dem »Cut and Paste«-Verfahren wieder verwenden.

Zusätzliche, nichtfunktionale Anforderungen wie Caching, Auditing oder Tracing können somit nur in der Bean-Klasse vorgenommen werden. Mit der Änderung der Einstellungen muss die Entity-Bean neu deployed werden.

Ein weiteres Problem stellt der gemeinsame Zugriff von unterschiedlichen Komponenten auf die benötigte Ressource dar. Oft wird in den J2EE-Anwendungen nicht nur über die Entity Bean auf die Persistenzschicht zugegriffen, sondern direkt mit der Backendschicht kommuniziert. Eine Ursache für die direkte Kommunikation ist die etwas schlechtere Performance der Kommunikation über die Entity Bean. Somit wird die gleiche Geschäftslogik von unterschiedlichen Komponenten benötigt.

5.1.4 Anforderungen

▶ Die »Backendzugriffslogik« soll aus den Entities ausgelagert werden, um allen Komponenten zur Verfügung zu stehen.

▶ Die Austauschbarkeit der Zugriffslogik soll gewährleistet werden.

▶ Der Zugriff auf »nicht-J2EE-konforme« Ressourcen soll ermöglicht werden.

▶ Der direkte Zugriff auf die »Backendschicht« soll allen Komponenten, auch von außerhalb des EJBContainers ermöglicht werden.

▶ Die BMP Entity soll mit unterschiedlichen Ressourcen kommunizieren können. Auch die Benutzung des Backends durch die Session Beans oder Servlets muss gewährleistet werden.

5.1.5 Lösung

Die für den Datenzugriff verantwortliche Logik wird ausgelagert und in einer Data Access Object-(DAO-) Komponente platziert. Diese bietet eine wohldefinierte Schnittstelle, die den komfortablen Zugriff auf die Daten ermöglicht. Die an den Daten interessierten Komponenten kennen diese DAO-Komponente und greifen über diese auf das Backend zu. Somit kann jederzeit die Entity Bean durch eine Session Bean oder eine andere Komponente ausgetauscht werden.

Das DAO lässt sich nur selten generisch implementieren. Meistens entspricht die Schnittstelle des DAOs den Bedürfnissen der BMP Entity. Trotzdem arbeitet man mit Factories, um DAOs flexibler erzeugen zu können. Die Erzeugnisse unterscheiden sich hier nicht durch die Implementierung von unterschiedlichen Use Cases, sondern vielmehr durch die Zugriffslogik auf unterschiedliche Backendsysteme. Pro Use Case muss eine Factory existieren, die in der Lage ist, die unterschiedlichen Ausprägungen der DAOs zu erzeugen.

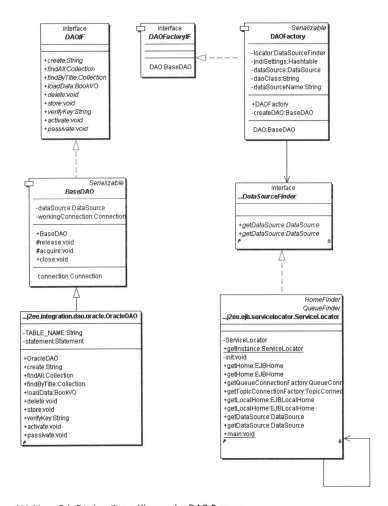

Abbildung 5.1: Die beteiligten Klassen des DAO-Patterns

Eine spezielle Erweiterung der Klasse com.abien.j2ee.integration.dao.BaseDAO dient der Kommunikation mit unterschiedlichen Ressourcen. In unserem Fall handelt es sich um die Klasse OracleDAO, die »weiß«, wie mit der Oracle Datenbank zu kommunizieren ist. Natürlich könnte man auf diese Art und Weise zusätzliche DAOs implementieren, die auf andere Datenbanken zugreifen. Durch die parallele Existenz von unterschiedlichen DAO-Klassen ist es möglich, mit verschiedenen Datenbanken zu arbeiten. Dabei wird nur jeweils das benötigte DAO instanziert. Jedes DAO kann datenbankspezifische Zugriffslogik implementieren, die auch herstellerabhängige SQL-Dialekte berücksichtigen kann.

5.1.6 Praxis

In unserem Fall implementiert das DAO die Persistenzschicht der BMP-Variante der Entity BookBean.

```
public interface DAOIF {
    public String create(String isbn,String title,String author,int price,String additionalInfo) throws DAOException;
    public Collection findAll() throws DAOException;
    public Collection findByTitle(String title) throws DAOException;
    public BookVO   loadData(String key)  throws DAOException;
    public void     delete(String key)  throws DAOException;
    public void     store(BookVO bookVO) throws DAOException;
    public String   verifyKey(String key) throws DAOException;
    public void     activate() throws DAOException;
    public void     passivate() throws DAOException;
}
```

Die Methoden entsprechen hier den Bedürfnissen der BookBean und sind nicht allgemein genug, um von anderen Beans wieder verwendet werden zu können. Die wieder verwendbare Geschäftslogik wurde in eine abstrakte Klasse ausgelagert. Diese implementiert die Verwaltung der Ressource, in unserem Fall der java.sql.Connection.

```
public abstract class BaseDAO implements Serializable,DAOIF{
    private DataSource dataSource = null;
    private Connection workingConnection = null;
 public  BaseDAO(DataSource dataSource) {
        this.dataSource = dataSource;
    }
  protected void release() throws SQLException{
    if(this.workingConnection != null && this.dataSource != null)
      this.workingConnection.close();
  }
  protected void acquire() throws SQLException{
    if( this.dataSource != null)
      this.workingConnection = this.dataSource.getConnection();
  }
  protected Connection getConnection(){ return this.workingConnection; }
    public void close() throws SQLException{ this.release();}
}
```

Die Klasse OracleDAO implementiert das Interface DAOIF und erbt von der Klasse Base-DAO. Hier findet der JDBC-Zugriff auf die Oracle Datenbank statt. Die Connection wird hier nicht wie gewohnt mit dem java.sql.DriverManager erzeugt, sondern mit der javax.sql.DataSource. Dabei handelt es sich um eine Factory, die in der Lage ist Connections mit vorher bestimmten Einstellungen zu erzeugen. Ein guter Applikationsserver erzeugt die Connections nicht jedes Mal, sondern lediglich beim Hochfahren des Servers. Danach werden diese bereitgehalten (»gepooled«). Der Aufruf connection.close() aus der Methode release() des BaseDAO schließt die Connection nicht wirklich, sondern steckt diese zurück in den Pool.

```java
public class OracleDAO extends BaseDAO{
    private final String TABLE_NAME = "VLHBOOKBEANTABLE";
    private Statement statement     = null;
  public OracleDAO(DataSource dataSource) {
        super(dataSource);
    }
    public String create(String isbn,String title,String author,int price,String additionalInfo) throws DAOException{
        try{
            StringBuffer sql = new StringBuffer();
            this.acquire();
            sql.append("INSERT INTO " ).append(TABLE_NAME).append("(isbn,title,author,price,additional_info) ");
            sql.append("VALUES (\"").append(isbn).append("\"").append(", \"").append(title).append("\"").append(", \"");
            sql.append(author).append("\", ");
            sql.append(price).append(", \"").append(additionalInfo).append("\"");
            sql.append(")");
            statement = getConnection().createStatement();
            statement.executeUpdate(sql.toString());
            this.statement.close();
         }catch(Exception e){
           throw new DAOException("[OracleDAO.create] Exception : " + e);
         }
         finally{
            try{
              this.release();
            }catch(Exception e){/* exception handling*/ }
         }
         return isbn;
    }
     public Collection findAll() throws DAOException{
         ArrayList keyList = new ArrayList();
           try{
             StringBuffer sql = new StringBuffer();
             this.acquire();
             sql.append("SELECT ISBN FROM " ).append(TABLE_NAME);
             statement = getConnection().createStatement();
             ResultSet result = statement.executeQuery(sql.toString());
```

```
            while(result.next()){
                keyList.add(result.getString(1));
            }
            this.statement.close();
          }catch(Exception e){
            throw new DAOException("[OracleDAO.findAll] Exception occured: " + e);
        }
        finally{
          try{
            this.release();
          }catch(Exception e){
                System.out.println("Exception releasing connection !" +
  e.toString());
          }

        }
        return keyList;
    }
//... other Methods
}
```

Die Instanz der Klasse OracleDAO wird nicht direkt mit dem Konstruktoraufruf erzeugt, sondern über die DAOFactory. Diese erzeugt mit Hilfe der JAVA-Reflection-API die DAO-Implementierung. Dabei verlässt sie sich auf den in der Klasse BaseDAO definierten Konstruktor.

```
public class DAOFactory implements DAOFactoryIF,Serializable{
    private DataSourceFinder   locator        = null;
    private Hashtable          jndiSettings   = null;
    private DataSource         dataSource     = null;
    private String             daoClass       = null;
    private String             dataSourceName = null;
    public DAOFactory(Hashtable jndiSettings,String dataSourceName,String daoClass)
  throws Exception{
        this.dataSourceName = dataSourceName;
        this.daoClass       = daoClass;
        this.jndiSettings = jndiSettings;
        this.locator = ServiceLocator.getInstance(this.jndiSettings);
        this.dataSource = this.locator.getDataSource(this.dataSourceName);
    }
    private BaseDAO createDAO() throws DAONotFoundException{
        Constructor constructor = null;
        Class clazz = null;
        Class paramTypes[] = {DataSource.class};
        Object params[] = {this.dataSource};
        BaseDAO retVal = null;
        try {
          clazz = Class.forName(this.daoClass);
          constructor = clazz.getConstructor(paramTypes);
          retVal = (BaseDAO) constructor.newInstance(params);
        } catch (Exception e) {
```

```
            throw new DAONotFoundException("Could not create DAO: "+ this.daoClass + "
    Reason: " + e.toString());
            }
            return retVal;
    }
    public BaseDAO getDAO() throws Exception {
        return this.createDAO();
    }
```

Die dynamische Erzeugung eines speziellen BaseDAOs erlaubt das Hinzufügen von neuen Implementierungen ohne Veränderung der DAOFactory. Lediglich die kompilierten ».class«-Dateien müssen in dem Klassenpfad liegen. Diese »Dynamik« hat auch ihren Preis – das Erzeugen der DAOs ist hier deutlich langsamer als bei konventionellen, direkten Konstruktoraufrufen.

Allerdings geschieht dies lediglich einmalig in der Methode setEntityContext der BookBean. Somit wird der Erzeugungsprozess in den Initialisierungsvorgang ausgelagert. Die Performance ist nur etwas schlechter beim Initialisieren der Bean. Zur Laufzeit wird hier mit bereits bestehenden Referenzen gearbeitet.

```
    public class BookBean implements EntityBean {
        private EntityContext    entityContext  = null;
        private DAOFactoryIF     daoFactory     = null;
        private BaseDAO          baseDAO        = null;
        private Hashtable        jndiSettings   = null;
        private ServiceLocatorEJB serviceLocator = null;

        private final String DAO_CLASS    = "DAO_CLASS";
        private final String DATA_SOURCE  = "DATA_SOURCE";
     public void setEntityContext(EntityContext entityContext) {
     this.entityContext = entityContext;
     try{
      this.init();
      this.daoFactory = new
    DAOFactory(this.jndiSettings,this.dataSource,this.daoClass);
      this.baseDAO = this.daoFactory.getDAO();
     }catch(Exception e){
     throw new EJBException("[BookBean.setEntityContext] Exception: " + e.toString());
        }
    }
     private void init() throws EJBException{
     try{
       this.jndiSettings = new Hashtable();
       this.jndiSettings.put(Context.INITIAL_CONTEXT_FACTORY,
    "weblogic.jndi.WLInitialContextFactory");
       this.jndiSettings.put(Context.PROVIDER_URL, "t3://localhost:7001");
       this.serviceLocator = new ServiceLocatorEJB(this.jndiSettings);
       Context env = this.serviceLocator.getEnvironmentContext();
       this.daoClass = (String)env.lookup(DAO_CLASS);
       this.dataSource = (String)env.lookup(DATA_SOURCE);
```

```
    }catch(Exception e){
    throw new EJBException("Problem activating CustomerBean. Reason: " +
e.toString());
    }
}
public void unsetEntityContext() {
    this.entityContext = null;
try{
this.baseDAO.close();
}catch(Exception e){
throw new EJBException("[BookBean.unsetEntityContext] Exception: " +
e.toString());
    }
 }
 }
```

Die Entscheidung, welche Implementierung zu erzeugen ist, trifft hier die DAOFactory. Diese braucht natürlich einen Input, der in Form von Wertepaaren an die Factory übergeben wird.

Die Werte zu bestehenden Konstanten-Keys werden von dem ServiceLocator geholt.

```
    this.serviceLocator = new ServiceLocatorEJB(this.jndiSettings);
    Context env = this.serviceLocator.getEnvironmentContext();
    this.daoClass = (String)env.lookup(DAO_CLASS);
    this.dataSource = (String)env.lookup(DATA_SOURCE);
```

Diese werden aus dem Deployment Descriptor der Bean gelesen und können einfach modifiziert werden.

```
    <enterprise-beans>
      <entity>
        <display-name>DAOBookBean</display-name>
        <ejb-name>DAOBookBean</ejb-name>
        <home>com.abien.j2ee.integration.dao.ejb.BookHome</home>
        <remote>com.abien.j2ee.integration.dao.ejb.Book</remote>
        <local-home>com.abien.j2ee.integration.dao.ejb.BookLocalHome</local-home>
        <local>com.abien.j2ee.integration.dao.ejb.BookLocal</local>
        <ejb-class>com.abien.j2ee.integration.dao.ejb.BookBean</ejb-class>
        <persistence-type>Bean</persistence-type>
        <prim-key-class>java.lang.String</prim-key-class>
        <reentrant>False</reentrant>
        <env-entry>
          <env-entry-name>DAO_CLASS</env-entry-name>
          <env-entry-type>java.lang.String</env-entry-type>
          <env-entry-value>com.abien.j2ee.integration.dao.oracle.OracleDAO</env-entry-value>
        </env-entry>
        <env-entry>
          <env-entry-name>DATA_SOURCE</env-entry-name>
          <env-entry-type>java.lang.String</env-entry-type>
```

```xml
      <env-entry-value>jdbc/Oracle</env-entry-value>
    </env-entry>
    <security-identity>
      <description></description>
      <use-caller-identity></use-caller-identity>
  </security-identity>
  </entity>
</enterprise-beans>
```

Für die Bereitstellung neuer DAOs reicht die Änderung des Deployment Descriptors. Für den Schlüssel DAO_CLASS muss der vollqualifizierte Klassenname als Wert eingetragen werden. Die hier angegebene Klasse muss natürlich auch in dem Klassenpfad des Applikationsservers liegen. Typischerweise wird diese mit der Anwendung zusammen in einem ejb-jar-Archiv »mitdeployed«.

Bei dem zweiten Eintrag handelt es sich um den Namen der DataSource, die für die Erzeugung der java.sql.Connection benötigt wird. Mit den beiden Variablen kann die Datenzugriffschicht jederzeit ausgetauscht werden.

Neben der Verwaltung des DAOs ist natürlich auch seine Benutzung für den BMP-Bean-Entwickler interessant. Da ein DAO bereits die benötigte Funktionalität abbildet, ist die Migration von CMP auf BMP sehr einfach. Die meisten Methoden delegieren lediglich die Aufrufe an die aktuelle DAO-Instanz. Die Entity kennt hier lediglich die DAO-Instanz und implementiert nicht die Datenzugriffslogik. Mit diesem Ansatz ist auch die BMP-Variante portabel und muss nicht beim Datenbank- oder sogar Applikationsserverwechsel angepasst werden.

```java
public class BookBean implements EntityBean {
    private EntityContext    entityContext      = null;
    private DAOFactoryIF     daoFactory         = null;
    private BaseDAO          baseDAO            = null;
    private Hashtable        jndiSettings       = null;
    private BookVO           bookVO             = null;
    private ServiceLocatorEJB serviceLocator    = null;
    private String           daoClass           = null;
    private String           dataSource         = null;

    private final String DAO_CLASS    = "DAO_CLASS";
    private final String DATA_SOURCE  = "DATA_SOURCE";
public void    setAdditionalInfo(String info){
this.bookVO.setAdditionalInfo(info);
    }
    public  String getAdditionalInfo(){
        return this.bookVO.getAdditionalInfo();
    }

    public void setAuthor(String author){
        this.bookVO.setAuthor(author);
    }
```

```
     public   String getAuthor(){
        return this.bookVO.getAuthor();
     }

// other getters and setters
 public String ejbCreate(String isbn,String title,String author,int price,String
additionalInfo){
    this.bookVO = new BookVO(isbn,title,author,price,additionalInfo);
   return this.baseDAO.create(isbn,title,author,price,additionalInfo);
    }
  public String ejbFindByPrimaryKey(String isbn) throws FinderException{
     return this.baseDAO.verifyKey(key);
}
   public Collection ejbFindAll(){return this.baseDAO.findAll(); }
  public Collection ejbFindByTitle(String title){
      return this.baseDAO.findByTitle(title);
  }
  public void ejbPostCreate(String isbn,String title,String author,int price,String
additionalInfo){     }
  public void ejbStore() { this.baseDAO.store(this.bookVO); }
  public void ejbActivate(){ this.baseDAO.activate(); }
  public void ejbPassivate(){ this.baseDAO.passivate();}
  public void ejbLoad(){
        String key = this.getCurrentKey();
        this.bookVO =  this.baseDAO.loadData(key);
     }
  public void setEntityContext(EntityContext entityContext) {
this.entityContext = entityContext;
try{
   this.init();
   this.daoFactory = new
DAOFactory(this.jndiSettings,this.dataSource,this.daoClass);
     this.baseDAO    = this.daoFactory.getDAO();
   }catch(Exception e){
          throw new EJBException("[BookBean.setEntityContext] Exception: " +
e.toString());
        }
     }
    private void init() throws EJBException{
           //initialization
     }
    public void ejbRemove()  {
        String key = this.getCurrentKey();
        this.baseDAO.delete(key);
    }
    public void unsetEntityContext() {
           //cleanup
    }

    private String getCurrentKey(){
        return (String) this.entityContext.getPrimaryKey();
```

```
    }
    public BookVO getBookVO(){ return this.bookVO; }
}
```

5.1.7 Performance

Die Performance des DAO wurde auch hier mit einem Testclient gemessen. Dabei wurde direkt mit der Entity Bean kommuniziert (ohne eine Session Fassade), um die Ergebnisse nicht zu verfälschen.

```
public class EJBDAOClient{
    public static void main(String args[]) throws Exception{
        int counter = 0;
        Hashtable jndiSettings = new Hashtable();
        jndiSettings.put(Context.INITIAL_CONTEXT_FACTORY,
"weblogic.jndi.WLInitialContextFactory");
        jndiSettings.put(Context.PROVIDER_URL, "t3://localhost:7001");
        ServiceLocator locator = ServiceLocator.getInstance(jndiSettings);
        Collection books = ((BookHome) locator.getHome("DAOBookBean",true)).findAll();
        Iterator  iterator = books.iterator();
        while(iterator.hasNext()){
            Book book = (Book)iterator.next();
            BookVO bookVO= book.getBookVO();
            counter++;
        }
    System.out.println("EJBDAOClient " + counter + " records fetched !");
    }
}
```

Dabei wurde die Methode findAll der BookBean aufgerufen, um alle Datensätze zurückzugeben. Die bereits bestehenden 1.000 Datensätze wurden hier in 14.957 Sekunden ausgelesen. Der Aufruf findAll() dauerte hier 3.016 Sekunden.

```
    public Collection ejbFindAll(){
        return this.baseDAO.findAll();
    }
```

Im Hintergrund wurde natürlich die Methode ejbFindAll() aufgerufen. Die eigentliche Logik liegt aber im DAO, das hier die Arbeit erledigt.

```
    public Collection findAll() throws DAOException{
        ArrayList keyList = new ArrayList();
        try{
            StringBuffer sql = new StringBuffer();
            this.acquire();
            sql.append("SELECT ISBN FROM " ).append(TABLE_NAME);
            statement = getConnection().createStatement();
            ResultSet result = statement.executeQuery(sql.toString());
            while(result.next()){
                keyList.add(result.getString(1));
```

```
            }
            this.statement.close();
        }catch(Exception e){  }
      finally{
        try{
          this.release();
        }catch(Exception e){ }
      }
      return keyList;
}
```

Auffällig ist hier die Benutzung von einfachen `java.sql.Statements`. Eine bessere Performance könnte mit einem `java.sql.PreparedStatement` erzielt werden, das »gepooled« wird. Das Pooling ist in einem EJBContainer leider nicht möglich, da `PreparedStatements` »Connection bezogen« sind. Die `Connection` aber sollte nach jedem Methodenaufruf der Bean geschlossen und somit in die `DataSource` zurückgegeben werden. Abhilfe sollte hier die JDBC 3.0-Spezifikation schaffen, die auch das Poolen von Statements unterstützt.

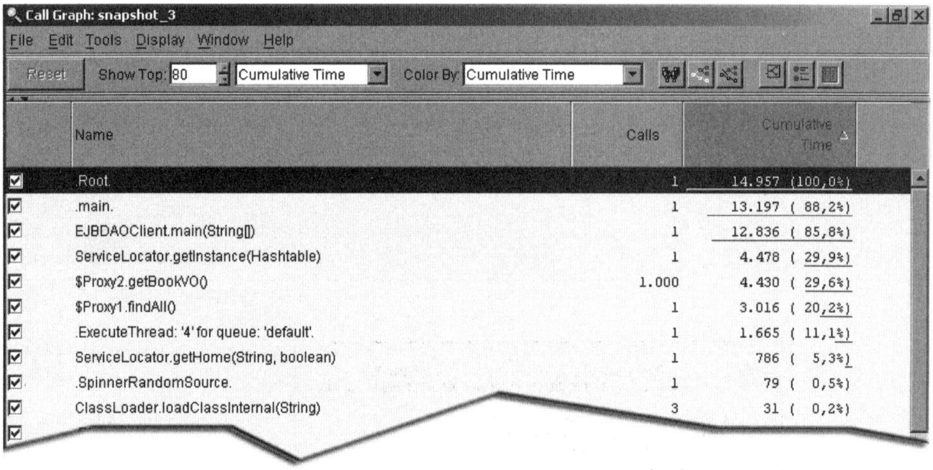
Call Graph: snapshot_3
File Edit Tools Display Window Help
Reset Show Top: 80 Cumulative Time Color By: Cumulative Time
Name
Calls
Cumulative Time
.Root. 1 14.957 (100,0%)
.main. 1 13.197 (88,2%)
EJBDAOClient.main(String[]) 1 12.836 (85,8%)
ServiceLocator.getInstance(Hashtable) 1 4.478 (29,9%)
$Proxy2.getBookVO() 1.000 4.430 (29,6%)
$Proxy1.findAll() 1 3.016 (20,2%)
.ExecuteThread: '4' for queue: 'default'. 1 1.665 (11,1%)
ServiceLocator.getHome(String, boolean) 1 786 (5,3%)
.SpinnerRandomSource. 1 79 (0,5%)
ClassLoader.loadClassInternal(String) 3 31 (0,2%)

Abbildung 5.2: Der direkte Zugriff auf die BMP-Entity

Die Detailansicht des Clients zeigt auch in diesem Fall, dass ein Löwenanteil die Initialisierung des JNDI-Dienstes in Anspruch nimmt. Ganze 4.509 Sekunden oder 35,1% werden hier für die Initialisierung des `ServiceLocators` und somit auch des `InitialContext` benötigt. Da die `ServiceLocator`-Instanz gepooled werden kann, ist der Aufwand hier einmalig.

Data Access Object

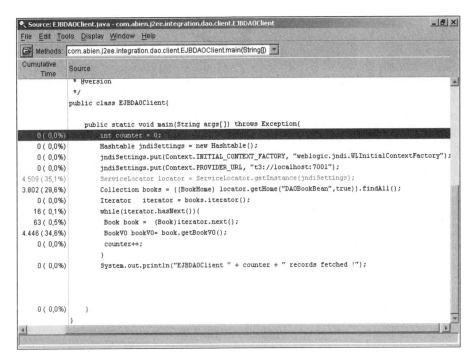

Abbildung 5.3: Die Detailansicht des EJB DAO-Client

Der Aufruf findAll() dauert hier insgesamt 3.802 Sekunden. Dabei wird in der Datenbank nach allen »Büchern« gesucht. Hier wird die DAO-Instanz direkt angesprochen. Alle 1.000 getBookVO Aufrufe dauern insgesamt nur 4.446 Sekunden.

Bei der zweiten Messung wurde die bereits im VLH-Pattern beschriebene CMP Book-Bean Entity angesprochen. Das Remote-Interface der Bean ist hier mit dem der DAO-Bean identisch.

```
public class EJBClient{
    public static void main(String args[]) throws Exception{
        // Initializing Service Locator
  Collection books = ((BookHome) locator.getHome("VLHBookBean",true)).findAll();
        Iterator   iterator = books.iterator();
        while(iterator.hasNext()){
          Book book =  (Book)iterator.next();
          BookVO bookVO= book.getBookVO();
        }
    }
}
```

Auch hier wird auf die gleiche Tabelle und die gleichen Daten zugegriffen. Die Gesamtdauer beträgt hier 15.287 Sekunden, ist also etwa gleich mit der Performance der BMP Bean. Der Aufruf findAll dauerte hier 2.969 Sekunden.

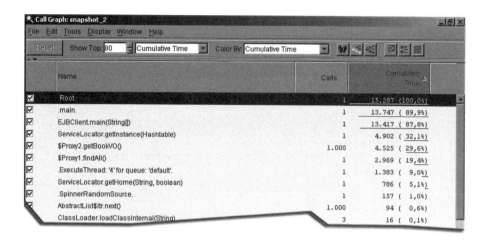

Abbildung 5.4: Der direkte Zugriff auf die CMP-Entity

Die Detailansicht bringt auch keine Überraschungen mit sich, die Zeiten sind hier fast identisch.

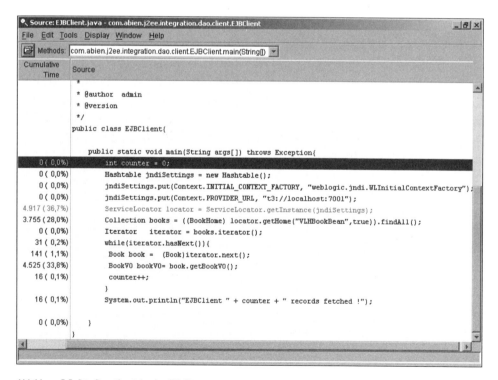

Abbildung 5.5: Die Detailansicht des EJBClients

	BMP Book Bean	CMP 2.0 Book Bean
Gesamtlaufzeit	14.957	15.287
Aufruf findAll	3.016	2.969
1000 Aufrufe getBookVO	4.446	4.525

Neben dem »read only«-Zugriff wurde auch die »Schreib«-Performance beider Varianten getestet. Dabei wurde zuerst die Spalte additonal_info für jede BMP Bean geändert. Für jede Zeile wird ein neues Datum mit dem System.currentTimeMillis() berechnet.

```
public class EJBDAOUpdateClient {
    public static void main (String args[]) throws Exception{
    Hashtable jndiSettings = new Hashtable();
    jndiSettings.put(Context.INITIAL_CONTEXT_FACTORY,
"weblogic.jndi.WLInitialContextFactory");
    jndiSettings.put(Context.PROVIDER_URL, "t3://localhost:7001");
    ServiceLocator locator = ServiceLocator.getInstance(jndiSettings);
        Collection books = ((BookHome)
locator.getHome("DAOBookBean",true)).findAll();
        Iterator  iterator = books.iterator();
        while(iterator.hasNext()){
          Book book = (Book)iterator.next();
          book.setAdditionalInfo(""+System.currentTimeMillis());
        }
    }
}
```

Identisch wird die Performance der CMP Bean bestimmt. Auch hier werden alle 1.000 Datensätze zuerst gelesen, um dann geändert zu werden. Für beide Clients wurde auch hier das Tool »JProbe 3.0 Server Side Edition« der Firma Sitraka (www.sitraka.com) verwendet.

```
public class EJBUpdateClient {
    public static void main (String args[]) throws Exception{
        Hashtable jndiSettings = new Hashtable();
        jndiSettings.put(Context.INITIAL_CONTEXT_FACTORY,
"weblogic.jndi.WLInitialContextFactory");
    jndiSettings.put(Context.PROVIDER_URL, "t3://localhost:7001");
    ServiceLocator locator = ServiceLocator.getInstance(jndiSettings);
    Collection books = ((BookHome) locator.getHome("VLHBookBean",true)).findAll();
        Iterator   iterator = books.iterator();
        while(iterator.hasNext()){
          Book book = (Book)iterator.next();
          book.setAdditionalInfo(""+System.currentTimeMillis());
        }
    }
}
```

Auch hier gibt es wenige Überraschungen. Beide Varianten liegen in der Performance in etwa gleich, was auch die Benutzung der CMP-Persistenz fördert. Es lohnt sich aus Performance-Gründen nicht, die Datenzugriffslogik selber zu implementieren.

	BMP Book Bean	**CMP 2.0 Book Bean**
Gesamtlaufzeit	12.537	12.993
Aufruf findAll	2.969	2.909
1000 setAdditonalInfo **Aufrufe**	2.278	2.498

5.1.8 Konsequenzen

Vorteile

▷ Die DAOs können auch von anderen Komponenten, unabhängig von der EJB Technologie, wieder verwendet werden.

▷ Die Implementierung der DAOs ist austauschbar. Die EJBs müssen beim Tausch des DAOs nicht geändert werden.

▷ Die Testbarkeit der Anwendung kann mit der Verwendung der DAOs erhöht werden, da man hier zusätzliche Tracing- oder Debugging-Ausgaben einbauen kann. In der Produktion lassen sich diese Ausgaben durch einen DAO-Tausch ausschalten.

▷ Durch die Benutzung von DAOs ist man nicht direkt an das Datenbanksystem gekoppelt. Lediglich die Koppelung an das DAO-Interface bestimmt hier die Unabhängigkeit der Bean zu dem Datenbanksystem.

▷ Optimierung, Test und Debugging kann außerhalb vom EJBContainer stattfinden und erleichtert somit die Entwicklung erheblich.

▷ Mit DAOs lassen sich auch nicht standardisierte Ressourcen wie Dateien, Datenbanken ohne JDBC-Treiber und Legacy Systeme integrieren.

▷ Mit DAOs hat man mehr Kontrolle über den Zugriff auf komplexe Datenbanken. Dieser Zugriff wäre mit der CMP-Persistenz oft nicht möglich.

Nachteile

▷ Durch den Eigenbau des DAOs wird das mächtigste Feature jedes Applikationsservers, nämlich die CMP-Persistenz, nicht benutzt. Je nach der Implementierung des Applikationsserver, kann die CMP-Persistenz bessere Performance aufweisen, da der Container in der Lage ist, die Datenzugriffe zu optimieren.

- Der Aufwand für die Implementierung der DAOs ist erheblich höher als die Benutzung der CMP-Persistenz.
- Mit dem Tausch der Datenbank müssen auch meistens die DAOs ausgetauscht werden. Die Koppelung der DAOs zu der Datenbank ist sehr hoch.

5.1.9 Verwandte GoF Patterns

- Factory
- Decorator
- Façade

5.2 Service Activator

5.2.1 Hintergrundinformation

Die Session- und Entity Beans können von dem Client nur synchron aufgerufen werden. Das bedeutet, dass der Client immer warten muss, bis die Bean mit der Abarbeitung der Methode fertig ist. Bei der Abbildung vieler Use Cases ist aber der synchrone Zugriff, oft auch aus Performancegründen, unerwünscht. Aktionen wie verschicken einer eMail, Import-Export-Aktivitäten können asynchron durchgeführt werden.

5.2.2 Zweck

Die Bereitstellung einer zusätzlichen Schicht, die für die asynchronen Vorgänge zuständig ist. Diese Schicht ruft auf der Serverseite synchrone Methoden auf, bietet aber eine asynchrone, clientseitige Schnittstelle für den Client.

5.2.3 Problemstellung

In der J2EE-Entwicklung ist die Benutzung von Threads meistens nicht erlaubt, da diese aus Skalierbarkeitsgründen von dem Applikationsserver verwaltet werden. Diese Threads bieten dem Entwickler die einzige Möglichkeit für die Abbildung von asynchronen Vorgängen. Die EJB-Spezifikation geht noch einen Schritt weiter und verbietet den konkurrenten Zugriff auf die Session Beans. Falls mehrere Threads gleichzeitig mit der gleichen Instanz einer Session Bean kommunizieren sollten, wirft der Container eine RuntimeException. Diese zwingt wiederum den Container zum Zerstören und Entfernen der Bean.

5.2.4 Anforderungen

▶ Bereitstellung von asynchronen Vorgängen, die für die Aktivierung von synchronen Diensten zuständig sind

▶ Eine einfache Schnittstelle muss dem Client zur Verfügung gestellt werden. Über diese Schnittstelle kommuniziert der Client mit dem System und ist in der Lage, auch synchrone Prozesse aufzurufen.

▶ Eine Callback-Funktionalität muss dem Client bereitgestellt werden, um ihn über »fertig gewordene«, synchrone Prozesse zu benachrichtigen.

▶ »Nicht-J2EE-Clients« sollten in der Lage sein, mit dem System zu kommunizieren.

5.2.5 Lösung

Für die Lösung des Problems und die Erfüllung der Anforderungen gibt es unterschiedliche Ansätze, die von der eingesetzten J2EE Spezifikation abhängen. Vor der J2EE 1.3 Spezifikation konnte man dieses Problem nur mit der JMS API direkt lösen.

Das Interface javax.jms.MessageListener: gehört zu der Java Message Service API (JMS) und muss implementiert werden, wenn man vom JMS Service Provider über das Eintreffen einer Nachricht informiert werden will. Die Schnittstelle besteht aus einer einzigen Methode, die bei der Ankunft von einer Nachricht asynchron aufgerufen wird. Die public void onMessage(Message message) enthält Geschäftslogik, die in der Lage ist die Nachricht (javax.jms.Message) zu verarbeiten. Die Logik ist mit den Business-Methoden der Entity bzw. Session Beans vergleichbar und muss natürlich von dem Bean-Provider bereitgestellt werden. Eine Entity bzw. Session Bean darf die Nachrichten nur synchron verarbeiten, sie dürfen also dieses Interface nicht implementieren.

Die EJB 2.0- erweitert die EJB 1.1-Spezifikation um einen weiteren Bean Typ: die Message Driven Bean (MDB). Diese Bean implementiert das Interface javax.ejb.MessageDrivenBean: Diese Schnittstelle gibt lediglich zwei Methoden vor: void ejbRemove() und void setMessageDrivenContext(MessageDrivenContext ctx). Die Methode ejbRemove wird kurz vor der Zerstörung der Bean aufgerufen, die setMessageDrivenContext wird aufgerufen, um den Context zu übergeben. Das MessageDrivenContext bleibt so lange erhalten, bis die Bean zerstört wird. Alle Methoden aus dem Interface javax.ejb.MessageDrivenBean werden in einem unspezifizierten Transaktionskontext aufgerufen.

Ein MDB muss auch das MessageListener-Interface implementieren, um asynchron aufgerufen werden zu können. Leider ist dieses Vorgehen zu sehr an die JMS-API gekoppelt. Die folgenden EJB-Spezifikationen werden versuchen, die MDB von der JMS-API zu entkoppeln.

Obwohl das Interface `MessageDrivenBean` die Methode `ejbCreate` nicht definiert, muss diese in der Bean-Klasse implementiert werden. Die Methode `ejbCreate` darf keine Parameter erwarten und ähnelt hier der gleichnamigen Methode der Stateless Session Bean. Diese Methode wird aufgerufen, kurz nachdem die Bean-Instanz (normalerweise mit der Methode `newInstance`) erzeugt wurde. Ferner ist es auch notwendig, einen parameterlosen Konstruktor zu definieren, damit der Container in der Lage ist, die Bean überhaupt zu instanzieren.

Der Lebenszyklus der MDB besteht aus folgenden Abschnitten:

- `newInstance` Aufruf: Nachdem die Klasse aufgelöst werden konnte (mit dem `Class.forName` Aufruf), ruft der Container die statische Methode `newInstance` auf. Die erzeugte Objektinstanz wird dann mit dem Aufruf des parameterlosen Konstruktors erzeugt.

- `setMessageDrivenContext`: Ähnlich wie bei den »gewöhnlichen« Bohnen wird sofort nach der Erzeugung der Bean der `javax.ejb.MessageDrivenContext` gesetzt.

- `ejbCreate`: diese Methode wird aufgerufen, um zusätzliche, beanabhängige Nachinitialisierungen zu ermöglichen.

- `onMessage`: Nachdem die MDB initialisiert wurde, ist sie bereit, asynchrone Nachrichten zu verarbeiten. Diese Methode wird von dem Container aufgerufen, um eine ankommende `Message` zu verarbeiten.

- `ejbRemove`: Diese Methode wird kurz vor der Zerstörung der MDB aufgerufen. Der Entwickler hat hier noch die Möglichkeit, beanspruchte Ressourcen freizugeben.

Alle Nachrichten werden asynchron verarbeitet. Die Reihenfolge der ankommenden Nachrichten muss nicht mit der Reihenfolge der gesendeten Nachrichten übereinstimmen. Die momentan gültige EJB-Spezifikation (EJB 2.0) schreibt die Benutzung der JMS-API vor. Mit dieser API ist es möglich, verschiedene Modi der Benachrichtigung der `javax.jms.Session`-Klasse zu benutzen.

Diese sollten aber nicht explizit benutzt werden, sie werden vom Container zusammen mit der jeweiligen Transaktion verwaltet. Der »Acknowledgement-Modus« lässt sich aber leicht von dem Entwickler in dem Deployment Descriptor beeinflussen. Es muss lediglich ein neuer `acknowedge-mode`-Tag angegeben werden.

- `DUPS_ON_ACKNOWLEDGE`: dieser Modus sollte die beste Performance liefern. Allerdings können hier Nachrichten mehrfach an die gleichen Empfänger ausgeliefert werden.

- `AUTO_ACKNOWLEDGE`: nachdem der EJBContainer den Aufruf `onMessage()` bereits abgearbeitet hat, wird die Auslieferung der Message automatisch bestätigt. Es reicht, wenn die Methode `onMessage` ohne Exception beendet wird. Dieser Modus garantiert die einmalige Auslieferung einer Nachricht.

▶ CLIENT_ACKNOWLEDGE: dieser Modus zwingt den MessageListener, den Empfang einer Nachricht zu bestätigen. Dies geschieht mit dem Aufruf Message.acknowledge(). Der MessageListener ist selber für die Bestätigung verantwortlich, was mehr Kontrolle über die Auslieferung der Nachrichten bietet.

▶ Dem Entwickler stehen, abhängig von der eingesetzten EJB-Spezifikation, unterschiedliche Ansätze zur Verfügung. Vor EJB 2.0 musste das onMessage-Interface von einer gewöhnlichen Klasse implementiert werden. Die Klasse setzt dann den Aufruf onMessage in einen synchronen Aufruf um. Beim synchronen Aufruf handelt es sich meistens um einen Aufruf des Remote-Interfaces einer Bean.

```
public class BookLoader implements MessageListener{
  private BookHome       bookHome        = null;
  private final static String  MDB_BOOK_BEAN  = "MDBBookBeanLocal";
  public BookLoader() throws Exception{
        this.init();
  }
  private void init() throws Exception{
   Hashtable jndiSettings = new Hashtable();
  jndiSettings.put(Context.INITIAL_CONTEXT_FACTORY,
  "weblogic.jndi.WLInitialContextFactory");
  jndiSettings.put(Context.PROVIDER_URL, "t3://localhost:7001");
  ServiceLocatorEJB locator = new ServiceLocatorEJB(jndiSettings);
  this.bookHome = (BookHome)locator.getHome(MDB_BOOK_BEAN);
  }
  public void onMessage(Message message) {
        BookVO value = null;
          if(message == null)
             throw new JMSException("Message was not null!");
          if(message instanceof ObjectMessage){
   try{
    ObjectMessage objectMessage = (ObjectMessage)message;
    Object temp = objectMessage.getObject();
    if(!(temp  instanceof BookVO))
        throw new JMSException ("ObjectMessage was not a BookVO ");
    value = (BookVO)temp;
  bookHome.create(value.getISBN(),value.getTitle(),value.getAuthor(),value.getPrice(
  ));
       }catch(Exception e){
      throw new JMSException("BookLoader.onMessage following Exception occured: " +
  e.toString());
        }
    }else{
    throw new JMSException("Message was not a ObjectMessage !" +
  message.getClass().getName());
      }
   }
  }
```

- Beim Einsatz der EJB 1.1-Spezifikation ist die Kommunikation über die Local-Interfaces der Bean nicht möglich. Hier wird das Remote-Interface BookHome aufgerufen, was standardmäßig die Stub-Skeleton-Kommunikation impliziert.
- Auch für die Registrierung des MessageListeners ist der Entwickler selbst verantwortlich. Typischerweise kann der MessageListener mit folgendem Code registriert werden.

```
public void registerListener() throws Exception{
//Initializing the Hashtable with JNDI settings
 ServiceLocator locator = new ServiceLocator(jndiSettings);
 QueueConnectionFactory factory =
locator.getQueueConnectionFactory(JMS_CONNECTION_FACTORY);
 QueueConnection connection = factory.createQueueConnection();
 QueueSession session =
connection.createQueueSession(false,Session.AUTO_ACKNOWLEDGE);
 Queue queue = locator.getQueue(QUEUE);
 QueueReceiver queueReceiver = session.createReceiver(queue);
 queueReceiver.setMessageListener(new BookLoader());
}
```

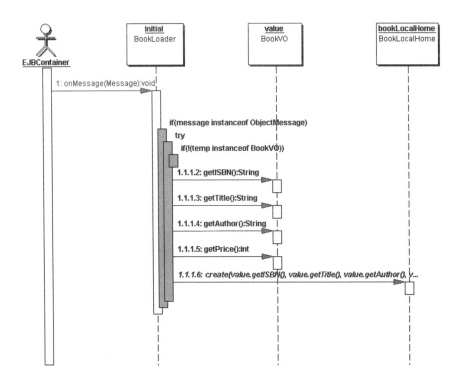

Abbildung 5.6: Die Message Driven Bean als Façade

Der Service Activator wartet auf die für ihn bestimmten Nachrichten, die in Form von Implementierungen des Interfaces javax.jms.Message zugestellt werden. Diese Nachricht muss dann entpackt oder geparsed werden. Mit den gewonnenen Informationen können dann die Methoden anderer EJBs aufgerufen werden. Da eine Message Driven Bean auch zusammen mit anderen »gewöhnlichen« EJBs in einem Archiv deployed werden kann, »darf« diese auch die Local-Interfaces dieser Beans aufrufen. Dieser Aufruf des Local-Interfaces bringt Performancevorteile mit sich, da es sich dabei um einen lokalen, direkten Aufruf handelt. Der Mehraufwand, der mit der Stub-Skeleton-Kommunikation einhergeht, fällt hier komplett weg.

Die Message Driven Bean entspricht hier auch dem Façade-Pattern. Die MDB bietet eine einfache Schnittstelle und verbirgt die komplexe Funktionalität des Systems vor dem Client.

5.2.6 Praxis

In der Praxis werden die MDBs für die Abbildung von asynchronen Vorgängen benutzt. Dabei kann es sich um das Verschicken von eMails oder Import/Exportfunktionalitäten handeln. In unserem Beispiel handelt es sich um eine Ladeschnittstelle, die für das Laden von Artikelinformationen benutzt wird. Als Nachricht dient hier das bereits bekannte Value Object BookVO.

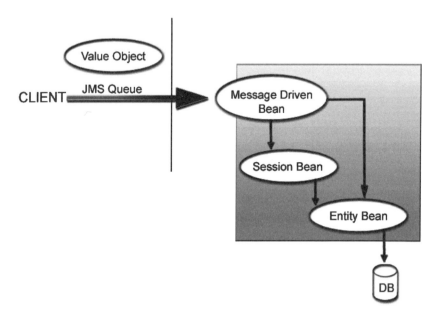

Abbildung 5.7: Die Kommunikation des Clients mit der MDB

Dieses ist serialisierbar und eignet sich deswegen hervorragend als Message-Inhalt.

```
public class BookVO implements Serializable{
  private String isbn = null;
  private String author = null;
  private String title  = null;
  private int     price = 0;
  private String additionalInfo = null;
//...getters + setters
}
```

Bei der Klasse com.abien.j2ee.integration.mdb.BookLoader handelt es sich hier um eine Message Driven Bean. Diese »kennt« die BookBean und benutzt ihre Localschnittstelle BookLocalHome. Das Entpacken der Message und Casten auf das BookVO wird auch von dem BookLoader übernommen.

```
public class BookLoader implements MessageDrivenBean{
 private MessageDrivenContext messageDrivenContext = null;
 private BookLocalHome        bookLocalHome       = null;
 private final static String  MDB_BOOK_BEAN_LOCAL  = "java:comp/env/ejb/MDBBookBeanLocal";
 public void setMessageDrivenContext(MessageDrivenContext messageDrivenContext) {
   this.messageDrivenContext = messageDrivenContext;
 }
   public void ejbCreate(){
       this.init();
   }
 private void init() throws EJBException{
  try{
  Hashtable jndiSettings = new Hashtable();
  jndiSettings.put(Context.INITIAL_CONTEXT_FACTORY,
"weblogic.jndi.WLInitialContextFactory");
  jndiSettings.put(Context.PROVIDER_URL, "t3://localhost:7001");
  ServiceLocatorEJB locator = new ServiceLocatorEJB(jndiSettings);
  this.bookLocalHome = (BookLocalHome)locator.getLocalHome(MDB_BOOK_BEAN_LOCAL);
  }catch(Exception e){
  throw new EJBException("Following exception occured during initializing BookLoader: " + e.toString());
   }
   }
 public void onMessage(Message message) {
     BookVO value = null;
       if(message == null)
          throw new EJBException("Message was not null!");
       if(message instanceof ObjectMessage){
     try{
         ObjectMessage objectMessage = (ObjectMessage)message;
         Object temp = objectMessage.getObject();
         if(!(temp  instanceof BookVO))
           throw new EJBException("ObjectMessage was not a BookVO ");
         value = (BookVO)temp;
```

```
    bookLocalHome.create(value.getISBN(),value.getTitle(),value.getAuthor(),value.
getPrice());
        }catch(Exception e){
        throw new EJBException("BookLoader.onMessage following Exception occured:
        " + e.toString());
            }
        }else{
        throw new EJBException("Message was not a ObjectMessage !" +
message.getClass().getName());
            }

        }
        public void ejbRemove() { }
}
```

Der Deployment Descriptor für die MDB ist einfach. Der Grund dafür sind die nicht benötigten Einträge für die Home- und Remote- und ggf. die optionalen Einträge für die Local-Interfaces. Falls man mit anderen EJBs kommunizieren möchte, müssen diese Referenzen auch in dem Descriptor eingetragen werden.

```
    <message-driven>
      <ejb-name>BookLoader</ejb-name>
      <ejb-class>com.abien.j2ee.integration.serviceactivator.mdb.BookLoader</ejb-class>
      <transaction-type>Container</transaction-type>
      <acknowledge-mode>auto-acknowledge</acknowledge-mode>
      <message-driven-destination>
         <destination-type>javax.jms.Queue</destination-type>
      </message-driven-destination>
      <ejb-local-ref>
        <ejb-ref-name>ejb/MDBBookBeanLocal</ejb-ref-name>
        <ejb-ref-type>Entity</ejb-ref-type>
        <local-home>com.abien.j2ee.integration.serviceactivator.ejb.BookLocalHome</local-home>
        <local>com.abien.j2ee.integration.serviceactivator.ejb.BookLocal</local>
           <ejb-link>mdb.jar#MDBBookBean</ejb-link>
       </ejb-local-ref>
    </message-driven>
```

Jeder Applikationsserverhersteller benötigt noch einen zusätzlichen, proprietären Descriptor. In diesem können zusätzliche Informationen hinzugefügt werden. Für den WebLogic Server 6.1 der Firma BEA (*www.bea.com*) muss noch folgende XML-Datei mitdeployed werden.

```
    <weblogic-enterprise-bean>
      <ejb-name>BookLoader</ejb-name>
      <message-driven-descriptor>
        <pool>
           <initial-beans-in-free-pool>1</initial-beans-in-free-pool>
        </pool>
```

```
      <destination-jndi-name>com.abien.j2ee.BookQueue</destination-jndi-name>
    </message-driven-descriptor>
    <reference-descriptor>
      <ejb-local-reference-description>
        <ejb-ref-name>ejb/MDBBookBeanLocal</ejb-ref-name>
        <jndi-name>MDBBookBeanLocal</jndi-name>
      </ejb-local-reference-description>
    </reference-descriptor>
  </weblogic-enterprise-bean>
```

Der wichtigste Eintrag ist jedoch das Tag `<destination-jndi-name>`. Hier muss die JMS Destination (z.B. eine Queue) eingetragen werden, an dessen Nachrichten die MDB interessiert ist.

Der Applikationsserver puffert die ankommenden Nachrichten in der Destination und ruft dann die Methode `onMessage` der MDB mit den gepufferten Inhalten auf. Dieser Vorgang kann auch parallel ausgeführt werden, da die MDBs zustandslos und somit austauschbar sind. Der Durchsatz der Gesamtanwendung steigt typischerweise mit der Erhöhung der Parallelität.

5.2.7 Performance

Um die Performance zu messen, wurden zwei Clients entwickelt. Beide legen neue Datensätze in der Datenbank an. Der `EJBBookClient` arbeitet hier auf konventionelle Art und Weise und ruft das Remote-Home-Interface der Entity Bean auf. Es werden hier 1.000 neue Datensätze angelegt.

```
public class EJBBookClient{
  public static void main(String args[]) throws Exception{
  Hashtable jndiSettings = new Hashtable();
  jndiSettings.put(Context.INITIAL_CONTEXT_FACTORY,
"weblogic.jndi.WLInitialContextFactory");
  jndiSettings.put(Context.PROVIDER_URL, "t3://localhost:7001");
  ServiceLocator locator = ServiceLocator.getInstance(jndiSettings);
  BookHome bookHome = (BookHome) locator.getHome("MDBBookBean",true);
    //create book entries
    for(int i=0;i<1000;i++){
      bookHome.create(i+ "","Title " +i,"Author "+i,90);
    }
  }
}
```

Die benötigte Gesamtzeit für die Ausführung des Ladevorgangs beträgt hier 36.920 Sekunden. Davon dauern alleine die `create`-Aufrufe des Home-Interfaces der Book-Bean 28.955 Sekunden.

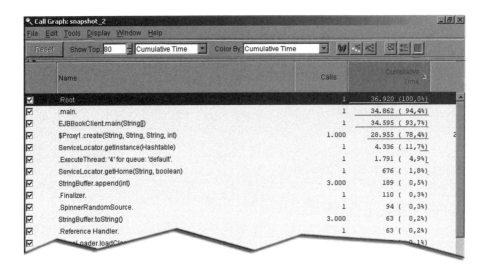

Abbildung 5.8: Direkter, synchroner Zugriff auf die Entity Bean

Die Detailansicht des Source Codes bestätigt nochmals die Tatsache, dass die Erzeugung des Service Locators aufwändig ist. Dieser Vorgang dauert hier ganze 3.383 Sekunden.

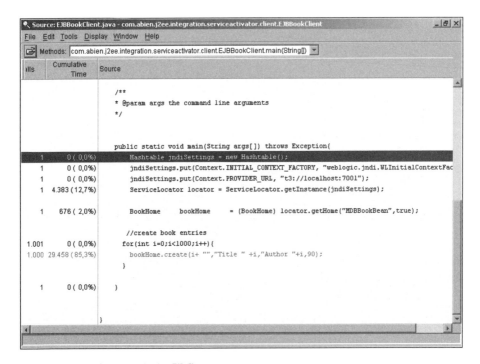

Abbildung 5.9: Die Detailansicht des EJBClients

Der asynchrone Client ist wesentlich komplexer als der synchrone. Neben dem Sevice-Locator müssen noch eine Menge JMS-spezifischer Klassen instanziert werden. Zuerst wird die `QueueConnectionFactory` initialisiert. Dieser Vorgang dauert hier in etwa eine halbe Sekunde. Die Erzeugung einer `javax.jms.QueueConnection` ist schon aufwändiger und dauert 2.042 Sekunden.

Die Initialisierungen der Klassen `javax.jms.QueueSession`, `javax.jms.Queue`, `javax.jms.QueueSender` dauern unter einer Sekunde und können somit im Vergleich vernachlässigt werden.

```
public class BookLoaderClient {
  private static final String JMS_CONNECTION_FACTORY = "com.abien.j2ee.JMSFactory";
  public final static String QUEUE = "com.abien.j2ee.BookQueue";
  public static void main(String args[]) throws Exception{
    Hashtable jndiSettings = new Hashtable();
jndiSettings.put(Context.INITIAL_CONTEXT_FACTORY,
"weblogic.jndi.WLInitialContextFactory");
jndiSettings.put(Context.PROVIDER_URL, "t3://localhost:7001");
ServiceLocatorEJB locator = new ServiceLocatorEJB(jndiSettings);
QueueConnectionFactory factory =
locator.getQueueConnectionFactory(JMS_CONNECTION_FACTORY);
    QueueConnection connection = factory.createQueueConnection();
    QueueSession session =
connection.createQueueSession(false,Session.AUTO_ACKNOWLEDGE);
    Queue            queue = locator.getQueue(QUEUE);
    QueueSender      queueSender = session.createSender(queue);
    ObjectMessage message = session.createObjectMessage();
    connection.start();
    BookVO    book = new BookVO();
    for(int i=0;i<1000;i++){
       book.setISBN(""+i);
       book.setTitle("Title "+i);
       book.setAuthor("Author "+i );
       book.setPrice(10+i);
       message.setObject(book);
       queueSender.send(message);
     }
   }
}
```

Als Nachricht dient hier die serialisierbare Instanz `BookVO`. Das Befüllen des Value Objects findet nur lokal statt, was auch sehr performant ist.

Das Verschicken der Nachricht findet nach folgenden Methoden statt:

```
message.setObject(book);
queueSender.send(message);
```

Dabei wird das Value Object mit dem Aufruf `message.setObject` zuerst verpackt und mit dem Aufruf `queueSender.send()` dann schließlich verschickt. Alle 1.000 `setObject`-Aufrufe dauerten nur ca. 2 Sekunden. Das Verschicken von 1.000 Nachrichten dauert 3.016 Sekunden.

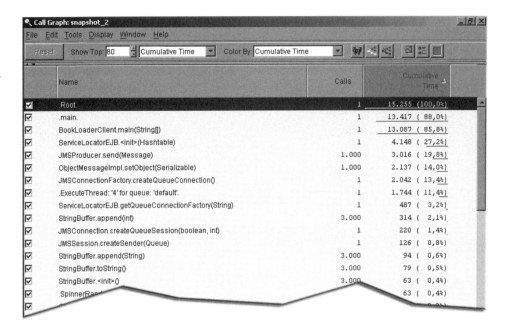

Abbildung 5.10: Der indirekte, asynchrone Zugriff auf die Entity Bean

Insgesamt werden hier für die Ausführung des Clients nur ca. 15.255 Sekunden benötigt. Das Laden der Daten ist hier doppelt so schnell, als dies bei dem synchronen Vorgang der Fall war.

Trotzdem darf die Tatsache hier nicht vernachlässigt werden, dass die Erzeugung der QueueConnection 2 Sekunden dauerte. Da die Initialisierung dieses Clients um ca. 2 Sekunden aufwändiger ist, kann die Performance erst bei größeren Datenmengen relativ zu dem synchronen Vorgang verbessert werden.

Das direkte, synchrone Laden der Entity Bean über das Remote-Interface dauert 36.920 Sekunden. Das asynchrone Laden der gleichen Entity mit einer vorgeschalteten Message Driven Bean dauert nur 15.255 Sekunden. Obwohl diese MDB das BookHomeLocal-Interface für die Kommunikation verwendet, kann dies allein nicht die Performance so dramatisch erhöhen.

Die Ursache liegt in dem Puffer des Applikationsservers. Alle ankommenden Nachrichten werden hier zwischengespeichert. Dazu kann oft entweder eine Datei (im Allgemeinen etwas schneller) oder eine Datenbank verwendet werden. Der Client schickt dann asynchron alle Nachrichten, die sofort abgearbeitet werden. Falls aber das Befüllen der Entity langsamer sein sollte als das Befüllen der Queue, werden die ankommenden Messages zwischengespeichert oder »gequeued«. Ein guter EJBContainer ist auch in der Lage, die Nachrichten parallel zu lesen und mehrere Entity-Instanzen parallel zu laden.

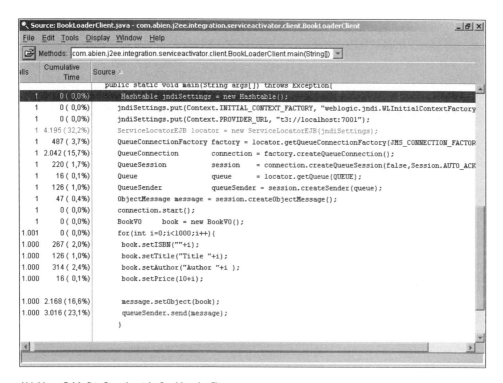

Abbildung 5.11: Die Detailansicht BookLoaderClient

Das bedeutet in diesem Falle, dass die 15.255 Sekunden nur die Dauer der Befüllung der Queue ausmachen. Der Gesamtaufwand der synchronen Kommunikation kann den Aufwand des synchronen Vorgangs übersteigern. Auch wenn der Client schon längst »fertig« ist, kann der Server noch mit dem Befüllen der Entities beschäftigt sein.

	Synchroner Aufruf	Asynchroner Aufruf
Gesamtlaufzeit	36.920	15.255
Aufruf create/setObject + send	29.458	3.016 + 2.168

5.2.8 Konsequenzen

Vorteile

▶ Der Client muss sich nicht mit Home- und Remote-Interfaces auseinander setzen, um mit dem Server kommunizieren zu können. Lediglich die JMS-API muss hier bekannt sein.

▶ Der Client ist von der Geschäftslogikschicht völlig entkoppelt. Die einzige Koppelung besteht durch den Namen der Queue und der Message.

- Mit einer MDB können auch »nicht-Java-Clients« kommunizieren. Der Service Activator bietet eine wohldefinierte Schnittstelle für Clients aller Programmiersprachen, die in der Lage sind in eine JMS-Queue zu schreiben. Die IBM JMS-Implementierung (MQ Series) ermöglicht den C/C++- und sogar PL1-Programmen das Schreiben in solche Queues.

- Durch die gegebene Asynchronität der Kommunikation mit der MDB braucht der Client nicht zu warten, bis der Vorgang beendet ist. Er kann mit seiner Arbeit sofort fortfahren.

Nachteile

- Die Kommunikationsschnittstelle zu der MDB ist zu allgemein. Die Art der übergebenen Messages wird erst zur Laufzeit überprüft. Das kann zu Lauftzeitproblemen wie z.B. `java.lang.ClassCastExceptions` führen. Ein »intelligenter« Code erfordert einen Mehraufwand des Entwicklers.

- Eine typische Webanwendung baut auf der synchronen Request-Response-Kommunikation des Browsers mit dem Web- oder Applikationsserver auf. Die »Asynchronität« lässt sich somit nur mit Prozessen vereinbaren, die lediglich aus dem Request- und nicht aus dem Response-Teil bestehen.

- Für die MDB wird die EJB 2.0-Spezifikation benötigt.

- Für die MDB kann keine Security Identity eingetragen werden.

5.2.9 Verwandte GoF Patterns

- Façade
- Decorator
- Adapter

6 Die Star-Finder.com Anwendung

Dieses Kapitel beschreibt eine Webanwendung, die aus den bereits bekannten J2EE-Patterns besteht. Es handelt sich dabei um eine Sternensuchmaschine. Die benötigten Daten werden aus frei verfügbaren Katalogen gewonnen. In unserem Beispiel verlassen wir uns auf den »Bonner Durchmusterungkatalog«, der frei heruntergeladen werden kann. (*ftp://adc.gsfc.nasa.gov/pub/adc/archives/catalogs/1/1122/*). Der Katalog besteht aus 325.000 Sternen, die zuerst in unsere Anwendung geladen werden müssen.

6.1 Kurzbeschreibung

Die Anwendung star-finder.com ermöglicht eine einfache Suche nach Sternen aus vorher geladenen Sternenkatalogen. Standardmäßig wird hier der »Bonner Durchmusterungskatalog« verwendet. Aber auch andere Kataloge können als Datenquelle dienen. Dazu muss allerdings ein entsprechender Adapter implementiert werden.

Die bereits geladene Sterne können nach folgenden Kriterien gesucht werden:

▶ Helligkeit

▶ Helligkeitsbereich

▶ Zone

▶ Sterndaten

▶ Deklination

▶ Deklinationsbereich

Die hier aufgeführten Kriterien dienen lediglich als Beispiel. Zusätzliche Suchmöglichkeiten lassen sich auf einfache Art und Weise einbauen.

Der Benutzer greift auf die Anwendung über einen Webbrowser zu. Dabei werden keine besonderen Voraussetzungen an den Webbrowser gestellt. Der Großteil der Geschäftslogik befindet sich auf dem Applikationsserver, was die Komplexität der Seiten deutlich reduziert.

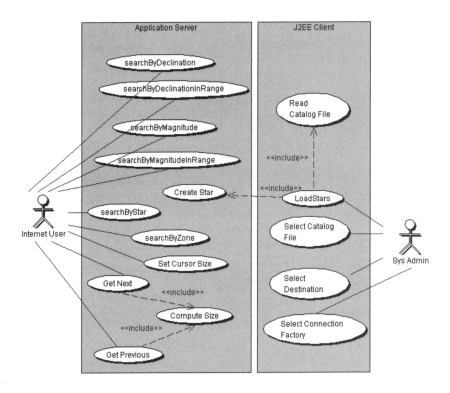

Abbildung 6.1: Die wichtigsten Anwendungsfälle der Anwendung

Für das Laden der Sterne werden lediglich eine Datei, der Name der MDB-Queue und der Name der QueueConnectionFactory benötigt. Falls ein anderes Format als der »Bonner Durchmusterungskatalog« verwendet wird, muss ein zusätzlicher Adapter bereitgestellt werden. Der Ladevorgang findet asynchron statt und beeinflusst auf diese Art und Weise nicht den Internetbenutzer.

6.2 Der Ladevorgang

Da das Laden der Sterne nicht synchron stattfinden muss, eignet sich zu diesem Zweck die asynchrone Natur des Service Activator-Patterns sehr gut. Dieses wird durch eine Message Driven Bean realisiert, die beim Deployment einer festgelegten Destination zugeordnet wurde. Der EJBContainer ruft die Methode onMessage der Bean beim Eintreffen einer Nachricht auf.

Der J2EE Client ist nur lose an die Message Driven Bean gekoppelt. Der Grad der Koppelung wird durch das Value Object StarVO bestimmt. Die von dem Client gelesenen Daten müssen den Attributen des Value Objects entsprechen, damit diese bis zu der

Session Façade transportiert werden können. Die geladenen Katalogdaten sollten aber zumindest diese Attribute abdecken, die für die Bildung des Primärschlüssels der StarBean notwendig sind.

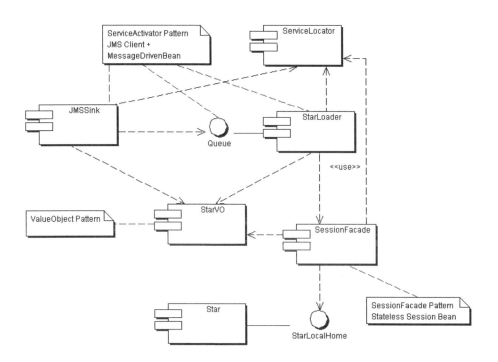

Abbildung 6.2: Die für das Laden der Daten relevanten Komponenten

Die Klasse com.abien.j2ee.starsearch.client.StarLoader ist ausführbar und bietet somit den Einstiegspunkt der Ladeanwendung. Die Methode load dieser Klasse ist für das Laden der Sterne zuständig:

```
public void load() throws Exception{
  this.sinkFactory= new
SinkFactory("com.abien.j2ee.starsearch.client.loader.JMSSink",this.destinationName
,this.factoryName);
    this.sink         = this.sinkFactory.getSinkIF();
    this.adapterFactory = new
LoadEntryAdapterFactory("com.abien.j2ee.starsearch.client.bd.BDAdapter");
    this.loadEntry    = this.adapterFactory.getLoadEntryAdapter();
    Loader loader     = new Loader(this.loadEntry,new BufferedReader(new
FileReader(this.fileName)),this.sink);
    loader.run();
//some outputs
   }
```

Die Klasse `StarLoader` kennt lediglich die `LoadEntryAdapterFactory` und die `SinkFactory`. Diese sind für das Erzeugen von Implementierungen der Interfaces `LoadEntryAdapter` und `SinkIF` zuständig. Mit der Anwendung werden zwei Standardimplementierungen dieser Interfaces ausgeliefert. Es handelt sich dabei um den `BDAdapter` und die Senke `JMSSink`.

Diese Implementierungen sind für das Lesen und »Schreiben« der Daten verantwortlich. Der `BDAdapter` (BD steht hier für »Bonner Durchmusterungskatalog«) kennt das Format des Katalogs. Hier ein Auszug der Originaldatei:

```
BD+89    1  9.5 011 5. +8936.2
BD+89    2  9.2 11735. +89 0.2
BD+89    3  8.8 14936. +8929.2
BD+89    4  9.4 15057. +8923.6
BD+89    5  9.5 15158. +8913.3
```

Die Implementierungen des Interfaces `LoadEntryAdapter` übernehmen hier auch die Konvertierungsaufgaben. Jede Zeile der Katalogdatei wird gelesen und in ein Value Object `StarVO` umgewandelt. Mit dem Tausch des Adapters können auch andere Sternenkataloge oder Formate geladen werden.

```
public interface LoadEntryAdapter {
    public StarVO loadLine(String line) throws ConvertException;
}
```

Die Klasse `JMSSink` stellt hier eine Senke dar. Dabei muss das Interface `SinkIF`, somit auch alle seine Methoden, implementiert werden.

```
public interface SinkIF {
    public void setDestinationName(String destinationName);
    public void setQueueConnectionFactoryName(String factoryName);
    public void load(StarVO star) throws LoadException;
    public void commit() throws LoadException;
    public void init()   throws Exception;
}
```

Dieses Interface ist völlig von der eingesetzten Technologie entkoppelt und legt lediglich die Ladefunktionalität seiner Implementierung fest.

Die Implementierung des Interfaces `SinkIF` übernimmt die von dem `LoadEntryAdapter` erzeugten Value Objekte und konsumiert diese. Dabei schreibt die Instanz `JMSSink` die `StarVO` Instanzen in eine `javax.jms.Queue`.

```
public void load(StarVO star) throws LoadException {
  try{
    message.setObject(star);
    queueSender.send(message);
  }catch(JMSException exception) {
      throw new LoadException("[JMSSink.load]Exception sending StarVO " + star
  + " reason " + exception);
   }
 }
```

Der Ladevorgang

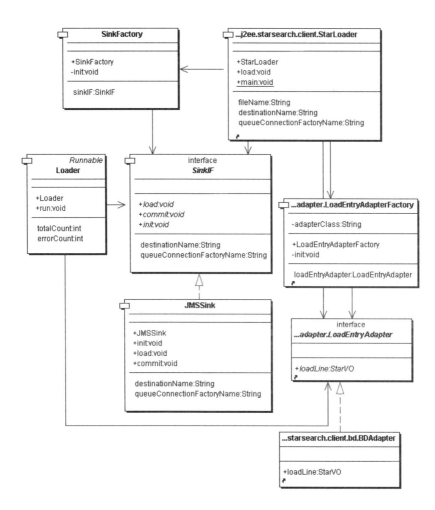

Abbildung 6.3: Die für das Laden der Daten zuständigen Klassen

Die Quelle und die Senke kennen sich gegenseitig nicht. Allerdings kennt die Klasse Loader sowohl die Quelle als auch die Senke und ist mit den beiden Schnittstellen eng gekoppelt.

```
public void run(){
    String line    = null;
    StarVO retVal = null;
    do{
    try{
        line = reader.readLine();
        retVal = this.loadEntryAdapter.loadLine(line);
        this.sink.load(retVal);
        this.sink.commit();
```

```
    }catch(Exception e){ }
  }while(line != null);
}
```

Der StarLoader übernimmt hier die Vermittlerrolle und sorgt für die Übergabe der von der Instanz des LoadEntryAdapter erzeugten Value Objekte an die Senke.

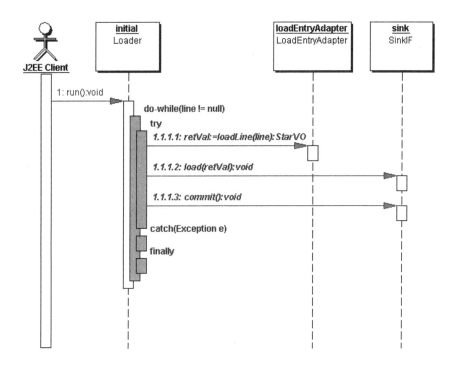

Abbildung 6.4: Die Klasse Loader mit der Datenquelle und Senke

Die Aufgabe des MessageListeners übernimmt eine MessageDrivenBean com.abien. j2ee.starsearch.loader.StarLoader. Dabei wird die Methode onMessage bei der Ankunft von Nachrichten von dem EJBContainer asynchron aufgerufen.

```
public void onMessage(Message message) {
  StarVO star = null;
  if(message == null)
throw new EJBException("Message was not null!");
  if(message instanceof ObjectMessage){
  try{
     ObjectMessage objectMessage = (ObjectMessage)message;
     Object temp = objectMessage.getObject();
if(!(temp instanceof StarVO))
```

Der Ladevorgang

```
       throw new EJBException("ObjectMessage was not a StarVO ");
           star = (StarVO)temp;
           this.starFacadeLocal.create(star);
         }catch(Exception e){
         throw new EJBException("Following Exception occured: " + e.toString());
         }
       }else{
           throw new EJBException("Message was not a ObjectMessage !" +
message.getClass().getName());
           }
         }
```

Hier wird die ankommende javax.jms.Message zuerst auf ihren Typ untersucht und dann entpackt. Als Inhalt wird nur eine Instanz der Klasse StarVO akzeptiert. Diese wird sofort an die Session Façade weitergereicht.

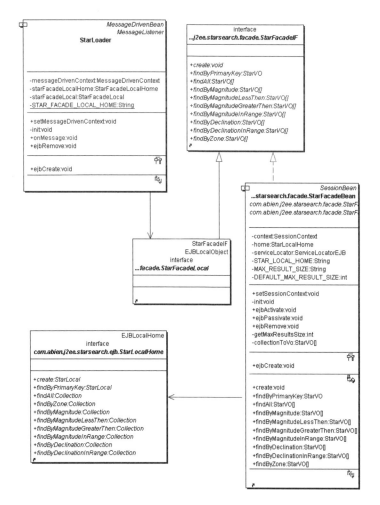

Abbildung 6.5: Die Message Driven Bean mit der Session Façade

Diese entpackt die Daten des `StarVO`s, um diese an die Methode `create` der Entity Bean `com.abien.j2ee.starsearch.ejb.Star` zu übergeben.

```
public void create(StarVO star) throws CreateException{
  this.home.create(star.getCatalogPrefix() , star.getZoneSign(),
  star.getDeclinationZone(), star.getNumberWithinZone(),
  star.getNote(),star.getMagnitude(),star.getRightAscensionHours(),star.
  getRightAscensionMinutes(),star.getRightAscentionSeconds(),star.
  getSignOfDeclination(),star.getDeclinationDegrees(),star.getDeclinationMinutes());
}
```

Natürlich kann hier nicht direkt mit der Beaninstanz kommuniziert werden. Die `SessionFacadeBean` »kennt« zu diesem Zweck das Interface `com.abien.j2ee.starsearch.ejb.StarLocalHome`.

Der Transaktionskontext einer gestarteten Transaktion kann somit bequem von der Message Driven Bean an die Session Façade und dann auch an die Entity Bean propagiert werden. Sowohl für die Transaktionssteuerung als auch für das Finetuning der JMS-Einstellungen sind der Deployment Descriptor der Anwendung und die zusätzlichen, proprietären Descriptoren der Hersteller zuständig.

Die Ladeperformance des Clients hängt von sehr vielen Faktoren ab. Auf meinem Testrechner betrug die Performance aus der Sicht des Clients von 14 Sternen/Sekunde mit der J2EE 1.3 RI bis zu 2928 Sterne/Sekunde mit dem BEA WebLogic 6.1 Applikationsserver.

Obwohl für den Client der Vorgang schon längst erledigt ist, kann der Applikationsserver noch einige Minuten oder sogar Stunden »nachlaufen«. Die für den Client performanteste Lösung kann sich aus der Sicht des Applikationsservers als die langsamste herausstellen.

Die einfachste Tuningmaßnahme, falls ausreichend Speicher vorhanden, ist das Ausschalten der Persistenz der Queues. Somit werden alle Nachrichten in dem Arbeitsspeicher gehalten, was die Performance drastisch verbessern kann. Bei einem Serverabsturz können allerdings die Daten verloren gehen, was die Konsistenz der Anwendung gefährdet. Auch das so genannte »Batchloading« kann die Performance deutlich erhöhen. Unter diesem Begriff wird das Laden mehrerer Datensätze innerhalb einer Transaktion verstanden. Allerdings können auch hier Daten verloren gehen. Es reicht ein einziger, fehlerhafter Datensatz, um die ganze Transaktion zurückzusetzen. Dabei gehen die übrigen, vielleicht auch gültigen Datensätze verloren.

Ein Rollback kann den JMS-Provider des Applikationsservers veranlassen, die Message noch mal zu verschicken, was wiederum zu einem Rollback führt. Obwohl die meisten JMS-Provider nach einer vorher eingestellten Anzahl der »Lieferversuche« abbrechen, kann dies zu einer Überlastung des Servers führen.

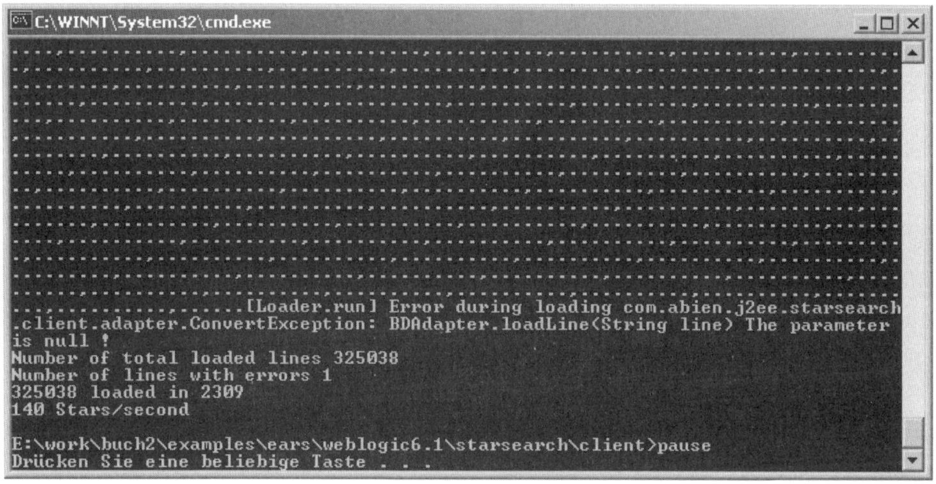

Abbildung 6.6: Ladeperformance des Clients mit einer persistenten Queue und Batchloading

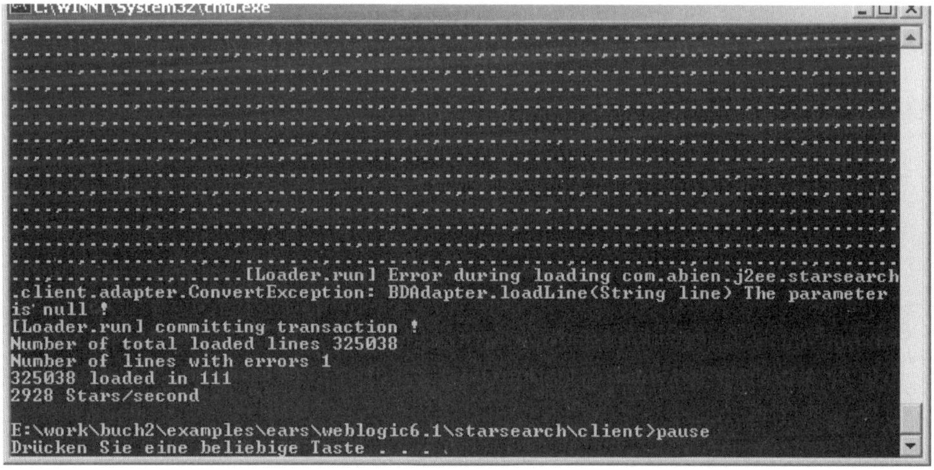

Abbildung 6.7: Ladeperformance aus der Sicht des Clients mit Batchloading und kumulierenden Transaktionen

6.3 Die Sternensuche

Bei der Sternensuche handelt es sich um die Kernfunktionalität der star-finder.com Anwendung. Dabei wird nach bestimmten Kriterien in dem vorher geladenen Datenbestand gesucht. Die gefundenen Sterne mit ihren Daten werden im Webbrowser dargestellt. Das Blättern innerhalb einer größeren Ergebnismenge wird dem Benutzer zur Verfügung gestellt.

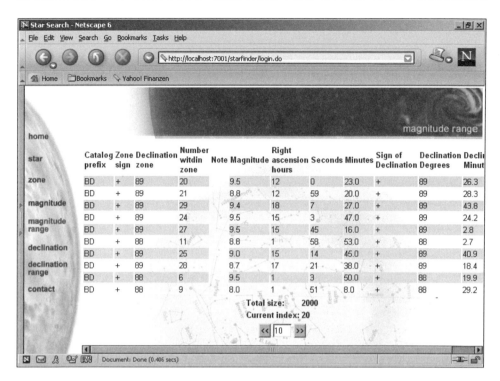

Abbildung 6.8: Das Blättern innerhalb einer größeren Ergebnismenge

Dieses Blättern ermöglicht dem Benutzer die Navigation innerhalb der gefundenen Datensätze. Die Größe der auf einmal darzustellenden Datensätze kann hier eingestellt werden.

6.3.1 Die Architektur der Anwendung

Die Präsentationsschicht des StarFinders wurde mit dem Struts 1.0 Framework (http://jakarta.apache.org/struts/index.html) realisiert. Dieses basiert auf dem Model View Controller Prinzip (MVC) und erleichtert uns die Entwicklung von interaktiven Webanwendungen. Dabei werden die Patterns Front Controller, Service To Worker und Dispatcher View bereits »out of the box« implementiert. Für die Umsetzung ist das bereits mitgelieferte org.apache.struts.action.ActionServlet verantwortlich. Es übernimmt die Selektion der JSPs, der Datenhalter (ActionForms) und der Kontrollkomponenten (Actions). Die Konfiguration der Anwendung wird jedoch nicht hartkodiert sondern in eine separate XML-Datei (struts-config.xml) ausgelagert.

```xml
<struts-config>
 <!-- = Form Bean Definitions === -->
<form-beans>
  <form-bean name="declinationform"
type="com.abien.j2ee.starsearch.web.forms.DeclinationForm"/>
 <form-bean name="declinationrangeform"
type="com.abien.j2ee.starsearch.web.forms.DeclinationRangeForm"/>
<form-bean name="**magnitudeform**"
type="**com.abien.j2ee.starsearch.web.forms.MagnitudeForm**"/>
<form-bean name="magnituderangeform"
type="com.abien.j2ee.starsearch.web.forms.MagnitudeRangeForm"/>
<form-bean name="starform" type="com.abien.j2ee.starsearch.web.forms.StarForm"/>
<form-bean name="zoneform"    type="com.abien.j2ee.starsearch.web.forms.ZoneForm"/>
<form-bean name="navigationform"
type="com.abien.j2ee.starsearch.web.forms.NavigationForm"/>
 </form-beans>
 <!-- ==Global Forward Definitions =====-->
<global-forwards>
<forward name="singleresultpage" path="/singleresult.jsp" />
 <forward name="multipleresultpage" path="/multipleresult.jsp" />
 <forward name="nullresultview" path="/nullresult.jsp"/>
 <forward name="errorpage" path="/error.jsp" />
 <forward name="firstpage" path="/index.jsp" />
</global-forwards>
 <!-- = Action Mapping Definitions =====-->
 <action-mappings>
 <action path="/login" type="com.abien.j2ee.starsearch.web.actions.LoginAction"
scope="request"/>
 <action path="/navigate"
type="com.abien.j2ee.starsearch.web.actions.NavigationAction"
name="navigationform" scope="request"/>
<action path="/declination"
type="com.abien.j2ee.starsearch.web.actions.DeclinationAction"
name="declinationform" scope="request" input="/inhalte/declination/index.jsp"/>
<action    path="/declinationrange"
type="com.abien.j2ee.starsearch.web.actions.DeclinationRangeAction"
name="declinationrangeform" scope="request" validate="true" input="/inhalte/
declination_range/index.jsp"/>
<action    path="**/magnitude**"
type="**com.abien.j2ee.starsearch.web.actions.MagnitudeAction**" name="**magnitudeform**"
scope="request" input="/inhalte/magnitude/index.jsp"/>
<action    path="/magnituderange"
type="com.abien.j2ee.starsearch.web.actions.MagnitudeRangeAction"
name="magnituderangeform" scope="request" validate="true" input="/inhalte/
magnitude_range/index.jsp"/>
<action    path="/star" type="com.abien.j2ee.starsearch.web.actions.StarAction"
name="starform" scope="request" validate="true" input="/inhalte/star/index.jsp"/>
<action    path="/zone" type="com.abien.j2ee.starsearch.web.actions.ZoneAction"
name="zoneform" scope="request" validate="true" input="/inhalte/zone/index.jsp"/>
</action-mappings>
</struts-config>
```

Diese Datei wird zusammen mit der Anwendung in dem WAR-Archiv deployed und ist für die Verlinkung der einzelnen Views, die Wahl der ActionForms und Actions zu einem bestimmten »Kommando« verantwortlich. Die einzelnen JSPs kennen sich gegenseitig nicht und sind somit hochgradig austauschbar und wieder verwendbar. Die Kontrollfunktion übernehmen hier die Erweiterungen der Basisklasse Action.

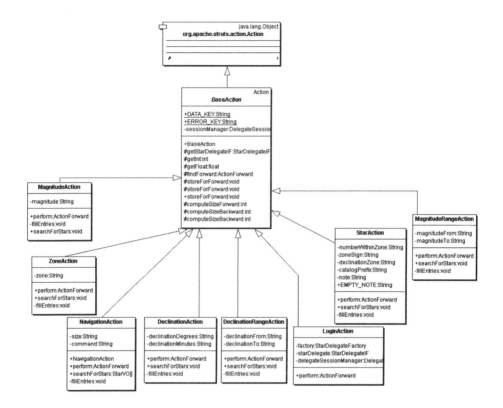

Abbildung 6.9: Die Abbildung der Anwendungsfälle durch die Action-Klassen

Dabei entspricht jede XXXAction-Klasse einem Anwendungsfall. Alle gemeinsamen Funktionen wurden in die Klasse com.abien.j2ee.starsearch.web.actions.BaseAction ausgelagert. Die nötigen Eingabedaten werden hier nicht direkt von der Instanz javax.servlet.http.HttpServletResponse mit den Aufrufen getParameter extrahiert, sondern aus der zugehörigen Form-Instanz geholt. Somit sind die Kontroller nur an ihre Datenlieferanten gekoppelt und nicht direkt an die JSP-Seite.

Die Abbildung 4.10 zeigt die Eingabemaske für die Suche nach Sternen mit der vom Benutzer eingegebenen Helligkeit.

Die Sternensuche 223

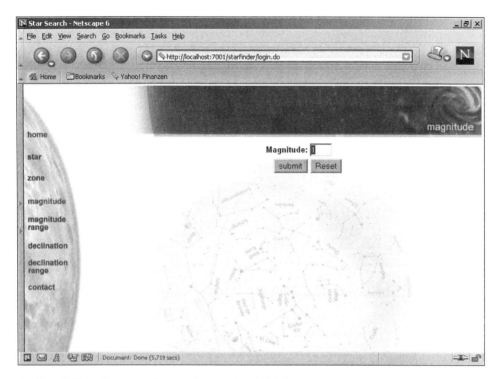

Abbildung 6.10: *Die Suche nach Sternen mit vorgegebener Helligkeit*

Die für die Haltung der JSP-Daten notwendigen Java Beans leiten hier von einer gemeinsamen Klasse org.apache.struts.action.ActionForm ab. Diese bestehen fast ausschließlich aus einfachen Zugriffsmethoden, sodass sich eine Auslagerung bzw. eine Generalisierung von gemeinsamer Geschäftslogik hier nicht gelohnt hat.

Neben dem Datentransport findet hier auch eine Vorprüfung der Daten statt. Dabei wird lediglich auf den richtigen Datentyp und die Existenz der Daten geachtet.

```
public final class MagnitudeForm extends ActionForm {
    //findByMagnitude
    private String magnitude         = null;
    public String getMagnitude(){
        return this.magnitude;
    }
    public void setMagnitude(String magnitude){
        this.magnitude = magnitude;
    }
    public void reset(ActionMapping mapping, HttpServletRequest request) {
        this.magnitude = null;
        System.out.println("[MagnitudeForm.reset] all values ");
    }
    public ActionErrors validate(ActionMapping mapping,
```

```
      HttpServletRequest request) {
          System.out.println("[MagnitudeForm.validate] validating !");
          ActionErrors errors = new ActionErrors();
          if (this.magnitude == null || this.magnitude.length() < 1){
              errors.add("magnitude", new
ActionError(this.getClass().getName()+".magnitudenull"));
          }else{
              try{
                  Float.parseFloat(this.magnitude);
              }catch(Exception e){
      errors.add("magnitude", new
ActionError(this.getClass().getName()+".magnitudecovert"));
              }
          }
          return errors;
      }
}
```

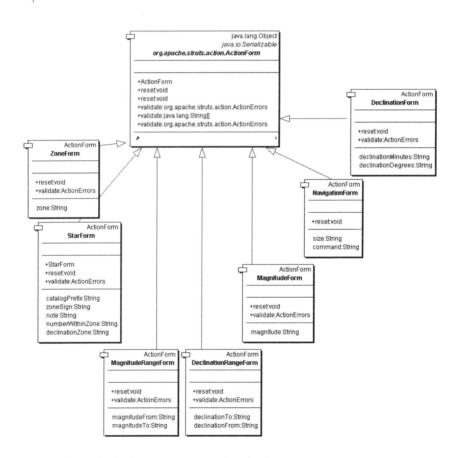

Abbildung 6.11: Die für den Datentransport zuständigen JavaBeans

Bei einem Fehlschlag dieser Prüfung wird ein `ActionError` generiert und dieser zurückgegeben. Der Inhalt der Fehlermeldung wird aus einer externen Datei geholt. Lediglich der Zugriffsschlüssel dieser Fehlermeldung wird hier übergeben. Somit lassen sich auch mehrsprachige Fehlermeldungen generieren und der Inhalt der Meldungen ohne eine Neukompilierung der Anwendung austauschen.

```
errors.header=<h3><font color="red">Validation Error</font></h3>You must correct
the following error(s) before proceeding:<ul>
errors.footer=
com.abien.j2ee.starsearch.web.forms.MagnitudeForm.magnitudenull=<li>Magnitude
should not be null !</li>
com.abien.j2ee.starsearch.web.forms.MagnitudeForm.magnitudeconvert=<li>Magnitude
should be a number !</li>
```

Beim Auftreten des Fehlers wird die Fehlermeldung automatisch auf der Seite sichtbar.

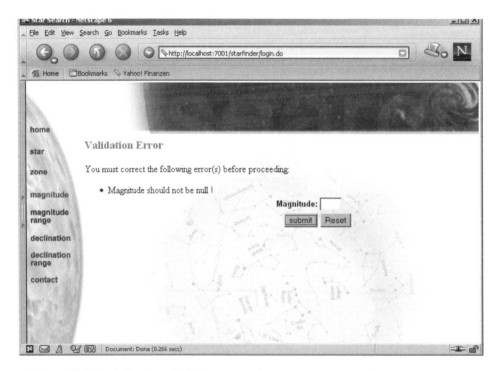

Abbildung 6.12: Fehlende Eingabe in der Maske »magnitude«

Der Entwickler legt lediglich die Platzierung der Fehlerausgabe innerhalb der Seite fest. Für die Ausgabe ist ein bereits mit Struts mitgeliefertes Custom Tag `<html:errors/>` zuständig.

```
<%@ page language="java" %>
<%@ taglib uri="/WEB-INF/struts-bean.tld" prefix="bean" %>
<%@ taglib uri="/WEB-INF/struts-html.tld" prefix="html" %>
```

```
<html:html>
<head>
<title>StarSearch</title>
<link rel="stylesheet" href="/starfinder/style.css">
<%@ include file="/checksession.jsp" %>
</head>
<body background="/starfinder/background/back.jpg">
<html:errors/>
<center>
<html:form action="magnitude.do" target="content" focus="submit">
 <table border="0" width="100%">
   <tr>
     <th align="right" class="header">
      Magnitude:
     </th>
     <td align="left">
       <html:text property="magnitude" styleClass="textfield" size="5"
maxlength="5"/>
     </td>
   </tr>
   <tr>
     <td align="right">
       <html:submit property="submit" value="submit"/>
     </td>
     <td align="left">
       <html:reset/>
     </td>
   </tr>
 </table>
</html:form>
</body>
</html:html>
```

Das Custom Tag `<html:text/>` wird hier für die Generierung des HTML Tag `<input type="text">` benötigt. Die Befüllung der Textbox und die Übergabe der eingegebenen Daten an die `MagnitudeForm` geschieht hier automatisch. Lediglich der Name des Tags (hier magnitude) muss den Java Beans-Konventionen entsprechen, damit die Methode `setMagnitude` der Form automatisch aufgerufen werden kann.

Die Klasse `MagnitudeAction` enthält keinerlei Suchfunktionalität. Sie kennt lediglich eine Implementierung des Interfaces `StarDelegateIF`, das hier die Rolle des Business Delegate Patterns übernimmt.

Die Anwendung star-finder.com ist nicht zustandslos. Die bereits gefundene Ergebnismenge ist benutzerabhängig und kann nicht global verwaltet werden. Die Ergebnisse können aus mehreren Tausend Datensätzen bestehen und sind somit für die `javax.servlet.http.HttpSession` zu groß. Obwohl die Performance in einer einfachen Konfiguration nicht degradieren muss, kann es spätestens bei dem Einsatz von Clustern zu Performancenachteilen kommen. Hier müssen alle Sessiondaten zentral verwaltet oder repliziert werden. Die HttpSession wird hier meist serialisiert in einer Datenbank abgelegt. Aus dem Grund sollte diese klein gehalten werden.

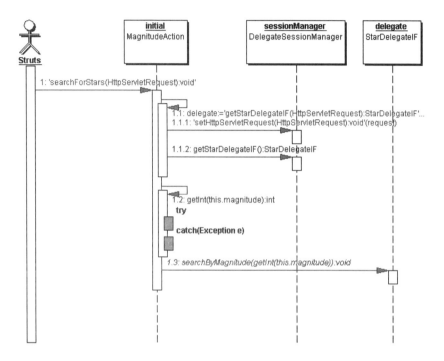

Abbildung 6.13: Der Durchgriff auf die Geschäftslogikschicht

In unserer Anwendung wird in der HttpSession lediglich die Instanz der Implementierung des Interfaces StarDelegateIF abgelegt. Die Implementierung wird dabei von der StarDelegateFactory erzeugt. Dies geschieht bei dem Einstieg in die Anwendung (bei BEA WebLogic mit der URL *http://localhost:7001/starfinder*) in der Instanz der Klasse LoginAction.

```
public class LoginAction extends BaseAction{
    private StarDelegateFactory   factory                = null;
    private StarDelegateIF        starDelegate           = null;
    private DelegateSessionManager delegateSessionManager = null;
 public ActionForward perform(ActionMapping mapping,ActionForm 
form,HttpServletRequest request,  HttpServletResponse response) {
 try{
   this.factory = new StarDelegateFactory(StarSearchConst.DELEGATE_CLASS);
   this.delegateSessionManager = new DelegateSessionManager();
   this.delegateSessionManager.setHttpServletRequest(request);
   this.starDelegate   = this.factory.getStarDelegateIF();
```

```
this.delegateSessionManager.storeStarDelegateIF(this.starDelegate);
}catch(Exception e){
this.storeForForward(request,e);
return mapping.findForward(StarSearchConst.ERROR_PAGE);
}
return mapping.findForward(StarSearchConst.FIRST_PAGE);
}
}
```

Diese kennt den `DelegateSessionManager`, der für das Speichern und Lesen der bereits mitgelieferten Standardimplementierung des Interfaces `StarDelegateIF` zuständig ist.

Der `StarDelegate` benutzt den `com.abien.j2ee.ejb.servicelocator.ServiceLocator`, der auch dem gleichnamigen J2EE-Pattern entspricht, um zu einer Referenz einer Implementierung des Interfaces `StarIteratorIF` zu kommen.

```
public class StarDelegate implements StarDelegateIF{
    private ServiceLocator locator = null;
    private StarIteratorIF iterator = null;
    private StarIteratorHome home   = null;
    public StarDelegate() throws Exception{
        this.init();
    }
private void init() throws Exception{
 this.locator = ServiceLocator.getInstance();
 this.home = (StarIteratorHome)this.locator.getHome(STAR_ITERATOR_HOME);
 this.iterator = this.home.create();
}
public synchronized void searchByMagnitude(float magnitude) throws SearchException
{
        try{
            this.iterator.searchByMagnitude(magnitude);
        }catch(RemoteException remoteException){
            throw new SearchException("[StarDelegate.searchByMagnitude]
RemoteException occured " + remoteException );
        }catch(FinderException finderException){
            throw new SearchException("[StarDelegate.searchByMagnitude]
FinderException occured " + finderException );
        }
    }
// additional Methods
}
```

Dieses Interface wird hier von einer Stateful Session Bean implementiert. Diese ist in der Lage den Zustand auf natürliche Art und Weise beizubehalten. In unserem Fall handelt es sich um ein Array der bereits gefundenen Objektinstanzen `StarVO`, die dem Value Object-Pattern entsprechen.

```
public abstract class StarIteratorImpl implements StarIteratorIF{
    protected StarVO data[] = null;
    private int index       = 0;
```

```
    public void setData(StarVO data[]){
        this.data = data;
        this.index = 0;
    }
    public StarVO[] getPrevious(int number) {
        if(this.data == null)
            return null;
        if(number <=0)
            return null;
        int count = Math.min(number,this.index);
        StarVO[] retVal = new StarVO[count];
        for(int i=retVal.length-1;i>=0;i--){
            retVal[i] = this.data[this.index--];
        }
        return retVal;
    }
    public StarVO[] getNext(int number) {
        if(this.data == null)
            return null;
        if(number <=0)
            return null;
        int count = Math.min(number,getSize()-this.index);
        if(count<=0)
            return null;
        StarVO[] retVal = new StarVO[count];
        for(int i=0;i<retVal.length;i++){
            retVal[i] = this.data[this.index++];
        }
        return retVal;
    }
```

Der Internetbenutzer kann dann innerhalb dieses Arrays navigieren. Der StarDelegate delegiert die Methodenaufrufe an die Stateful Session Bean. Alle Methoden des Star-Delegate sind synchronized, um einen parallelen Zugriff von mehreren Threads auf die StarIteratorBean zu unterbinden. Ein solcher Zugriff kann die Zerstörung der Bean verursachen. Diese Bean entspricht hier dem Value List Handler-Pattern, da diese für das Iterieren innerhalb einer Ergebnismenge zuständig ist. Die »Iteratorlogik« wurde in eine abstrakte Klasse StarIteratorImpl ausgelagert. Der Value List Handler erbt von dieser Klasse das für die Navigation notwendige Verhalten.

Die StarIteratorBean kennt hier eine Stateless Session Bean, die hier die Rolle des Session Façade-Patterns übernimmt. Neben der Kapselung des Zugriffs auf die Entity Bean StarBean übernimmt die com.abien.j2ee.starsearch.facade.StarFacadeBean einige Konvertierungsfunktionen. So werden in der Methode collectionToVo die Inhalte der Interfaces StarLocal in Value Objects StarVO[] konvertiert. Die Gesamtgröße der Ergebnismenge wird bei der Konvertierung überwacht. Falls die Größe der Ergebnissuche einen vorher eingestellten Wert überschreitet, wird die Konvertierung abgebrochen und der aktuelle Stand zurückgegeben.

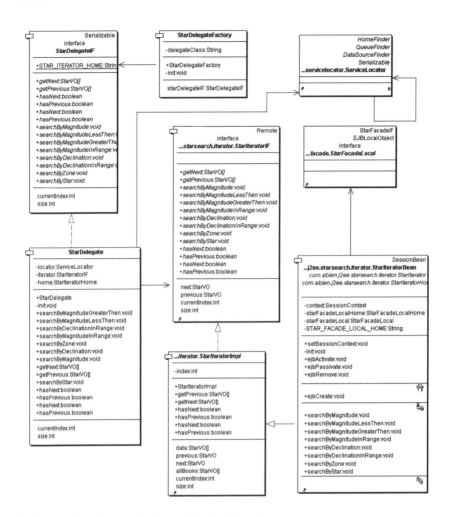

Abbildung 6.14: Der Business Delegate mit den beteiligten Klassen

Die Grundlage dieses Vorgehens ist die Benutzerschnittstelle. In einem Browser lassen sich nicht beliebig viele Datensätze darstellen und auch die Navigation innerhalb einer zu großen Datenmenge wird von dem Internetbenutzer nicht akzeptiert.

```
public class StarFacadeBean implements SessionBean, StarFacadeIF {
    private SessionContext   context           = null;
    private StarLocalHome    home              = null;
    private ServiceLocatorEJB serviceLocator   = null;
    private final String     STAR_LOCAL_HOME   = "java:comp/env/ejb/
StarBeanLocal";
    private final String     MAX_RESULT_SIZE   = "MAX_RESULT_SIZE";
    private final int        DEFAULT_MAX_RESULT_SIZE = 1000;
```

```java
    public void setSessionContext(SessionContext sessionContext) throws RemoteException{
        this.context = sessionContext;
        this.init();
    }
    private void init() throws RemoteException{
        try{
            this.serviceLocator = new ServiceLocatorEJB();
          this.home       =
(StarLocalHome)this.serviceLocator.getLocalHome(STAR_LOCAL_HOME);
        }catch(Exception e){
    throw new RemoteException("[StarFacadeBean.setSessionContext] " + e);
        }
    }
    }
    public StarVO  findByPrimaryKey(StarPK pk) throws FinderException{
        return this.home.findByPrimaryKey(pk).getStarVO();
    }
    public StarVO[] findAll() throws FinderException{
        return this.collectionToVo(this.home.findAll());
    }
    public StarVO[] findByMagnitude(float magnitude) throws FinderException{
        return this.collectionToVo(this.home.findByMagnitude(magnitude));
    }
    private int getMaxResultsSize(){
        Integer retVal = null;
        try{
            Context context =  this.serviceLocator.getEnvironmentContext();
            retVal = (Integer)context.lookup(MAX_RESULT_SIZE);
            if(retVal != null)
                return retVal.intValue();
            else
                return DEFAULT_MAX_RESULT_SIZE;
        }catch(Exception e){
            return DEFAULT_MAX_RESULT_SIZE;
        }
   }
    private StarVO[] collectionToVo(Collection collection){
        int counter = 0;
        if(collection == null)
            return null;
        StarVO value[] = null;
        Iterator iterator = collection.iterator();
        ArrayList list = new ArrayList();
        while(iterator.hasNext()){
            if(counter>=getMaxResultsSize()){
              break;
            }
            list.add(((StarLocal)iterator.next()).getStarVO());
            counter++;
        }
```

```
        value = new StarVO[counter];
        for(int i=0;i<counter;i++){
            value[i] = (StarVO)list.get(i);
        }

        return value;
    }
//additional methods…
}
```

Der Kern der Anwendung, nämlich der Stern, fällt hier am einfachsten aus. Dieser wird durch die CMP-Entity StarBean repräsentiert. Diese entspricht bereits der EJB 2.0-Spezifikation und ermöglicht einen schnellen Zugriff über ihre Local-Interfaces auf ihre Daten.

```
public abstract class StarBean implements EntityBean {
    private EntityContext entityContext = null;

    public StarPK ejbCreate(String catalogPrefix, String zoneSign, int declinationZone, int numberWithinZone, String note,float magnitude,int rightAscensionHours,int rightAscensionMinutes,float rightAscentionSeconds,String signOfDeclination,int declinationDegrees,float declinationMinutes)throws CreateException{
        this.setCatalogPrefix(catalogPrefix);
        this.setZoneSign(zoneSign);
        this.setDeclinationZone(declinationZone);
        this.setNumberWithinZone(numberWithinZone);
        this.setNote(note);
        this.setMagnitude(magnitude);
        this.setRightAscensionHours(rightAscensionHours);
        this.setRightAscensionMinutes(rightAscensionMinutes);
        this.setRightAscentionSeconds(rightAscentionSeconds);
        this.setSignOfDeclination(signOfDeclination);
        this.setDeclinationDegrees(declinationDegrees);
        this.setDeclinationMinutes(declinationMinutes);
        return null;
    }
    public void ejbPostCreate(String catalogPrefix, String zoneSign, int declinationZone, int numberWithinZone, String note,float magnitude,int rightAscensionHours,int rightAscensionMinutes,float rightAscensionSeconds,String signOfDeclination,int declinationDegrees,float declinationMinutes) throws CreateException{   }

    public void setEntityContext(EntityContext entityContext) {
        this.entityContext = entityContext;
    }

    public abstract String getCatalogPrefix();
    public abstract void    setCatalogPrefix(String catalogPrefix);
```

```java
        public abstract String getZoneSign();
        public abstract void   setZoneSign(String zoneSign);

        public abstract int getDeclinationZone();
        public abstract void   setDeclinationZone(int declinationZone);

        public abstract int getNumberWithinZone();
        public abstract void   setNumberWithinZone(int numberWithin);

        public abstract String getNote();
        public abstract void   setNote(String note);

        public abstract float getMagnitude();
        public abstract void   setMagnitude(float magnitude);

        public abstract int getRightAscensionHours();
        public abstract void   setRightAscensionHours(int rightAscensionHours);

        public abstract int getRightAscensionMinutes();
        public abstract void   setRightAscensionMinutes(int rightAscensionMinutes);

        public abstract float getRightAscentionSeconds();
        public abstract void   setRightAscentionSeconds(float rightAscentionSeconds);

        public abstract String getSignOfDeclination();
        public abstract void   setSignOfDeclination(String signOfDeclination);

        public abstract int getDeclinationDegrees();
        public abstract void   setDeclinationDegrees(int declinationDegrees);

        public abstract float getDeclinationMinutes();
        public abstract void setDeclinationMinutes(float declinationMinutes);

        public void ejbRemove() {  }
        public void unsetEntityContext() {  }
        public StarVO getStarVO(){
            return new
StarVO(this.getCatalogPrefix(),this.getZoneSign(),this.getDeclinationZone(),this.
getNumberWithinZone(),this.getNote(),this.getMagnitude(),this.getRightAscension
Hours(),this.getRightAscensionMinutes(),this.getRightAscentionSeconds(),this.
getSignOfDeclination(),this.getDeclinationDegrees(),this.getDeclinationMinutes());
        }
// additional (empty) methods...
}
```

Die Attribute der Bean entsprechen den Attributen des geladenen Katalogs. Die Suchfunktionalität wird hier durch die in dem Local-Home vorgegebene »finder« definiert. Da es sich hier um eine CMP-Bean handelt, müssen diese nicht ausimplementiert werden und tauchen auch nicht mehr in der Klasse StarBean auf.

```
public interface StarLocalHome extends EJBLocalHome{
    public StarLocal  create(String catalogPrefix, String zoneSign, int
declinationZone, int numberWithinZone, String note,float magnitude,int
rightAscensionHours,int rightAscensionMinutes,float rightAscentionSeconds,String
signOfDeclination,int declinationDegrees,float declinationMinutes) throws
CreateException;
    public StarLocal   findByPrimaryKey(StarPK pk) throws FinderException;
    public Collection findAll() throws FinderException;
    public Collection findByZone(int zone) throws FinderException;
    public Collection findByMagnitude(float magnitude) throws FinderException;
    public Collection findByMagnitudeLessThen(float magnitude) throws
FinderException;
    public Collection findByMagnitudeGreaterThen(float magnitude) throws
FinderException;
    public Collection findByMagnitudeInRange(float magnitudeFrom,float
magnitudeTO) throws FinderException;
    public Collection findByDeclination(int degrees,float minutes) throws
FinderException;
    public Collection findByDeclinationInRange(int degreesFrom,int degreesTo)
throws FinderException;
}
```

Lediglich die in der EJB 2.0 festgelegten, datenbankunabhängigen Statements (EJB-QL) müssen in dem ejb-jar-Descriptor mitangegeben werden.

```
<query>
    <description></description>
    <query-method>
      <method-name>findByMagnitude</method-name>
      <method-params>
        <method-param>float</method-param>
      </method-params>
    </query-method>
    <ejb-ql>select object(o) from StarBase o where o.magnitude = ?1</ejb-ql>
</query>
```

Daraus werden von dem EJBContainer datenbankspezifische (SQL) Statements generiert. Hier ein Auszug aus der proprietären Datei sun-j2ee-ri.xml, die beim Deployen erzeugt wird. In dieser Datei werden alle zusätzlichen Informationen für die J2EE 1.3 RI gespeichert.

```
<sql-statement>
   <method>
     <ejb-name>StarBean</ejb-name>
     <method-intf>LocalHome</method-intf>
     <method-name>findByMagnitude</method-name>
     <method-params>
       <method-param>float</method-param>
     </method-params>
   </method>
```

```
            <sql>SELECT "o"."catalogPrefix" , "o"."declinationZone" ,
"o"."numberWithinZone" , "o"."zoneSign" FROM "StarBeanTable" "o" WHERE
("o"."magnitude"  = ? )</sql>
        </sql-statement>
```

Obwohl die StarBean ziemlich einfach ist und sich somit hervorragend für den Einsatz der CMP-Methode eignet, handelt es sich bei dem Primärschlüssel um eine etwas kompliziertere Angelegenheit. Dieser setzt sich aus fünf Attributen der Bean zusammen und muss demnach durch eine zusätzliche Klasse implementiert werden.

```
public class StarPK implements Serializable{
    public String catalogPrefix      = null;
    public String zoneSign        = null;
    public int    declinationZone  = -1;
    public int    numberWithinZone = -1;
    public String note           = null;
    public StarPK(){   }
    public StarPK(String catalogPrefix,String zoneSign,int declinationZone, int numberWithinZone,String note){
        this.catalogPrefix = catalogPrefix;
        this.zoneSign    = zoneSign;
        this.declinationZone = declinationZone;
        this.numberWithinZone = numberWithinZone;
        this.note        = note;
    }
//getters
    public boolean equals(Object object){
        StarPK temp;
        if(!(object instanceof StarPK))
            return false;
        temp = (StarPK)object;
if(this.getCatalogPrefix().equalsIgnoreCase(temp.getCatalogPrefix()) && this.zoneSign.equals(temp.getZoneSign()) && this.declinationZone == temp.getDeclinationZone() && this.numberWithinZone == temp.getNumberWithinZone() && this.note.equalsIgnoreCase(temp.getNote()) )
            return true;
        else
            return false;
    }
    public int hashCode(){
        return this.catalogPrefix.concat(this.zoneSign).concat(String.valueOf(this.declinationZone)).concat(String.valueOf(this.numberWithinZone)).concat(this.note).hashCode();
    }
```

Die Klasse StarPK wird zusammen mit der StarBean deployed. Der Container ist sowohl für den Lebenszyklus als auch für die Überprüfung der Eindeutigkeit zuständig. Dabei müssen »lediglich« die Methoden equals und hashCode überschrieben werden.

Die Darstellung von größeren Suchergebnissen wird hier von der iterator.jsp übernommen. Diese wird nicht nur für die Suche nach Helligkeit, sondern auch für andere Suchkriterien wieder verwendet. Ob die »<<«- und »>>«-Knöpfe dargestellt werden, hängt von dem aktuellen Zustand des Value List Handlers ab. Dieser »weiß«, ob es weitere Suchergebnisse innerhalb der Menge gibt oder nicht. Allerdings greift die iterator.jsp nicht direkt auf den Value List Handler, sondern benutzt auch hier eine Spezialisierung der BaseAction, nämlich die Klasse NavigationAction als Vermittler.

```
public class NavigationAction extends BaseAction {
    private String size = null;
    private String command = null;
    public NavigationAction() {
    }
    public ActionForward perform(ActionMapping mapping,ActionForm form,HttpServletRequest request,  HttpServletResponse response) {
        System.out.println("[NavigationAction.perform]");
        if(form instanceof NavigationForm){
            NavigationForm searchForm = (NavigationForm)form;
            this.fillEntries(searchForm);
            try{
        StarDelegateIF starDelegate = this.getStarDelegateIF(request);
                if(starDelegate==null)
                    mapping.findForward(StarSearchConst.FIRST_PAGE);
this.storeForForward(request,starDelegate,this.searchForStars(request,starDelegate
.getSize(),this.getInt(this.size)),this.getInt(this.size));
                return this.findForward(mapping,starDelegate);
            }catch(Exception e){
                this.storeForForward(request,e);
                return mapping.findForward(StarSearchConst.ERROR_PAGE);
            }
        }
        return mapping.findForward(StarSearchConst.ERROR_PAGE);
    }
     public StarVO[] searchForStars(HttpServletRequest request,int size,int cursorsize) throws SearchException{
        StarDelegateIF delegate  = this.getStarDelegateIF(request);
       if(this.command.equalsIgnoreCase(">>")){
request.setAttribute("size",""+computeSizeForward(size,cursorsize));
        return delegate.getNext(computeSizeForward(size,cursorsize));
        }
        if(this.command.equalsIgnoreCase("<<")){
request.setAttribute("size",""+computeSizeBackward(delegate.getCurrentIndex(),
cursorsize));
        return
delegate.getPrevious(computeSizeBackward(delegate.getCurrentIndex(),cursorsize));
        }
          throw new SearchException("[NavigationAction.searchForStars] Unknown command: " + command);
    }
```

```
    private void fillEntries(NavigationForm form){
        this.size    = form.getSize();
        if(this.size == null || this.size.length() < 1){
            form.setSize("10");
            this.size = "10";
        }
        this.command   = form.getCommand();
    }
}
```

Dieser Zustand wird dem `StarBeanHelper` übergeben, der für den Transport der Daten zu der JSP zuständig ist. Somit übernimmt dieser die Rolle des View Helper-Patterns.

```
<%@ page language="java" %>
<%@ taglib uri="/WEB-INF/struts-bean.tld" prefix="bean" %>
<%@ taglib uri="/WEB-INF/struts-html.tld" prefix="html" %>

<jsp:useBean id="result" scope="request"
class="com.abien.j2ee.starsearch.web.viewhelper.StarBeanHelper"/>
<link rel="stylesheet" href="/starfinder/style.css">
<table>
<tr><td class="header">Total size:</td><td class="header"><jsp:getProperty
name="result" property="totalSize"/></td></tr>
<tr><td class="header">Current index:</td><td class="header"><jsp:getProperty
name="result" property="currentIndex"/></td></tr>
</table>
<table>
<html:form action="navigate.do" target="content" focus="submit">
<%
if(result.hasPrevious()){
%>
<tr><td><html:submit property="command" value="<<"/></td>
<%}%>
<td><html:text property="size" size="3" maxlength="3"/></td>
<%
if(result.hasNext()){
%>
<td><html:submit property="command" value=">>"/></td></tr>
<%}%>
</html:form>
</table>
```

Die Seite iterator.jsp wird ausschließlich mit der Seite multipleresult.jsp verwendet. Diese wiederum ist für die Darstellung der aktuellen Datensätze zuständig und holt sich die Iteratorfunktionalität durch das Inkludieren der iterator.jsp. Die View kann also in den Kopf-, Inhalt-, und Fußbereich unterteilt werden. Sowohl der Kopf, als auch der Fußbereich werden mit der Direktive `<jsp:include page=""/>` eingebunden. Diese JSP ist ein perfektes Beispiel für das Composite View-Pattern.

```jsp
<%@ page language="java" %>
<%@ taglib uri="/WEB-INF/struts-bean.tld" prefix="bean" %>
<%@ taglib uri="/WEB-INF/struts-html.tld" prefix="html" %>
<%@ page import="com.abien.j2ee.starsearch.ejb.StarVO" %>
<jsp:useBean id="result" scope="request"
class="com.abien.j2ee.starsearch.web.viewhelper.StarBeanHelper"/>
<html:html>
<head>
<link rel="stylesheet" href="/starfinder/style.css">
<%@ include file="./checksession.jsp" %>
</head>
<body background="/starfinder/background/back.jpg">
<html:errors/>
<center>
<table width="90%">
<jsp:include page="header.jsp"/>
<%
StarVO stars[] = result.getStars();
if(stars!=null)
for(int i=0;i<stars.length;i++){
String bgcolor = "";
if(i%2==0)
        bgcolor="bgcolor=#E1E1E1";
%>
<tr <%=bgcolor%>>
<td class="cell"><%=stars[i].getCatalogPrefix()%></td>
<td class="cell"><%=stars[i].getZoneSign()%></td>
<td class="cell"><%=stars[i].getDeclinationZone()%></td>
<td class="cell"><%=stars[i].getNumberWithinZone()%></td>
<td class="cell"><%=stars[i].getNote()%></td>
<td class="cell"><%=stars[i].getMagnitude()%></td>
<td class="cell"><%=stars[i].getRightAscensionHours()%></td>
<td class="cell"><%=stars[i].getRightAscensionMinutes()%></td>
<td class="cell"><%=stars[i].getRightAscentionSeconds()%></td>
<td class="cell"><%=stars[i].getSignOfDeclination()%></td>
<td class="cell"><%=stars[i].getDeclinationDegrees()%></td>
<td class="cell"><%=stars[i].getDeclinationMinutes()%></td>
</tr>

<%
}
%>
</table>
<% if(stars!=null){ %>
<jsp:include page="iterator.jsp" />
<%}%>
</center>
</body>
</html:html>
```

Interessanterweise werden die in der untersten Schicht erzeugten StarVOs für die Anzeige in der Präsentationsschicht verwendet.

Die wichtigsten Komponenten und Patterns der Anwendung werden in der Abbildung 6.15 zusammengefasst:

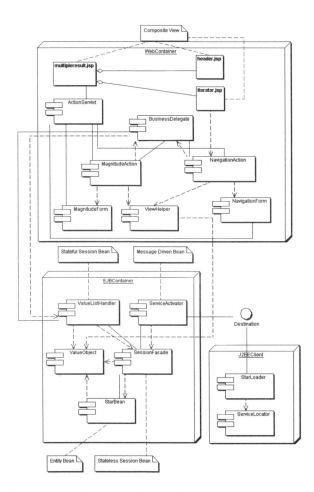

Abbildung 6.15: Die wichtigsten Komponenten der star-finder.com Anwendung

Dabei ist der WebContainer nur durch die Koppelung des Business Delegates mit dem Value List Handler von dem EJBContainer abhängig. Allerdings ist sowohl die Implementierung des Business Delegates als auch des Value List Handlers austauschbar. Die Standardimplementierungen kommunizieren miteinander über die Remote-Interfaces. Somit ist auch eine »echte« Verteilung von dem WebContainer und dem EJBContainer auf unterschiedliche Rechner möglich. Natürlich könnte hier genauso über die Local-Interfaces kommuniziert werden. Allerdings »erkauft« man sich eine etwas bessere Performance durch den Verlust der Flexibilität – der WebContainer und der EJBContainer müssten auf der gleichen Maschine »laufen«.

Die EJB-Technologie lässt sich hier komplett ersetzen, ohne im Wesentlichen die Architektur der Anwendung zu beeinflussen. Dem Entwickler steht auch nichts im Wege, die Entity Bean `StarBean` durch eine Session Bean oder eine Bean Managed Persistence-(BMP-)Variante auszutauschen. In dem Fall könnte auch das DAO-Pattern zum Einsatz kommen. Für die Abstraktion dieser Komponente ist die Session Façade verantwortlich.

Sogar das Struts Framework kann durch Eigenimplementierungen des MVC-Patterns ausgetauscht werden. Hier wird der EJBContainer überhaupt nicht involviert, allerdings müssten hier sowohl die JSPs als auch alle Action- und Formklassen angepasst werden. Ab dem Business Delegate wären keine Änderungen mehr nötig.

Index

!
" 61
<html
   errors/> 225

A
acknowledge-mode 199
ActionError 225
ActionForm 38, 223
ActionMapping 38
ActionServlet 37
Activator Pattern 212
Aggregate Pattern 144
Aggregate/Composite Entity 119
Apache FOP 31
Auditing 34
Authentifizierung 34
Authorisierung 34
AUTO_ACKNOWLEDGE 199

B
Backendsystem 181
BDAdapter 214
BLOB 132
BMP 182, 183, 240
Business Delegate 50, 72, 85, 226, 239
BusinessDelegate 46, 50, 58

C
Caching 35, 103
CLIENT_ACKNOWLEDGE 200
Clonable 92
Cluster 50
CMP 80, 232
CMR siehe Container Managed Relations
CMT 83

coarse grained 121, 147
Collection 86
Composite Entity 144
Composite View 51, 237
Connection 184, 189
Container Managed Persistence 80, 90
Container Managed Relations 122
Container Managed Transactions 83, 100
Container Manager Relations 103
Context 198
Controller 35
Cookie 52
CORBA 65
Custom Tag Libs 43
CustomServletOutputStream 27

D
DAO 181, 240
DAO siehe Data Access Object
DAOFactory 187, 188
Data Access Object 103, 182
DataOutputStream 27
DataSource 65, 185, 189
Datenzugriffslogik 189
DebuggingFilter 24, 31
Decorating Filter 19
Decorator 20
Deployment Descriptor 77, 122, 188, 189
Direktive 54
Dispatcher 65
Dispatcher View 56, 60, 61, 220
DNS 65
DriverManager 185
DUPS_ON_ACKNOWLEDGE 199

E
EJB 2.0 181
EJBContainer 63
ejbCreate 90
EJBHome 66
ejb-jar 189, 234
EJBLocalHome 103
EJBLocalObject 103
EJB-QL 234
encodeURL 52
equals 235
Externalizable 133

F
Façade 42
File 26
FileServer 26
Filter 21, 22
FilterChain 22, 29
fine grained 121
FOPFilter 31
Front Controller 34, 36, 46, 47, 48, 56, 57, 61, 62, 220

G
»Gang of Four« s. GoF-Patterns
GET 26
getEJBMetaData() 68
GoF-Patterns 11

H
hashCode 235
HashMap 86
HomeHandle 65
Hostsysteme 181
HttpServletRequest 20
HttpServletResponse 20, 23, 222
HttpSession 47, 50, 226, 227

I
Idiom 15
immutable 46
InitialContext 65, 70, 192
Instanzenpool 45
isSession() 67
isStatelessSession() 67
iterator.jsp 237

J
J2EE 15
J2EE 1.3 198
Java Bean 41, 42, 223
Java Message Service 198
JavaBean 39, 42
JavaBeans 89
JCA 181
JDBC 181
JDBC 3.0 192
JMS 181, 198
JMS siehe Java Message Service
JMSFactory 65
JMSSink 214
JNDI 63, 65
JProbe 70
JSP 34, 85

K
Komposition 135
Konversationsgedächtnis 75

L
Legacy 181
LoadEntryAdapter 214
LoadEntryAdapterFactory 214
Local 67
Local Interface 130
Logging 35
LoginAction 227
Loose Coupling 19
loose coupling 15

M
MDB 198
Message 199, 202
Message Driven Bean 198, 212, 216
MessageDrivenContext 198
MessageListener 198
Model View Controller 220
mutlipleresult.jsp 237

N
NamingContextFactory 64
narrow 104

O

onMessage 212
onMessage siehe Java Message Service
OracleDAO 183
OutOfMemoryError 158

P

Pattern 15
    Adapter 27, 36, 73
    Composite 52
    Facade 42, 78, 101, 122, 147, 202
    Factory 169, 183
    Iterator 170
    Singleton 65
    Template 21
PortableRemoteObject 68
Präsentationslogik 42
Präsentationsschicht 19
PreparedStatement 192

Q

Queue 207, 214
QueueConnection 207
QueueConnectionFactory 207, 212
QueueSender 207
QueueSession 207

R

Reflection 186
Remote 67
Remote Procedure Call 72
RemoteException 73
remove() 70
Request 20
Requestparameter 58
Required 102
RequiresNew 102
Response 20
ResponseUtils 45
RuntimeException 197

S

Scope 50
Service Activator 181, 202
Service Locator 63, 73, 77, 137
Service Provider Interface 64
Service To Worker 59, 60, 220
service() 24
ServiceLocator 188, 192
ServletOutputStream 27
Session 199
Session Beans 182
Session Facade 99, 213, 217, 218, 229
Sessionaffinität 65
SessionID 52
Sessionid 52
setAttribute 62
setMessageDrivenContext 198
Singleton 65
SinkFactory 214
SinkIF 214
Skeleton 147, 162
StarDelegate 228
StarDelegateFactory 227
StarIteratorBean 229
StarIteratorIF 228
StarLocal 229
StarVO 212, 214
Stateful Session Bean 228
Stateless Session Bean 75
Statement 192
Struts 36, 220
struts-config.xml 37
Stub 147, 162

T

Template 28
Thread 197
Tier 15
Tracing 23
Transaktionskontext 106
Transformer 30

U

URLRewriting 34, 41, 51, 52
Use – Case 183

V

Value List Handler 166, 229, 239
Value Object 85, 92, 97, 110, 135, 139, 145, 212, 228
Value Object Assembler 142

ValueObject 41, 42, 46, 48, 62, 202
Vector 86
View Helper 41, 42, 48, 50, 57, 89, 237

W
WAR 36
web.xml 22, 26
WebContainer 21

Wrapper 20
WrappingFilter 28
WYSIWIG 42

X
XSL Transformation 29
XSLTFilter 29

... aktuelles Fachwissen rund um die Uhr – zum Probelesen, Downloaden oder auch auf Papier.

www.InformIT.de

InformIT.de, Partner von **Addison-Wesley**, ist unsere Antwort auf alle Fragen der IT-Branche.

In Zusammenarbeit mit den Top-Autoren von Addison-Wesley, absoluten Spezialisten ihres Fachgebiets, bieten wir Ihnen ständig hochinteressante, brandaktuelle Informationen und kompetente Lösungen zu nahezu allen IT-Themen.

wenn Sie mehr wissen wollen ...   **www.InformIT.de**

THE SIGN OF EXCELLENCE

Java 2-Programmierung mit IBM Visual Age

Florian Hawlitzek

Kompetent und umfassend führt Sie diese zweite Auflage des bewährten Titels von Florian Hawlitzek in die Softwareentwicklung mit IBM VisualAge for Java ein. Im ersten Teil erhalten Sie einen Überblick über die Konzepte der Programmiersprache Java 2 und die Bestandteile der verschiedenen Versionen von VisualAge for Java, Version 3.5 und 4.0. Daran anschließend wird die Entwicklungsumgebung von VisualAge mit seinen Browsern und Werkzeugen vorgestellt und schrittweise die Entwicklung einer einfachen Anwendung demonstriert. Der dritte Teil richtet sich an Java-Neulinge: Er gibt - speziell auf VisualAge zugeschnitten - eine Einführung in die Sprache. Im letzten Abschnitt wird VisualAge for Java für Fortgeschrittene behandelt, Schwerpunkte bilden dabei die grafische Programmierung mit dem Visual Composition Editor und die vielfältigen Enterprise Features.

Programmer´s Choice

**598 Seiten, 1 CD-ROM, 2. Auflage
€ 44,95 [D] / sFr 78,00
ISBN 3-8273-1801-7**

www.addison-wesley.de

THE SIGN OF EXCELLENCE

Die Programmiersprache Java

Ken Arnold, James Gosling, David Holmes

Von den Erfindern von Java! Diese umfassende Einführung richtet sich auf professionellem Niveau gleichermaßen an Einsteiger und an Java-Profis. Java-Neulinge erhalten durch die prägnanten Beispiele und detaillierten Erläuterungen der Features ein tiefes Verständnis der mächtigen Möglichkeiten von Java. Fortgeschrittene und Profis können das Buch als Referenz für ihre tägliche Arbeit, insbesondere für die Spezialitäten von Java 2 (JDK 1.3) verwenden. Alle wichtigen Aspekte wie Klassen, Bibliotheken, APIs, Garbage Collection etc. werden eingehend behandelt und erklärt.

Programmer´s Choice

628 Seiten
€ 59,95 [D] / sFr 108,00
ISBN 3-8273-1821-1

www.addison-wesley.de

THE SIGN OF EXCELLENCE

Enterprise Java Frameworks

Das Zusammenspiel der Java-Architekturen

Adam Bien

Hier finden Sie eine umfassende Beschreibung der J2EE-Architektur und eines horizontalen Frameworks - des „Small Java Frameworks" (SJF). Neben klassischen Patterns werden die wichtigsten APIs vorgestellt. Darauf aufbauend beschäftigen Sie sich mit der Entwicklung des SJF-Frameworks und Fragen wie Classloading, Konfiguration, Persistence, Verteilung und Clustering. Abschließend werden die Performance des Frameworks und die Verwendung unterschiedlicher Ansätze wie „Value Objects" untersucht.

Programmer´s Choice

280 Seiten, 1 CD-ROM
€ 44,95 [D] / sFr 78,00
ISBN 3-8273-1777-0

www.addison-wesley.de  ADDISON-WESLEY

THE SIGN OF EXCELLENCE

Grafikprogrammierung mit Java-Swing

Für Einsteiger in die
Graphikprogrammierung mit JAVA.

Paul Fischer

Dieses Buch behandelt die wichtigste Graphik-Bibliothek von JAVA, die Swing-Bibliothek. Zunächst werden die Grundkomponenten vorgestellt, die es dem Benutzer schnell erlauben, Fenster auf dem Bildschirm darzustellen und mit Inhalt zu füllen. Anschließend werden weitere graphische Komponenten beschrieben, die einen Dialog zwischen Programm und Benutzer ermöglichen. Dazu gehören Knöpfe, Menüs und Dialogfenster. Es wird erläutert, wie einfach die Einbindung der Maus in eigene Anwendungen ist. Stets demonstrieren kleine Programme die Funktionen der Komponenten. Durch Kombination verschiedener graphischer Elemente ist es dann auf einfache Weise möglich, anspruchsvollere Benutzeroberflächen zu erstellen. Als Beispiele hierfür findet man einen einfachen Texteditor, je ein Programm zur Darstellung und Bearbeitung von Vektor- bzw. Pixel-Graphiken und einen kleinen Web-Browser. Übungen und Vorschläge für eigene Projekte sollen bei der Einarbeitung in die Graphikprogrammierung helfen. Vorausgesetzt werden lediglich Grundkenntnisse der Programmiersprache JAVA. Alle Programme sind unabhängig von einer bestimmten Entwicklungsumgebung.

Programmer´s Choice

**192 Seiten, 1 CD-ROM
€ 29,95 [D] / sFr 53,00
ISBN 3-8273-1910-2**

www.addison-wesley.de

THE SIGN OF EXCELLENCE

Extreme Programming planen

Kent Beck, Martin Fowler

Obwohl das Extreme Programming (XP) lange Zeit als äußerst radikaler Ansatz galt, hat es sich schnell zu einer anerkannten Methode entwickelt, die sich insbesondere für kleine Teams eignet.
Innerhalb dieses Kontextes der Flexibilität kommt der Planung eine entscheidende Bedeutung zu. Ohne sie können Softwareprojekte schnell scheitern. Das vorliegende, von den XP-Kapazitäten Kent Beck und Martin Fowler geschriebene Buch, Planning Extreme Programming, stellt die Ansätze, Methoden, Vorgehensweisen sowie Tipps vor, die Sie beim Planen und Verfolgen eines erfolgreichen XP-Projekts kennen müssen. Die Schlüsselphilosophie von XP lautet wie folgt: Das Planen ist kein einmaliges Ereignis, sondern ein konstanter Prozess des Neubewertens und der Kurskorrektur über den gesamten Lebenszyklus des Projekts hinweg.

Programmer´s Choice

144 Seiten
€ 29,95 [D] / sFr 53,00
ISBN 3-8273-1832-7

www.addison-wesley.de

THE SIGN OF EXCELLENCE

Workshop Java 2

Lothar Zeyer

Vertiefen Sie Ihr Java-Wissen! Zahlreiche Übungen und Tipps mit Lösungen helfen Ihnen, sich fortgeschrittene Aspekte der Java-Programmierung wie Multithreading, Grafikprogrammierung mit AWT/Swing, Animation, 2D-Grafik, Netzwerkprogrammierung und RMI praktisch anzueignen – und sie sicher und gekonnt in der Praxis anzuwenden. Absolvieren Sie den Online-Test auf CD und erwerben Sie das Zertifikat für Computing Professionals.

workshop

416 Seiten, 1 CD-ROM
€ 34,95 [D] / sFr 63,00
ISBN 3-8273-1705-3

www.addison-wesley.de

THE SIGN OF EXCELLENCE

Datenbanksysteme mit Internet- und Java-Applikationen

Greg Riccardi

Dieses Buch erläutert auf prägnante und moderne Weise das Thema Datenbanken. Es stellt eine einzigartige Erweiterung der DBMS-Thematik um die Bereiche Internet und Java-Applikationen dar. Damit wird dieses Buch der ständig wachsenden Bedeutung gerecht, die das Internet für Datenbankanwendungen hat.

net.com

640 Seiten
€ 59,95 [D] / sFr 108,00
ISBN 3-8273-1875-0

www.addison-wesley.de

Kompetenz³

Schulungen

Unser großes Angebot an aufeinander abgestimmten Kursen bieten wir Ihnen in unserem Schulungszentrum oder speziell auf Ihre Anforderungen zugeschnitten auch inhouse an.

Zum Beispiel:
Java Server-Technologien

Consulting

Bei der Verwirklichung Ihrer Ideen unterstützt Sie unser Beratungsteam gezielt und effektiv.

Alle Consultants zeichnen sich durch Technologiekompetenz und langjährige Praxiserfahrungen aus.

Entwicklung

Basierend auf dem neuesten Stand der Softwaretechnologie entwickeln wir für Ihr Unternehmen massgeschneiderte Lösungen.

Spezialgebiete:
Java Server-Technologien (J2EE), Web Services (SOAP, UDDI, WSDL), JSP und Servlets, UML, OOAD, XML

---

eden market GmbH Schulze-Delitzsch-Str. 16
D-70565 Stuttgart

Tel +49 711 990 16 - 50
Fax +49 711 990 16 - 99

info@edenmarket.de
www.edenmarket.de